W0057358

*Max Schreck machte in Murnaus Klassiker ›Nosferatu – Eine Symphonie des Grauens‹ als Titelheld seinem Namen alle Ehre.*

Karsten Prüßmann

# DIE DRACULA-FILME

## Von Friedrich Wilhelm Murnau bis Francis Ford Coppola

Originalausgabe

WILHELM HEYNE VERLAG
MÜNCHEN

HEYNE FILMBIBLIOTHEK
32/190


Herausgeber: Bernhard Matt

*Für Karin*

BILDNACHWEIS

Privates Archiv für Filmkunde, Köln: Seite 2, 9, 13, 15, 18, 19, 20, 23, 25, 26, 31, 32, 33, 49, 51, 58, 60, 69, 71, 73, 75, 79. 82, 89, 91, 93, 96, 97, 101, 103, 104, 105, 107, 111, 113, 127, 155, 156, 161, 163, 165, 169, 172, 174, 175, 179, 183, 184, 188, 189, 191, 196, 200, 201, 204, 205, 207, 208, 211, 212, 213, 215, 216, 217, 223, 224, 226, 227, 234, 235, 237, 241, 242, 245, 247, 253, 255, 258, 259, 261, 263, 264, 265, 267; Archiv des Autors, Köln: Seite 8, 17, 21, 34, 35, 38, 39, 55, 57, 61, 67, 68, 77, 81, 85, 86, 117, 121, 123, 128, 129, 138, 145, 147, 157, 158, 195, 231, 232, 236, 238, 239, 248, 251; Columbia Tristar Film: Seite 12, 130, 131, 133, 135, 136, 140; Cosgrove Hall Productions 1993 / Lizenzagentur Fuchs, Stuttgart: Seite 273; Vito de Vito / Agentur Schlück, Garbsen: Seite 272 links; Vicente Ballestar / Agentur Norma, Barcelona: Seite 272 rechts.

# Inhalt

Vorwort ............................................................................. 7
Einleitung *(von Hans Meurer)* ...................................... 11

Der Mythos ...................................................................... 25
    Regeln des Vampirs nach Professor van Helsing aus dem
    Roman *Dracula* von Bram Stoker ...................................... 25
    Die Fakten ....................................................................... 27
    Erotik ............................................................................. 30
Der Roman *Dracula* von Bram Stoker ............................ 37
    Der Autor Bram Stoker .................................................. 37
    Bram Stokers Romanensemble ......................................... 40
    Inhalt des Romans .......................................................... 40
    Aufbau des Romans ........................................................ 45
    Entstehungs- und Wirkungsgeschichte des Romans ......... 48
Die wichtigsten Verfilmungen von Bram Stokers Roman
*Dracula* (chronologisch) ............................................... 55
    *Nosferatu – Eine Symphonie des Grauens* (Deutschland
    1921) ............................................................................. 55
    *Dracula* (USA 1930) .................................................... 66
    *Dracula* (Großbritannien 1957) ..................................... 84
    *Nosferatu – Phantom der Nacht* (BRD/Frankreich 1979) . 99
    *Dracula* (USA 1979) .................................................... 115
    *Bram Stoker's Dracula* (USA 1992) ............................... 130
Weitere Verfilmungen des Romans .................................. 144
    *Nachts, wenn Dracula erwacht* (BRD/Spanien/Italien/
    Liechtenstein 1970) ........................................................ 144
    *Dracula* (USA 1972, Fernsehfilm) ................................. 150
Varianten des Dracula-Stoffes
Graf Dracula in neuen Geschichten (alphabetisch) ............. 155
Dracula-Varianten: Weibliche Vampire ............................. 221
Parodien/Komödien ....................................................... 237
Graf Dracula heute ........................................................ 271

Danksagung .................................................................... 274
Literaturangaben ............................................................ 275
Register ......................................................................... 279

›Drakuline‹ von Karin Thielmann

»*Wohl kaum eine andere übernatürliche und religiöse Konzeption entspricht mehr der zweiten Hälfte des zwanzigsten Jahrhunderts als der Vampir. Im Zusammenhang mit dem Schwinden religiöser Überzeugungen ist der Vampirismus weiterhin die sinnlichste, am wenigsten vergeistigte aller überwirklichen Offenbarungen. Er stellt den Triumph des Geschlechtlichen über den Tod, des Fleisches über den Geist und der Materie über das Unsichtbare dar. Er negiert fast alles außer der rein physischen Sinnesbefriedigung. Von allen denkbaren Kosmologien ist er der materialistischste.*
*Gerade wegen dieser sinnlich wahrnehmbaren, dreidimensionalen Beschaffenheit wurde er zu einem derartig vielversprechenden, finanziell ergiebigen Filmgegenstand.*«[1]*

*David Pirie, britischer Filmpublizist, 1977*

# Vorwort

»Die Rolle, die am häufigsten im Horror-Film dargestellt wurde, ist die des Grafen Dracula, der Schöpfung des irischen Schriftstellers Bram Stoker (1847–1912), dessen Roman *Dracula* 1897 veröffentlicht wurde. Die Zahl der Darstellungen des Grafen oder seiner direkten Nachfahren auf der Leinwand übertrifft die seines engsten Rivalen, dem Monster Frankensteins, mit 155 zu 109.«[2]

Diese nüchternen Fakten konstatiert *The Guinness Book of Movie Facts & Feats* von Patrick Robertson in der dritten Auflage 1988 und listet anschließend sämtliche ermittelten Titel auf, darunter griechische, rumänische, südkoreanische sowie Amateurfilme.

In einem Beitrag über den Autor Bram Stoker im *Biographischen Lexikon der utopischen Literatur* behauptet Franz Rottensteiner sogar: »Heute gibt es schon über 400 *Dracula*-Filme, darunter türkische und japanische.«[3]

Wie viele es letztendlich auch sein mögen, es ist unmöglich, sie alle zu kennen und sie für dieses Buch zu berücksichtigen. Hier wurden in erster Linie Filme zusammengestellt, die direkt oder indirekt einen Zusammenhang zum Roman *Dracula* von Bram Stoker erkennen lassen. Außerdem wurden Filme aufgegriffen, die im Titel den Namen *Dracula* aufweisen oder in denen eine *Dracula*-Figur auftaucht und die, mit einigen Ausnahmen, im deutschen Sprachraum zu sehen waren. (Nicht jeder dieser Filme ist tatsächlich ein *Dracula*-Film.) Natürlich kann ein Buch in dem gegebenen Rahmen auch unter diesen Einschränkungen keinen Anspruch auf Vollständigkeit erheben.

Tatsache ist jedoch, daß die Zahl der Filme weiterhin größer wird, ja, daß scheinbar nach bestimmten Zyklen (30er, 50er, 70er Jahre, jetzt in den 90er Jahren wieder) eine regelrechte Vampirfilmwelle von einer neuen überspült wird. Nach Francis Ford Coppolas *Bram Stoker's Dracula* werden John Landis' *Innocent Blood,* Stephen Frears' *Confessions of a Vampire,* Fran Rubel Kuzuis *Buffy, the Vampire Slayer,* Peter Flynns *Project Vampire,* Roger Cormans *To Sleep with a Vampire,* David Blyths *Grampire,* Shimako Satos *Tales of a Vampire* und Fred Gallos *Dracula Rising* folgen.

(HORROR OF DRACULA)

Möglicherweise sind wir heute wieder an einem historischen Punkt angelangt, der eine solche Art von Filmen provoziert bzw. danach verlangt. Noch 1977 schrieb David Pirie, der Autor des lesenswerten Buches *Vampir-Filmkult:* »Unterdessen scheint es mit dem Vampirkino jedoch größtenteils vorbei zu sein ... Es wäre interessant, sich die kulturellen Umstände vorzustellen, die ihm erneut Zugang zu unserer Traumwelt verschaffen würden.«[4] Die kulturellen Umstände sind heute sicherlich völlig anders als 1977. Die Filmkultur hat durch Satelliten- und Kabelfernsehen, durch Videotheken und Multiplex-Kinos einen anderen Stellenwert bekommen. Tatsächliche Horror-Szenarios wie der Irak-

*Dracula (Bildmitte) in illustrer Gesellschaft seiner Horror-»Kollegen«.*

Krieg oder die militärischen Auseinandersetzungen in Jugoslawien stehen im Widerspruch zu einer scheinbar harmonischer werdenden Welt. Grenzen öffnen sich, aber gleichzeitig entstehen neue, auch innere. Der Kommunismus hat seine Bedeutung verloren, aber der Kapitalismus stürzt viele in Not und läßt allerhand Fragen unbeantwortet. Die Wissenschaft ist verzweifelt bemüht, wirksame Abwehrmaßnahmen gegen die fatale Immunschwächekrankheit AIDS zu finden, für viele die »Pest« unserer Zeit. Die Sexualität wurde praktisch auf dem scheinbaren Höhepunkt ihrer größten Freizügigkeit plötzlich zur möglichen todbringenden Gefahr.

Das Fernsehen prasselt mit unaufhörlicher Intensität und Bilderfluten von Katastrophen und Elend auf uns ein. Es gibt »Reality-TV«, Spielfilme unterster Kategorie, Serien und Werbung ohne Ende – und immer öfter! Filme werden durch Werbung zerstückelt. »Kultursponsoring« macht aus Filmfestivals Reklameveranstaltungen.

Das sind kulturelle Umstände, die wohl auch Herr Pirie sich 1977 nicht in seinen kühnsten Träumen vorzustellen gewagt hätte. Aber es sind Umstände, die den Vampirfilm anscheinend in starkem Maße aus seiner Ruhestätte locken.

Friedrich Geyrhofer provozierte in seinem Essay *Horror und Herrschaft* 1971 mit folgenden Sätzen: »Der Horrorfilm brilliert darin, psychologische und gesellschaftliche Mechanismen fast bis zum Punkt ihrer Aufklärung voranzutreiben – um dann mit einer überraschenden Volte alle Einsicht im Dunkel der Mystifikation wieder versinken zu lassen ... Der Trick des Horrorfilms, die Welt in Schwarz und Weiß, Gut und Böse abzuzirkeln, ist aber das Verfahren der bürgerlichen Rationalität selbst: der Herrschaft. Auf ihrer Seite ist der Horror stets zu finden.«[5]

# Einleitung

Zur Beschäftigung mit den *Dracula*-Filmen gehört die Frage nach dem Wesen des Vampirismus, seinem historischen, theologischen und psychoanalytischen Hintergrund. Der Frankfurter Hans Meurer, der sich seit 18 Jahren wissenschaftlich mit der Materie auseinandersetzt, hat sich dankenswerterweise bereit erklärt, exklusiv für dieses Buch diese Bereiche zu erhellen.

## Von den Vampiren und Blutsaugern – Hintergründe zur Faszination eines Aberglaubens

*von Hans Meurer*

Graf Dracula, die schillerndste aller Horrorgestalten, kehrt auf die Leinwand zurück. Er hat die Jahre der Ruhe genutzt, um wieder zu erstarken. Grandios bricht er über Hollywood herein, denn er übernimmt wieder Hauptrollen in neuen Filmen.
Der Vampir ist nie ganz verschwunden. Immer wieder gab es Filme, die sich mit dem Thema beschäftigt haben, und dafür gibt es einen Grund: der Vampirmythos ist sehr tief im Volksglauben der Menschen verwurzelt und kein von der Filmindustrie geschaffenes Billigprodukt.
In der gesamten Literatur des Makabren gibt es keine Gestalt, die so faszinierend und doch so schrecklich und fürchterlich ist wie der Vampir. Kein anderes Monster, kein anderer Incubus oder Succubus, kein anderes Schattenwesen hat die Aufmerksamkeit der kreativen Köpfe so gefesselt und kein anderer Schrecken aus dem Dunkel zu so vielen alptraumhaften Erzählungen inspiriert. Aber der Vampir ist auch keine Erfindung schöpferischer Schriftsteller, er wurzelt tief in der Wirklichkeit, in Sagen und Volksmärchen, die bis ins Altertum zurückreichen. Vampire erscheinen in der Geschichte so weit auseinanderliegender Länder wie China und Deutschland, Indien und Mexiko, und selbst aus Griechenland und Malaysia und anderen entlegenen Teilen der Welt hat man vor nicht allzulanger Zeit von ihren schändlichen Taten berichtet. Und dafür muß es eine Erklärung geben.
Es gibt sie. Der Vampir ist die gelungenste Projektion unserer

Urängste, ein theologisches Wesen mit gewaltigem philosophischem und psychologischem Tiefgang.

Der Tod ist für die meisten Menschen das größte Schreknis. Die meisten Völker versuchen daher, den Tod als Ende zu eliminieren und umzudeuten in einen Ritus, der nur transformiert. So kommt es weltweit zu der These, daß es den Tod als Ende gar nicht gibt, gar nicht geben darf. Sigmund Freud sagt in *Totem und Tabu:* »Für den Primitiven wäre die Fortdauer des Lebens, die Unsterblichkeit, das Selbstverständliche. Die Vorstellung des Todes ist etwas spät und nur zögernd Rezipiertes. Sie ist ja auch bei uns noch inhaltsleer und unvollziehbar.«[6]

Es scheint tatsächlich kein Volk zu geben, das ein Weiterleben nach dem Tode ausschließt. Dennoch gibt es zahlreiche Völker, die zwar an ein Leben nach dem Tod, nicht aber an ein ewiges

*Graf Dracula als historische Gestalt in roter Rüstung. Francis Ford Coppolas ›Bram Stoker's Dracula‹ zeigt auch die Wurzeln des Mythos auf. Gary Oldman verkörpert Dracula.*

*Annette Vadim als Carmilla von Karnstein in der Verfilmung ›… und vor Lust zu sterben‹.*

Leben glauben. Die größte Sehnsucht des Menschen ist es, ewiges Heil zu erlangen. Jede Religion bietet ihrem Gläubigen Heil, was im Grunde genommen ewiges Leben ohne Leid ist. Wer den Weg geht, den die Religion und die Vorväter weisen, wird den Tod nicht scheuen. Gemeinsam scheint all diesen Ideologien zu sein, daß der Tod nur ein Durchgangsstadium zum eigentlichen Leben im Jenseits ist. Der wirkliche Tod findet daher in den traditionellen Religionen gar nicht statt. Er wird für sie und ihre Gläubigen zum Ritus, dem Tor zum jenseitigen Sein. Erst unsere moderne Gesellschaft konzipiert ein ausschließlich diesseitiges Leben, und doch begegnet man der Frage: »Was kommt danach? Kommt wirklich nichts mehr, oder wissen wir es einfach nicht?«

Und genau in diesem Spannungsverhältnis zwischen Leben und Nicht-tot-sein-Wollen, Sterben und Weiterleben nach dem Tod, liegt die Existenz des Vampirs. Der Vampir ist also schon gar keine Erfindung von Traumfabrikanten der Filmstudios. Sie nutzen nur die Urängste der Menschen zu immer wieder neuen Spektakeln, die auch interessanterweise immer wieder neue Zuschauer finden.

Es gibt eine tief verwurzelte Angst vor der Sinnlosigkeit der eigenen Existenz – oder anders ausgedrückt, daß der eigentliche Sinn des Daseins die Existenz ist, ist nur schwer begreifbar. Deshalb wird diese Sichtweise in Frage gestellt und fraglich. Denn es muß nicht richtig sein. Die Projektionsfigur aller dieser Fragen ist der Vampir.

Hochwürden Montague Summers, der sich sehr intensiv mit der Vampirforschung beschäftigt hat, definiert den Vampir als jemanden, der ein Leben von mehr als normaler Intensität und ungezügelter Schändlichkeit geführt hat. Einen Menschen von unreinen, ungeheuerlichen und selbstsüchtigen Leidenschaften, bösen Begierden, der Grausamkeit und dem Blute frönend.[7]

Daß der Vampir sich über die moralischen Kategorien von Gut und Böse hinwegsetzt, macht ihn so faszinierend! Das Gute ist ohne das Böse nicht denkbar, denn gut und böse definieren sich wechselseitig. Es ist die Bedrohung des Bösen, das die vermeintlich Guten heimsucht.

Heimgesucht hat der Vampir die Menschen z. B. während der Pest im 17. Jahrhundert. Für die Menschen der damaligen Zeit, die keine Erklärung für die Pest hatten, war der »Schwarze Tod«, die Pest, ein Vampir. Alles Schlechte, was die Menschen sich nicht erklären konnten, wurde bösen Geistern zugeschrieben. Das Unheil wurde als Strafe für begangene Sünden angesehen. Die hohe Zahl der vorzeitigen Begräbnisse und der versehentlichen Lebendbestattungen insbesondere in Zeiten der Pest, in denen sich die Menschen vor Ansteckung fürchteten und sich der Leichen so schnell wie möglich entledigen wollten, schürte die Legende.

Vor todbringender Ansteckung fürchten wir uns heute auch wieder. (Die Angst vor AIDS geht um. Die Vermutung liegt nahe, daß auch der HIV-Virus durch den Vampir personifiziert wird.) Der Sündenfall, die die Moral kontrastierende Unmoral, vereinigt die drei wichtigsten Komponenten des Vampirismus: Gewalt, Blut und Sex. Der Vampir ist eine Gestalt, ausgestattet mit Macht, die den Tod überwunden hat und ihre Kräfte daraus zieht, daß sie ihre Opfer beißt und Blut saugt. In diesem Satz sind alle vier Faktoren genannt, die die Vampirfigur so interessant machen. Da ist zum einen die Macht, vor allem – um mit Filmemacher George Lucas zu sprechen – die »dunkle Seite der

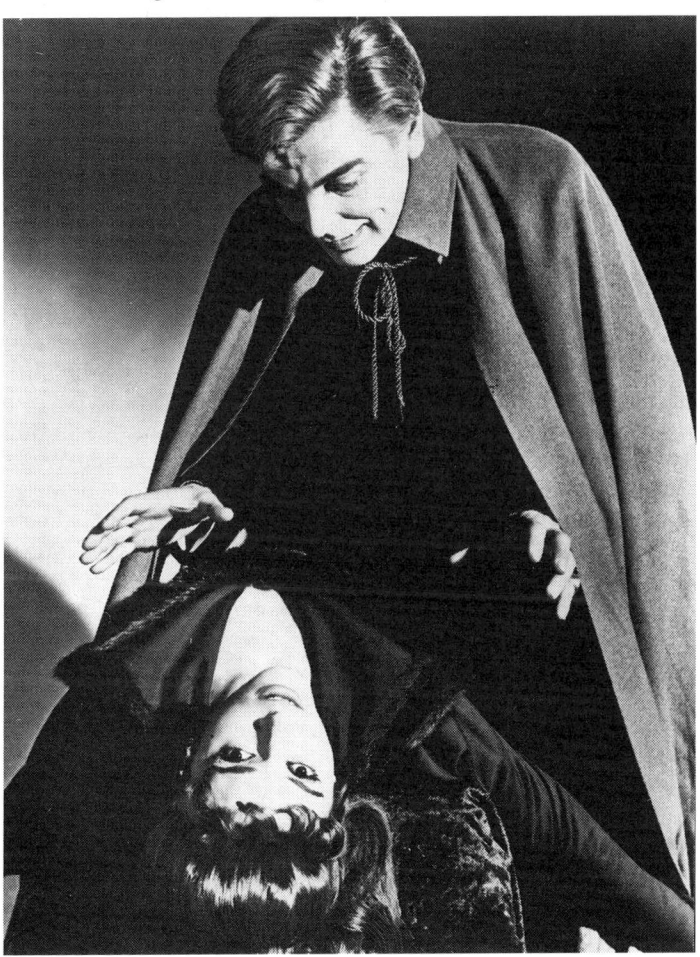

*Nicht Graf Dracula, sondern Baron Meinster (David Peel) ist in ›Dracula und seine Bräute‹ auf Frauenblut aus. In Trance: Yvonne Monlaur.*

Macht«; da ist die Überwindung des Todes; da ist das Blut als Symbol des Lebens; und da ist der Biß, die erotisch-sadistische Vereinigung von Täter und Opfer.

Blut ist immer Leben. Daher ist die Zusichnahme von Blut mit einem Wiederbeleben sehr stark assoziiert. Da die Lebenden naturgemäß immer glauben, daß sie als Tote nicht tot sein möchten, glauben sie natürlich auch, daß die Toten den überwältigenden Drang verspüren, zu ihren geliebten Angehörigen zurückzukehren. Die Erklärung dafür liefert der britische Psychoanalytiker Ernest Jones: »Die tiefste Ursache dieser Projektion liegt zweifellos in dem Wunsch, daß die Gestorbenen uns nicht vergessen mögen. Einem Wunsch, der sich letztlich aus Kindheitserinnerungen daran ergibt, daß man von den geliebten Eltern alleine gelassen wurde. Weiterhin ist der Glaube, daß Tote ihre geliebten Angehörigen besonders bei Nacht besuchen können, auf der ganzen Welt anzutreffen.«[8] So ist auch klar, daß die Mehrheit der Berichte über Vampire davon erzählt, daß diese zu ihren Geliebten oder Familien zurückkehren.

Der Vampir saugt Blut als eine Form der Transfusion. Im übrigen ist diese Art der Lebensrettung auch ein Heilmittel, das sich durch die Geschichte zurückverfolgen läßt. Das Saugen von Blut kann aber auch für die Veranschaulichung der Art und Weise dienen, in der manche Menschen von der Energie anderer zu speisen scheinen und ihnen alle Vitalität rauben. Wer ist nicht schon einmal jemandem begegnet, den man als Schmarotzer oder Blutsauger bezeichnen könnte?

Vor allem aber verfügt der Vampirismus nicht nur durch das Blutsaugen über ein starkes sexuelles Element, worin sicher einer der Hauptgründe für seine andauernde Faszination besteht. Der beißende Kuß des Vampirs in den Hals des Opfers, aus dem er in der Regel das Blut saugt, besitzt, wie erwähnt, eine erotisch-sadistische Note, die der Aufmerksamkeit des Psychologen nicht entgangen ist. Ernest Jones meint, daß der Akt des Saugens von frühester Kindheit an eine gewisse Bedeutung hat, die das ganze Leben hindurch in der Form des Kusses aufrechterhalten wird. Der Biß ist nach Freud ein teilweise sadistischer, teilweise erotischer Kuß. Blut und Tod sind ebenfalls mit der Sexualität verbunden. Die Überschreitung ihrer Grenzen war immer das Anliegen der Menschheit. In ihren Wünschen konnte sie Tod und Sexualität über die Grenzen hinaus ausleben. »Das geschah in

*Christopher Lee bei der Arbeit. In dieser Pose kennen ihn Millionen. Aus:*
*›Dracula – Nächte des Entsetzens‹.*

der Angst des Herzens und mit der Aggressivität eines Willens,
der sich im Bruch des Gesetzes selbst verzehrte. Immer war die
Überschreitung des Todes erotisch und die der Sexualität in gewisser Weise tödlich.«[9)] (Denken wir nur an Marquis de Sade
oder George Bataille.)
Der erotische weibliche Vampir ist ebenso Teil der klassischen
Vampirlegenden wie sein männliches Gegenstück. Die Vampirin wird als wollüstig und ausschweifend, unwiderstehlich und
herzlos grausam beschrieben. Wie der männliche Vampir hat sie
volle rote Lippen. Vermutlich sind sie das Ergebnis des Blutsau-

*Nach einer Liebesnacht mit dem Gast Paul (Christopher Mattews) will Draculas Braut Tania (Anouska Hempel) auch noch sein Blut. Aus: ›Dracula – Nächte des Entsetzens‹.*

gens, doch traditionsgemäß werden sie im Volksglauben auch als Zeichen übermäßiger Sinnlichkeit angesehen. Selbst makellose, reine Männer unterliegen ihrem schrecklichen Zauber. Manche Legenden spannen das erotische Thema noch weiter, indem sie

Instruktionen geben, wie man das Grab des Geschöpfes auf-
spüren kann, wenn es schläft: Ein unberührter Junge oder ein un-
schuldiges Mädchen sollen nackt auf einem rabenschwarzen, un-
berührten Hengst, der noch nie gestolpert ist, über den Friedhof
reiten. Man sagt, das Pferd würde scheuen, wenn es an das Grab
eines Vampirs gelangt.

Daß gerade in der zweiten Hälfte des 19. Jahrhunderts das Vampirmotiv zunehmend sexualisiert wurde, verwundert nicht. Das
Geschlechtliche war aus dem bürgerlichen Bewußtsein ausge-
grenzt und immer unaussprechlicher geworden. Es schlich sich
daher in die Gruselgeschichten ein, chiffriert, entstellt und per-
vertiert. (Das Grab als einzig möglicher Ort der Liebesvereini-
gung war ein literarischer Allgemeinplatz.) Sogar die Mediziner
machten, wenn sie von Sexualität sprachen, durchaus Anleihen

*Sex und Tod in friedlicher Harmonie. Dianik Zurakowska in ›Die Vam-
pire des Dr. Dracula‹.*

19

beim Vampirismus. Sperma galt als eine noch konzentriertere Form der Lebensenergie als das Blut. Die Sexualität, die dem Mann das Sperma raubte, gefährdete somit seine Kraft. Die Frau war eine »Krankheit zum Tode«. Tatsächlich wurde der Vampir in Literatur und Malerei gegen Ende des 19. Jahrhunderts meistens weiblich dargestellt. Die »Femme fatale« oder der »Vamp« waren sexuell gierige, morbide, ausbeutende und männermordende Frauen. Die Hexe kehrte angesichts der unmenschlichen Idealbilder der keuschen, immer auf Anmut und Anstand bedachten, denaturierten Frau wieder.

Unterdrückung der Sexualität ist immer verbunden mit Religion. Kann es aus dieser Sicht auch noch eine Erklärung dafür geben, daß Menschen an Wesen glauben, die andere Menschen fressen, Blut saugen oder Leichen fleddern? Helga Pohl liefert

*Nicht Bram Stoker, sondern Nikolai Gogol lieferte die Vorlage zu Mario Bavas ›Die Stunde, wenn Dracula kommt‹, der mit einem mittelalterlichen Hinrichtungsritual beginnt.*

*Mit dem Kruzifix läßt sich der Vampir aufhalten. Hier praktiziert es Dr. Seward (Donald Pleasance) mit der zur Vampirin gewordenen Mina van Helsing (Jan Francis) in John Badhams ›Dracula‹ (1979).*

eine psychoanalytische Erklärung. Man leugnet das Böse, d. h. vor allen Dingen unchristliche Gefühle und Wünsche bei sich selbst und bei den geliebten Menschen, und projiziert sie auf Fabelwesen. Die Angst vor der Strafe für die eigene Schlechtigkeit wird zur Angst vor bösen Geistern. Die verwandelte Angst liefert allerdings einen hervorragenden Vorwand für brutale Akte gegen die eben nicht nur geliebten, sondern insgeheim auch gehaßten Angehörigen. Man trieb Dämonen aus ihnen aus, wenn sie sich ungewöhnlich betrugen, oder erlöste sie etwa durch einen Pfeil ins Herz, wenn sie angeblich im Grab keine Ruhe fanden. Etwa ab 1500 n. Chr. wandte sich dann der Kollektivwahn auch direkt gegen Lebende: die Hexen, die übrigens auch zu den blutsaugenden Wesen zählten, da sie ja als Incubae und Succubae die Menschen heimsuchten.[10]

21

Der Vampir in seiner heutigen Ausprägung ist eine Ausgeburt des späten dualistisch denkenden, moralisierenden Christentums. Wie der Teufel die Gegenvorstellung oder der abgespaltene Teil des liebenden, allgütigen Gottes ist, so ist die Hexe die Gegenvorstellung zur unendlich milden, asexuellen Maria. Die Helfer des Teufels sind das Gegenbild der Engel. In dieser Konstellation kann der Vampir als Gegenpol zu Christus gesehen werden. Beide sind durch ihre leibliche Auferstehung lebende Tote und damit Verleugner des Todes. Während Christus die masochistische, altruistische Position vertritt (»Ich gebe mein Blut hin, damit ihr rein werdet«), vertritt der Vampir die sadistische, egoistische Position (»Ich nehme euer Blut, und ihr werdet böse und unrein«).

Die Aufklärung hat die Lehre von der Erbsünde ad absurdum geführt. Die Entdeckung des Unbewußten als dominierende moralische Instanz war noch im Anfangsstadium. So war der Vampirmythos ein Versuch, die dunklen Seiten der menschlichen Seele auszuloten und in Bildern über sie zu sprechen. Das ist auch der Grund, warum Vampire gegen Kreuze allergisch sind. Das Kreuz war immer schon das Symbol des Himmels, das Symbol für die Macht der Sonne. Daraus entwickelte es sich zum Zeichen des Feuers und des Leidens, später wurde es als Zeichen der Weltachse angesehen, als Verbindungsglied zwischen Himmel und Erde.

Das Kreuz wirkt, weil es eine theologisch-kulturgeschichtliche Bedeutung hat. In Roman Polanskis Film *Tanz der Vampire/ Dance of the Vampires* widersteht ein Vampir dem Kruzifix mit der Christusfigur (nicht dem Kreuz als solchem), denn »das wirkt nicht bei jüdischen Vampiren«. Der Vampir wird auch in anderen neueren Filmen in seinen theologischen Zusammenhang gestellt. Die zunehmende Atheisierung der Welt wird den Mythos vom Vampir wandeln.

Das Bild vom ansteckenden Bösen wird bleiben. Cecil Helman weist in seinem Buch *Körpermythen* auf diese Verbindung mit der populären AIDS-Metapher hin. »Dieser tödliche und nicht sichtbare HIV-Virus ruft bei vielen, die davon hören, eine ansteckende Furcht hervor und sogleich Angst vor den Opfern des Virus – vor der Verseuchung und durch das, was aus ihren Körpern tropft, Blut, Speichel und Sperma.«[11]

Es sind Bilder einer unsichtbaren, unmoralischen Ansteckung, die von Randgruppen durch ihren Lebensstil und den Austausch ihrer Körperflüssigkeiten in unsere Welt gebracht wird. In der von moralischer Denkweise geprägten Realität sind es zwar nicht Dämonen oder sonstige Geschöpfe, sondern häufig Homosexuelle, Drogenabhängige, Prostituierte und Einwanderer. (Dracula war ja auch ein Immigrant, und Bela Lugosi spielte ihn

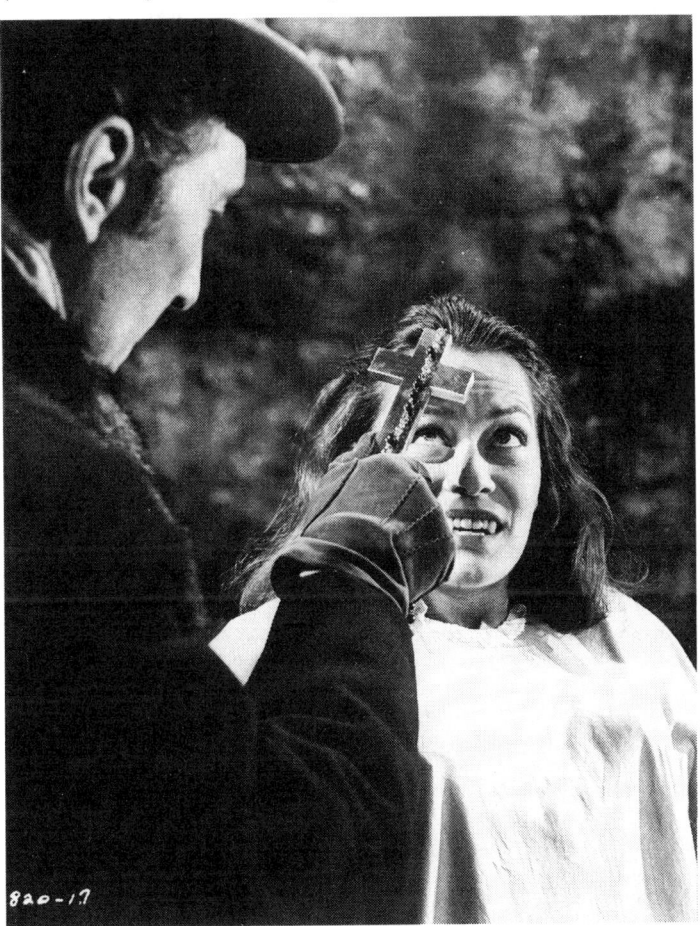

*Professor van Helsing (Peter Cushing) verabreicht der zur Vampirin gewordenen Lucy (Carol Marsh) ein Brandzeichen auf die Stirn. Aus: ›Dracula‹ (1957) von Terence Fisher.*

mit fremdländischem Akzent als pervertierten »romantischen Europäer«.) Aber wenn die Angst kommt, kommen die Gespenster.

Solange wir in den Strukturen unserer derzeitigen moralischen Weltordnung leben, bleibt die Angst vorhanden. Angst vor moralischem Verfall, Chaos und Katastrophen. Der Vampir ersteht neu in seiner ganzen dämonischen Kraft und Faszination.

Anmerkungen:

[1] Pirie, David: *Vampir-Filmkult,* Gütersloh 1977, S. 6.
[2] Robertson, Patrick: *The Guinness Book of Movie Facts & Feats,* 3. Aufl., Enfield, Middlesex/New York 1988, S. 49.
[3] Rottensteiner, Franz: *Bram Stoker,* in: Körber, Joachim (Hg.): *Bibliographisches Lexikon der utopischen Literatur,* Bd. 6, 8. Erg.-Lfg., Meitingen, Dezember 1986.
[4] Pirie, David: *Vampir-Filmkult,* a.a.O., S. 173.
[5] Geyrhofer, Friedrich: *Horror und Herrschaft,* in: Witte, Karsten (Hg.): *Theorie des Kinos,* Frankfurt/M. 1972, S. 59 f.
[6] Freud, Sigmund: *Totem und Tabu,* Frankfurt/M. 1981, S. 82.
[7] Summers, Montague: *The Vampire. His Kith and Kin,* New York 1960.
[8] Jones, Ernest, zit. nach: Farson, Daniel: *Vampire und andere Monster,* Frankfurt/M. 1978, S. 32.
[9] Kamper, Dietmar (Hg.): *Über die Wünsche – Ein Versuch der Archäologie der Subjektivität,* München 1977, S. 28.
[10] Pohl, Helga: *Die Gruselgeschichte – Ein Beitrag zur Psychoanalyse von Horrorliteratur,* in: *Zeitschrift für psychosomatische Medizin,* Nr. 31/1985.
[11] Helman, Cecil: *Körpermythen,* München 1991, S. 108.

# Der Mythos

## Regeln des Vampirs nach Professor van Helsing aus dem Roman *Dracula* von Bram Stoker

»Der Vampir lebt ewig und stirbt nicht wie ein Mensch an Altersschwäche oder Krankheiten. Er verjüngt sich jedesmal, wenn er Gelegenheit hat, größere Mengen Blut zu sich zu nehmen. Denn er ißt nicht wie wir ...

*So viel Knoblauch – und doch hat der Vampir die Tochter des Hauses entführt. Die Wirtsleute Rebecca und Yoine Shagall (Jessie Robbins, Alfie Bass) und Professor Abronsius (Jack McGowran) in Polanskis ›Tanz der Vampire‹.*

Der Vampir wirft keine Schatten und erzeugt keine Reflexion im Spiegel ... Der Vampir verfügt über Riesenkräfte ... kann sich in einen Wolf verwandeln ... Gelegentlich nimmt er auch die Gestalt einer Fledermaus an ... Oft kommt er auch inmitten eines Nebels, den er zuvor erzeugt ... Er kann im Mondschein in Form von tanzenden Staubkörnchen erscheinen ... Falls es erforderlich

*Der Pfahl muß ins Herz geschlagen werden, sonst funktioniert es nicht. Thomas Hunter (rechts) und Ivor Murillo in ›Gebissen wird nur nachts‹.*

ist, kann der Vampir sich so klein machen, daß er ... durch winzige Ritzen schlüpft. Er kann überall hinein oder heraus – selbst ein zugelöteter Bleisarg würde ihn keine Sekunde lang aufhalten können.

Der Vampir sieht in der Dunkelheit wie eine Katze ... Und doch ist der Vampir nicht frei! ... Er darf kein Haus aus eigenem Antrieb betreten, ohne dazu aufgefordert worden zu sein. Später kann er jedoch immer wieder zurückkehren.

Bei Tagesanbruch endet seine Macht ... Er kann sich nur zu gewissen Zeiten einigermaßen frei bewegen. Hat er bis dahin sein Ziel nicht erreicht, muß er bis Sonnenaufgang, Mittag oder Sonnenuntergang warten, bevor er sich verwandeln kann ...

Es heißt auch, er könne fließendes Wasser nur dann überqueren, wenn Ebbe oder Flut ihren Tiefst- oder Höchststand erreicht haben.

Dann gibt es bestimmte Dinge, die ihn so beeinflussen, daß er machtlos ist. Dazu gehören der Knoblauch und das Kruzifix. Vor geweihten Gegenständen weicht er entsetzt zurück. Eine Heckenrose auf einem Sarg verhindert, daß er daraus hervorkommt; eine geweihte Kugel, die in den Sarg geschossen wird, in dem er liegt, bringt ihm den Tod – ebenso, wenn man ihm einen Pfahl durchs Herz treibt, den Kopf abtrennt und den Mund mit Knoblauch füllt.«[1]

## Die Fakten

»Vorbild« für die von Bram Stoker geschaffene Kunstfigur des Grafen Dracula war der berüchtigte walachische Fürst Vlad Tepes II, genannt »Dracula«. Sein Vater war mit dem »Drachenorden« ausgezeichnet worden, auf dem ein Drache – rumänisch »Dracul« – abgebildet war. Der Sohn wurde folglich zum »kleinen Drachen« – »Dracula« –, wobei Dracul im Rumänischen auch Teufel bedeutet. Er regierte von 1456 bis 1462 und erneut von 1476 bis 1477 über die gesamte Walachei und umliegende Gebiete. 1477 fand er in der Nähe von Bukarest im Kampf gegen die Türken mit 45 Jahren den Tod. Er soll enthauptet und in der Nähe von Bukarest bestattet worden sein. In Rumänien besaß der Fürst Lehensland zwischen Klausenburg, Bistritz, Kronstadt und Hermannstadt. Dabei handelt es sich um Siebenbürgen, das seinerzeit »Transsylvanien« genannt wurde.

*»Hie facht sich an gar ein graussemliche erschrockenliche hystorien von dem wilden wütrich Dracole wayde. Wie er die leut gespist hat. Und gepraten. Und mit den häubtern yn einen kessel gesloten. Und wie er die leut geschunden hat und zerhacken lassen als ein kraut. Jtez er hat auch den mütern ire kind geprate und sy habes müssen selber essen. Und vil andere erschrockenliche ding die in dissem Tractat geschriben stend. Und in welchem land er geregiret hat.«*

Diese einleitenden Worte stehen auf der ersten Seite eines 1499 in Nürnberg veröffentlichten Pamphletes gegen den Gewaltherrscher Fürst Vlad Tepes »Dracul«. Darunter findet sich ein Bildtraktat von 1493, das den blutrünstigen Fürsten an einer gutgedeckten Speisetafel sitzend zeigt, während vor seinen Augen ein Untergebener mit einem Beil einen Menschenkörper in Einzelteile zerhackt und im Hintergrund etliche auf spitze Pfähle gespießte Leichen zu sehen sind. Bereits 1493 erschien in Leipzig ein Traktat, in dem dem »großen Wüterich« das »Pfählen« von Feinden und Untertanen bescheinigt wurde. An einer Straße in seinem Herrschaftsgebiet sollen 20 000 Türken und Bulgaren auf Pfähle gespießt worden sein. Insgesamt soll der grausame Regent weit über 100 000 Tote zu verantworten haben.

Zeigt das genannte Bildtraktat noch etliche Pfähle, auf die die Opfer des Fürsten bäuchlings gespießt sind, so wurde das vom »Dracul« besonders bevorliebte »Pfählen« tatsächlich auf noch grausamere und perversere Art vollzogen: Die Opfer wurden auf einen angespitzten Pfahl »gesetzt«, so daß sich der Pfahl von unten in den Körper bohrte, da das Körpergewicht des Opfers naturgemäß den Pfahl immer weiter hineintrieb. Der Tod trat dadurch oft erst nach stundenlanger, mitunter tagelanger, grauenhafter Tortur ein. Die Pfähle wurden gut sichtbar aufgestellt und brachten ihm seinen Beinamen »Tepes – der Pfähler« ein. Er wurde besonders aufgrund dieser Art des Umgangs mit Feinden und Untergebenen berüchtigt und berühmt. Doch das Pfählen war zu seiner Zeit eine verbreitete Tötungsform. Besonders in der Türkei wurde sie schon lange vor Dracula angewandt.

Der Fürst war ein verhaßter Gegner der Türken, mit denen er nicht nur kriegerische Konflikte austrug. Er verbrachte einige Jahre seiner Jugend in türkischer Gefangenschaft, und sein Bruder wurde vom türkischen Sultan sexuell als »Geliebte« mißbraucht. Die Türken waren als islamische Macht an der Aus-

*Fürst Vlad Tepes Dracula*

rottung des Christentums interessiert. Insofern waren seine
Feldzüge auch zum Schutze des Christentums effektiv. Dracula
war aber kein Christ, wenngleich er nach seiner Gefangenschaft
in Ungarn von 1462–76 aus taktischen Gründen zum Katholizis-
mus übertrat.

Er machte sich auch Feinde im eigenen Land. Die dort angesiedelten siebenbürgischen Sachsen, denen er hohe Steuern aufer-
legte, prangerten ihn ebenso an wie die Bauern, deren Brunnen
er vergiften und deren Anwesen er zerstören ließ, um den eindringenden Türken das Leben zu erschweren.

Schon zu Lebzeiten wurde er zur legendären Figur. Nach seinem
Tod wurden dank der neu entwickelten Drucktechnik zahllose
Werke über ihn verfaßt, die mit den Berichten über Kolumbus'
Entdeckung Amerikas und der Bibel konkurrierten.

In Rumänien wurde übrigens der inzwischen gestürzte und hingerichtete Diktator Ceausescu im Volksmund ebenfalls »Dracula« genannt.

Eine weitere historisch belegte Figur, von der Stoker durch die

Lektüre des Buches *The Book of Werewolves* von Sabine Baring-Gould im British Museum erfahren haben wird, ist die 1560 in den Karpaten geborene Elizabeth Bathory. Sie hatte die Angewohnheit, von einem Schloß zum anderen zu ziehen und dort junge Bauernmädchen auf bestialische Weise zu foltern, zu töten und in ihrem Blut zu baden. Sie glaubte zum einen, daß das Mädchenblut ihren Körper jung und gesund halten würde. Sie soll zum anderen aber auch während ihrer Folterungseskapaden sexuell dermaßen erregt gewesen sein, daß sie fast das Bewußtsein verlor.

Durch ihre Verbindungen zu Ferdinand I. von Habsburg wurden ihre Machenschaften gedeckt, und so konnte sie in einem Zeitraum von ca. 15 Jahren um die 600 Mädchen in ihrer »Folterkammer der Entspannung«, die sie sich in jedem Schloß, in das sie kam, einrichtete, umbringen, bevor sie vor Gericht gestellt und schließlich lebendig eingemauert wurde.

## Erotik

Die erotische Komponente der Dracula-Legende ist schon ansatzweise behandelt worden. Sie durchzieht die gesamte Thematik wie ein blutroter Faden, der nicht nur die einzelnen Filme in z. T. losen Banden und z. T. strengen Fesseln miteinander verknüpft, sondern darüber hinaus als dominanter Bestandteil des gesamten Mythos gesehen werden kann. Die Literatur hat sich eingehend mit dieser Thematik auseinandergesetzt und auch adäquate Worte dafür gefunden, Draculas eigentliche Hintergedanken zu erläutern: »Die Wollust, die ihn peinigt, wird immer nur durch flüchtige Eroberungen gestillt, und jede Nacht beginnt sie aufs neue. Wenn nicht klar wäre, daß die Suche nach dem nährenden Blut sexuelles Begehren symbolisiert, daß der Biß und das Saugen dem Orgasmus entsprechen, würde der Besuch des Schattenfürsten keinen so theatralischen, extremen Effekt haben. Er bereitet all den jungen Mädchen, die da in ihren spitzenbesetzten Nachthemden zitternd und bibbernd in ihren jungfräulichen Betten liegen, die Liebesungeduld, mit der sie als bereite Opfer den durch das Fenster einsteigenden Verführer erwarten.«[2]

Inwieweit die Konstellation der Figuren im Dracula-Roman eine psychoanalytische Deutung als Inzesttabu nach Sigmund

Freud zuläßt, legt Norbert Stresau in seinem Buch *Der Horror-Film. Von Dracula zum Zombie-Schocker*[3] dar und beruft sich seinerseits auf James B. Twitchell.[4]

Die spitzen Eckzähne als Phallussymbole, ebenso der spitze Pfahl, der Graf mit seinem historischen Recht auf die Jungfrauen seines Landes, der Biß in die erogene Zone des Halses, die vor Wollust stöhnenden Opfer, die unheilige Ehe, die nächtlichen Eskapaden, das Blut der Frauen, die »Fortpflanzung durch den Biß« ... Die erotischen und sexuellen Bezüge sind kaum deutlicher zu formulieren. Das ist schon in Bram Stokers Roman so:

*Angst oder Hoffnung? Yvonne Monlaur als Marianne in ›Dracula und seine Bräute‹ (1960) von Terence Fisher. Erotik und Phallus auf den Punkt gebracht.*

*Graf Dracula auf den Zinnen seines Schlosses ist zwar zugeknöpft, doch das überdimensionale Phallussymbol läßt nichts Gutes ahnen. Christopher Lee in ›Draculas Rückkehr‹ (1968).*

Jonathan Harker war dem Schicksal, von drei Vampirinnen nacheinander »geküßt« zu werden, nur knapp entronnen. Doch in seiner Schilderung war es alles andere als schauderhaft: »Ich lag still und wagte nicht, die Augen zu öffnen, sondern sah nur unter den Wimpern hervor, während ich mich – und das gebe ich ganz offen zu – auf einen Kuß von diesen schwellenden Lippen freute. Die blonde junge Frau kam langsam näher, sank neben

der Couch auf die Knie und beugte sich über mich ... Ich schloß selig die Augen und wartete mit klopfendem Herzen ...«[5]
»Im England des Jahres 1897 war ein Mädchen, das sich ›auf die Knie niederließ‹, keines, das man mit nach Hause brachte und seiner Mutter vorstellte; Harker ist im Begriff, oral vergewaltigt zu werden, und es ist ihm vollkommen einerlei.«[6]

*Laura Jane (Caroline Munro) wird freiwillig zum ersten Opfer des wiedererweckten Dracula (Christopher Lee) in ›Dracula jagt Mini-Mädchen‹.*

*Der Herr der Schattenwelt naht. Jan Francis als Mina van Helsing in John Badhams ›Dracula‹ (1979).*

Lucy Westenra schreibt ihrer Freundin Mina Murray am 24. Mai von den drei Heiratsanträgen, die sie an einem Tag bekommen hat, vom »Irrenarzt« Dr. John Seward, von dem Texaner Mr. Quincey P. Morris und schließlich ihrem Verlobten Arthur Holmwood: »Warum darf ein Mädchen nicht drei oder mehr Männer heiraten, damit ihm diese schweren Entscheidungen erspart bleiben? Das sind ausgesprochen ketzerische Gedanken, die ich gar nicht niederschreiben dürfte.«[7] Dennoch erfüllt sich ihr Wunsch indirekt, indem ihr von allen dreien Blut gespendet wird. Dr. Seward notiert seinerseits: »Kein Mann, der es nicht selbst erlebt hat, kann sich vorstellen, mit welchen Gefühlen man sein Blut für eine Frau gibt, die man liebt. Der Professor beobachtete mich aufmerksam.«[8]
Der alte Professor van Helsing hat nämlich auch ein Auge auf

*Frank Langella als verführerischer Liebhaber in John Badhams ›Dracula‹ (1979).*

Lucy geworfen. »Ich bin nach England gekommen, um nach Möglichkeit zu helfen – zuerst auf Wunsch meines Freundes John, später wegen der bezaubernden jungen Dame, die ich in mein Herz geschlossen habe.«[9] Auch er hat ihr sein Blut gespendet, »obwohl ich nicht ihr Verlobter, sondern nur ihr Arzt und Freund war«.[10]

Lucy hatte »einen verträumten Ausdruck auf ihrem Gesicht«[11], als sie von der Begegnung mit dem Grafen berichtete. Stephen King nimmt kein Blatt vor den Mund, wenn er die Beziehung zwischen Dracula und Lucy analysiert: »Um es auf eine völlig vulgäre Weise auszudrücken, Stoker deutet an, daß Lucy einen Orgasmus hat, der ihr das Gehirn wegpustet. Am Tag führt eine immer blassere, aber makellos apollinische Lucy die angemessene und sittsame Werbung mit dem ihr verlobten Mann, Arthur

Holmwood, aus. Nachts aber schwelgt sie in dionysischer Ausgelassenheit mit ihrem dunklen und blutigen Verführer.«[12]

Stephen King bringt schließlich den erotisch-sexuellen Gehalt des *Dracula*-Romans auf einen für King typischen deutlichen Nenner: »Graf Dracula (und auch die unheimlichen Schwestern) sind offenbar von der Taille abwärts tot; sie machen Sex allein mit dem Mund. Die sexuelle Grundlage von *Dracula* ist eine infantile Oralfixierung, verbunden mit einem ausgeprägten Interesse an Nekrophilie (und Pädophilie auch, könnte man sagen, denkt man an Lucy in ihrer Rolle der ›schönen weißen Frau‹). Außerdem geht es um Sex ohne Verantwortung, und man kann den Sex in *Dracula,* mit dem einmaligen und amüsanten Ausdruck von Erica Jong, als den endgültigen Fick ohne Reißverschluß betrachten. Diese infantile, zurückhaltende Haltung dem Sex gegenüber mag einer der Gründe dafür sein, weshalb der Vampir-Mythos, der in Stokers Händen zu sagen scheint, ›Ich werde dich mit dem Mund vergewaltigen, und es wird dir gefallen; anstatt deinem Körper lebensspendende Flüssigkeit zu geben, werde ich sie ihm nehmen‹, besonders bei Heranwachsenden immer so populär gewesen ist.«[13]

Anmerkungen:

[1] Stoker, Bram: *Dracula,* München, 16. Aufl., 1979, S. 185 f.

[2] Lenne, Gérard: *Der erotische Film,* München 1990, S. 319.

[3] Stresau, Norbert: *Der Horror-Film. Von Dracula zum Zombie-Schocker,* München 1987, S. 91 ff.

[4] Twitchell, James B.: *Dreadful Pleasures,* New York, Oxford 1985.

[5] Stoker, Bram: *Dracula,* a.a.O., S. 33.

[6] King, Stephen: *Danse Macabre,* München 1988, S. 97.

[7] Stoker, Bram: *Dracula,* a.a.O., S. 53.

[8] Stoker, Bram: *Dracula,* a.a.O., S. 107.

[9] Stoker, Bram: *Dracula,* a.a.O., S. 163.

[10] Ebd.

[11] Stoker, Bram: *Dracula,* a.a.O., S. 81.

[12] King, Stephen: *Danse Macabre,* München 1988, S. 98.

[13] King, Stephen: *Danse Macabre,* München 1988, S. 99 f.

# Der Roman *Dracula* von Bram Stoker

## Der Autor Bram Stoker

Bram Stoker wurde am 8.11.1847 in Fairview, einem Ortsteil von Clontarf, nördlich von Dublin, County Dublin/Irland, als Abraham Stoker geboren. Er ist einer der vielen berühmt gewordenen Dubliner Schriftsteller, die Werke der Weltliteratur geschaffen haben. Als Kind war er sehr schwächlich und deshalb die ersten sieben Lebensjahre bettlägerig. Er wurde jedoch gesund und wuchs zu einem stattlichen Hünen heran. Nach seinem Studium an dem berühmten Trinity College in Dublin wurde er von der Stadt angestellt. Nebenher verfaßte er unentgeltlich Theaterkritiken für die *Dublin Mail* und lernte so den Schauspieler Henry Irving kennen. Dieser holte ihn als persönlichen Manager und Leiter seines *Lyceum Theatre* nach London. Stoker machte seine Arbeit anscheinend sehr gut, denn Irving wurde nicht nur viel geehrt, sondern auch samt Stoker zu Gastspielen in die USA eingeladen, wo die beiden u. a. Präsident Theodore Roosevelt vorgestellt wurden.

1878 heiratete Stoker Florence Balcombe, die zuvor von dem Dubliner Schriftsteller Oscar Wilde umschwärmt worden war. Seine Ehe mit der wunderschönen, aber angeblich unterkühlten Florence führte seinen Großneffen Daniel Farson, der 1975 nach Harry Ludlums Buch *A Biography of Dracula* (1962) eine weitere Stoker-Biographie verfaßte *(The Man Who Wrote Dracula)*, zu der Annahme, »daß er (Stoker, Anm. d. Verf.) sexuell unbefriedigt war, es sich aber nicht eingestand, so wie er auch von der heftigen sexuellen Komponente in seinen Büchern kaum etwas ahnte. Stoker war ein ernsthafter, pflichtbewußter, nicht zu Scherzen und Frivolitäten aufgelegter Mann, dem vieles ein Geheimnis bleiben mußte, so auch die starke sexuelle Symbolik seines *Dracula*«[1], der 1897 erschien. (In Deutschland erschien 1908 die erste Übersetzung in Leipzig.)

Stoker verbrachte allerdings auch mehr Zeit mit seinem Arbeitgeber Henry Irving und im Theater als bei seiner Familie, die ihn wegen Tourneen oft monatelang nicht zu Gesicht bekam. Maurice Richardson kam 1959 in der »Psychoanalysis of Ghost Stories« im Falle *Dracula* sogar zu folgender Diagnose: Vom »freu-

*Eingangstür zu Bram Stokers Geburtshaus in Clontarf, Dublin.*

dianischen Standpunkt – und von keinem anderen – ist die Geschichte wirklich sinnvoll. Sie ist eine gewaltige polymorphe, perverse, bisexuelle, oral-anale, genitale, sadomasochistische, zeitlose Orgie.«[2]

Vom psychoanalytischen Standpunkt her wäre es auch einmal interessant, zu hinterfragen, warum Stoker dem Gelehrten van Helsing ausgerechnet seinen eigenen Vornamen Abraham gab. Einer Theorie zufolge soll Stoker die Dracula-Figur seinem Chef Henry Irving nachempfunden haben. Abraham van Helsings Ansinnen, den blutsaugenden Grafen unbedingt zu vernichten, ließe eventuell neue Schlüsse zu.

Stokers *Dracula*-Roman wurde zeit seines Lebens kein großer Erfolg, und die anderen Romane und Kurzgeschichten wurden kaum beachtet. Doch dank der *Dracula*-Verfilmungen wurde sein Name weltberühmt, und seine Werke wurden und werden immer wieder neu aufgelegt.

*Abraham (Bram) Stoker (1847–1912)*

Stoker starb am 20.4.1912 mit 64 Jahren an Überarbeitung – heutzutage würde man »Manager-Krankheit« dazu sagen –, ohne an dem unglaublichen Siegeszug seines Geschöpfes Dracula teilhaben zu können. Freilich blieb ihm auch erspart, miterleben zu müssen, wie sein Werk für die Leinwand verändert und verstümmelt wurde.

Damit wurde eine Dekade nach seinem Tod seine Witwe Florence konfrontiert, die in einem zähen Marsch durch alle Instanzen gegen die erste unautorisierte *Dracula*-Verfilmung von Friedrich Wilhelm Murnau (*Nosferatu – Eine Symphonie des Grauens,* Deutschland 1922) erfolgreich vorging.

## Bram Stokers Romanensemble

Graf Dracula (Karpatenfürst)
Jonathan Harker (Anwalt)
Mina Murray (Harkers Verlobte, später Frau Mina Harker)
Arthur Holmwood (Sohn von Lord Godalming, nach dessen Tod selbst Lord Godalming)
Lucy Westenra (Freundin von Mina Murray, Verlobte von Arthur Holmwood)
Dr. John Seward (Irrenarzt und Anstaltsleiter)
Mr. Quincey P. Morris (Texaner, Freund von Holmwood und Seward)
Prof. Dr. Dr. Dr. h. c. etc. Abraham van Helsing (holländischer Gelehrter)
R. M. Renfield (Anstaltsinsasse in Dr. Sewards Irrenanstalt)
Peter Hawkins (Anwalt, Jonathan Harkers Vorgesetzter)
Mrs. Westenra (Lucy Westenras Mutter)
Lord Godalming (Arthur Holmwoods Vater)
Kapitän der *Demeter*
Mr. Swales (philosophierender Greis in Whitby)
Mitreisende, Wirtsleute, Kutscher, Vampirinnen, Seeleute, Spediteure, Anstaltswärter, Zigeuner u. a.

## Inhalt des Romans

Der Inhalt des Romans wird etwas ausführlicher wiedergegeben, da bei der Betrachtung der Filme auffällt, daß oft nur bestimmte Details aus dem Roman aufgegriffen oder variiert werden. Natürlich lohnt ein direkter Vergleich mit der literarischen Vorlage anhand des Romanes selbst noch mehr, da die Fülle der Einzelheiten und Informationen eine solche Inhaltsangabe sprengen würde.

Jonathan Harker, ein junger Anwalt, reist als Vertreter seines väterlichen Vorgesetzten, des Anwalts Peter Hawkins, nach Transsylvanien, um dessen Klienten Graf Dracula über seinen Haus- und Grundstückskauf in London zu informieren und ihm die Papiere auszuhändigen. Es handelt sich dabei um eine mittelalterliche Villa unmittelbar neben einer Irrenanstalt im Osten von London. Harker fertigt währenddessen ein Reisetagebuch an, das ihm später helfen soll, seiner Verlobten Mina den Verlauf der Reise schildern zu können.

Aus ihm gehen zunächst touristische Details über den Verlauf der Reise hervor, aber auch schon Andeutungen der bevorstehenden Schrecknisse.

Bewohner des Dorfes, von dem aus Harker per Kutsche zu einem Treffpunkt fährt, wo er abgeholt werden soll, warnen den ahnungslosen Juristen, der nun »dem weiteren Verlauf der Reise nicht mehr so unbekümmert wie zuvor«[3] entgegensieht. In einer stürmischen Fahrt braust die Kutsche in die Nacht, wo ein anderer unheimlicher Kutscher Harker übernimmt und in seltsamer Manier zum Schloß des Grafen Dracula bringt. Dort wird ihm von »einem hochgewachsenen alten Mann« geöffnet, »dessen langer weißer Schnurrbart im seltsamen Gegensatz zu seinem schwarzen Anzug«[4] steht und der sich in perfektem Englisch als Graf Dracula vorstellt und einen sehr höflichen und gebildeten Eindruck macht.

»Sein Gesicht erinnerte mich unwillkürlich an einen Adler, denn er hatte eine ausnehmend schmale Nase mit eigenartig gewölbten Nasenflügeln, eine glatte, hohe Stirn und nur wenig Haare an den Schläfen ... Seine Augenbrauen wuchsen über der Nase fast zusammen ... Der Mund unter dem dichten Schnurrbart wirkte fest und gleichzeitig entschieden grausam, was vielleicht auf die spitzen weißen Eckzähne zurückzuführen war, die über erstaunlich rote Lippen herausragten. Die Ohren waren merkwürdig spitz, das Kinn war breit und kräftig, die Wangen schienen glatt, aber seltsam eingefallen zu sein.«[5]

In zahlreichen nächtlichen Gesprächen informiert Harker Dracula über dessen zukünftige Heimat. Bald wird Harker deutlich, daß er zum Gefangenen des Grafen geworden ist, der ihn zwar formal immer noch freundlich behandelt, aber tatsächlich ein-

sperrt und zwingt, weitere vier Wochen auf dem Schloß zu verbringen. Dracula hat, obwohl er es vortäuscht, keinerlei Bedienstete, und ebensowenig nimmt er in Harkers Gegenwart Nah-
rung zu sich. Da er tagsüber nicht anwesend sein kann, findet
Harker Gelegenheit zu Nachforschungen.

Er wird Zeuge, wie Dracula einer Fledermaus gleich kopfüber
aus einem Fenster und die Hauswand entlang klettert, er begegnet drei Vampirinnen, die sich über ihn hermachen wollen, im
letzten Moment aber von Dracula abgehalten werden und sich
mit einem Baby zufriedengeben müssen, das Dracula ihnen in einem Sack mitgebracht hat. Als sich wenig später die verzweifelte Mutter des Babys gegen die Schloßtür wirft, tauchen auf Rufen Draculas Wölfe aus den Wäldern auf und zerfleischen die
Frau.

Schließlich entdeckt Harker auch die Gruft, in der Dracula in einem von 50 mit frischer Erde gefüllten Särgen tagsüber liegt. Mit
einer Schaufel kann er ihm nur eine Stirnwunde zufügen, bevor
Zigeuner und Slowaken die Särge zur Einschiffung nach England abholen. Harker will sich nun an der Mauer herunterlassen,
und »dann nichts wie fort aus diesem verfluchten Land, in dem
der Teufel und seine Brut noch immer die Erde bevölkern«.[6]

Etwa anderthalb Monate später läuft das Schiff *Demeter* unter
mysteriösen Umständen während eines schlimmen Unwetters
wie von Geisterhand geführt im Hafen von Whitby im britischen
Yorkshire ein. Von der ursprünglich neunköpfigen Besatzung ist
nur noch die Leiche des Kapitäns, fest an das Ruder gebunden,
übriggeblieben. Aus dem Logbuch in einer Flasche in seiner
Jacke geht hervor, daß scheinbar ein mysteriöses Wesen an Bord
für den Tod aller verantwortlich ist. Für die Behörden besteht jedoch auch die Möglichkeit, daß der Kapitän lediglich verrückt
war. An Bord des Schiffes befinden sich 50 mit Erde gefüllte Särge, die einem örtlichen Anwalt überantwortet werden. Ein
großer, schwarzer Hund, der beim Stranden des Schiffes von
Bord gesprungen sein soll, bleibt unauffindbar. Die Särge werden auftragsgemäß in Draculas neuem Domizil in Ost-London
abgeliefert.

Jonathan Harker wird erst wieder drei Monate später Eintra-
gungen in sein Tagebuch vornehmen können. In einem Krankenhaus in Budapest ist er sechs Wochen lang nach einem
»Schock« gegen Gehirnfieber behandelt worden. Seine Verlob-

te Wilhelmina (Mina) Murray reist zu ihm und wird noch im Krankenhaus mit ihm verheiratet. Es dauert weitere vier Wochen, bis die beiden wieder in England sind.

Dort hat sich inzwischen Tragisches und Mysteriöses ereignet. Mina hatte vor ihrer Abreise mit ihrer besten Freundin Lucy Westenra regen Briefwechsel und war schließlich mit in ihr Zimmer in Whitby, gezogen, als Lucy von starken schlafwandlerischen Neigungen getrieben wurde. Eines Nachts mußte sie die Freundin im Nachthemd von einer Bank vor dem Friedhof zurückholen und bemerkte zwei stichartige Wundmale an ihrem Hals. In den folgenden Nächten schwirrte eine Fledermaus um ihr Schlafzimmerfenster, und Lucy hing ohnmächtig aus dem Fenster gelehnt heraus. Ihr Verlobter, Arthur Holmwood, hatte kaum Zeit, sich um seine zukünftige Frau zu kümmern, da sein Vater, Lord Godalming, selbst schwer erkrankt war. Auch Lucys Mutter hatte nur noch wenige Monate zu leben und konnte sich nach Minas Abreise nicht um die Tochter kümmern.

Deshalb bat Arthur Holmwood seinen Freund Dr. med. John Seward, den Irrenarzt und Leiter der Anstalt neben Draculas neuem Domizil, der Lucy bereits einen erfolglosen Heiratsantrag gemacht hatte und sie immer noch liebte, seine Verlobte zu untersuchen, was Seward auch unter Wahrung gewisser Anstandspflichten tat. Mit seinem Latein rasch am Ende, bat er seinen Lehrmeister Professor Dr. Dr. Dr. h. c. etc. Abraham van Helsing, dem er einst durch Absaugen (!) von Fäulniskeimen aus einer Wunde das Leben gerettet hatte, sich des Falles anzunehmen.

Der untersuchte alle Regionen der jungen Frau und entwickelte rasch seine eigene Theorie, enthielt sie den anderen jedoch erst einmal vor. Erst später weiht er alle Beteiligten in seine Vampirtheorie ein und beweist sie auch. Vorerst veranlaßte er Lucys Verlobten Arthur Holmwood, den zunächst unerklärlich scheinenden Blutverlust durch eine Blutspende aufzufangen.

Als Lucy wenig später bereits wieder Opfer des Vampirs wurde, spendete Dr. Seward ihr sein Blut. Von Knoblauchblüten umhüllt, schlief sie sicher ein, doch von der fürsorglichen Mutter dieser stinkenden Lebensretter entledigt, wurde sie in der Nacht erneut des Blutes beraubt, das ihr am nächsten Tag der Professor van Helsing spendet. Aber auch das verliert sie in der darauffolgenden Nacht, als ihre Mutter in Todesangst vor dem als

Wolf eindringenden Vampir ihr den Knoblauch vom Halse reißt und auf ihr liegend stirbt. Um ihr Leben erneut zu retten, muß nun auch noch der Amerikaner Quincey P. Morris, der Lucy ebenfalls einen – abgewiesenen – Heiratsantrag gemacht hatte, sein Blut geben. So kam es noch vor der bevorstehenden Eheschließung mit Arthur Holmwood zu einem Blutaustausch mit vier Männern, Dracula nicht mitgerechnet.

Der todtraurige Arthur, der kurz vorher seinen Vater zu Grabe tragen mußte, erklärte, daß er nach seiner Bluttransfusion das Gefühl gehabt habe, »bereits mit Lucy verheiratet zu sein, als sei sie seine in Gottes Augen angetraute Frau.«[7] Professor van Helsing bezeichnete unter diesem Vorzeichen die verstorbene Jungfrau als »Polyandristin« (Vielmännerei Treibende). Und schlimmer noch: sie wurde selbst zur Vampirin, die kleine Kinder stiehlt und in den Hals beißt.

Jetzt treffen sich die Wege von Professor van Helsing und Mina und Jonathan Harker, dessen väterlicher Vorgesetzter Hawkins unglücklicherweise auch noch kurz vorher verstarb, womit praktisch die Elterngeneration von Draculas Hauptopfern Mina und Jonathan und Lucy und Arthur ausgelöscht ist. Über Jonathan Harkers Erlebnisse informiert, startet van Helsing nun mit Unterstützung der anderen seinen Feldzug gegen Dracula, der zunächst mit der grausigen Schändung von Lucys Grab beginnt. Ihr Verlobter Arthur übernimmt selbst die Aufgabe, der Scheintoten den Holzpfahl ins Herz zu rammen, während van Helsing und Dr. Seward ihr den Kopf abtrennen und den Mund mit Knoblauch füllen, um den Sarg danach wieder zu schließen.

Um Mina zu schonen, verbleibt sie für die nächste Zeit in Dr. Sewards Klinik. Doch das erweist sich als Verhängnis. Denn während die Männer emsig auf Draculas Spuren ihre Nachforschungen anstellen, ist dieser bereits dabei, Mina auszusaugen. Und nicht nur das. In einer Nacht betäubt er ihren Mann Jonathan, stillt seinen Blutdurst an ihrer Kehle, erwählt sie zu seiner willenlosen Gehilfin und fügt sich mit seinem spitzen Fingernagel eine Wunde an der Brust zu, in die er das Gesicht Minas drückt, die nicht anders kann, als von seinem Blut zu trinken.

Hier muß eine Person erwähnt werden, die von Dracula in derselben Nacht umgebracht wird: R. M. Renfield, 59 Jahre – Sanguiniker. Er ist Patient von Dr. Seward in dessen Irrenanstalt. Seine fixe Idee ist es, sein Leben verlängern zu können, indem er anderes Leben verzehrt. So fängt er zunächst Fliegen, die er ißt, später Spinnen und Vögel. Konsequenterweise verlangt er bald nach einer Katze. Dr. Seward beschreibt immer wieder in seinen Aufzeichnungen sehr ausführlich und beeindruckt die wechselhaften Phasen dieses Insassen, der ebenso zu Gewalttaten imstande ist wie zu einer hochgeistigen Konversation.

Seine Person ist der Gradmesser der Bedrohlichkeit von Dracula, ohne daß irgend jemand dies erkennt. Als er spürt, daß Dracula ihn auserwählt hat, sich Einlaß in die Klinik zu verschaffen (Vampire betreten Häuser zum ersten Mal nur auf Einladung), um sich an Harkers Frau heranzumachen, will er unter allen Umständen sofort entlassen werden, doch die Ärzte Dr. Seward und Professor van Helsing verweigern dies. So wird er von dem Vampir schließlich dazu gebracht, ihn hereinzubitten. Im Kampf gegen den Meister wird ihm von Dracula in der folgenden Nacht der Schädel zertrümmert und sein Rückgrat gebrochen.

Van Helsing legt Mina ein Kruzifix auf die Stirn, das sich dort wie glühendes Eisen einbrennt und als Narbe sichtbar bleibt. Sie fühlt sich zwar verunreinigt, möchte sich sogar umbringen, aber durch ihre Blutsverbindung mit dem Grafen scheint sie in der Lage zu sein, dessen Aufenthaltsort unter Hypnose vage nachempfinden zu können. Nachdem jeder Versuch, den Grafen in England in seinen verschiedenen Unterschlüpfen endgültig zu vernichten, fehlschlägt und feststeht, daß er auf dem Wasserweg in seinem Sarg wieder zurück nach Transsylvanien unterwegs ist, starten die Männer zusammen mit Mina eine turbulente Verfolgungsjagd zu Lande und auf dem Wasser. Unmittelbar vor Sonnenuntergang können sie noch kurz vor Schloß Dracula den Sarg Draculas gegen den Widerstand von Zigeunern erbeuten und Dracula mittels Bowiemesser ins Herz und Gurkhadolch zum Enthaupten endgültig töten.

Der Körper des Grafen zerfällt zu Erde, und Minas Narbe verschwindet. Sie ist erlöst. Der Texaner Morris mit dem Bowiemesser erliegt seinen schweren Verletzungen aus dem Kampf gegen die Zigeuner.

## Aufbau des Romans

Der Roman ist von seiner Erzählstruktur ungewöhnlich und gerade deshalb von großer Faszination. Bram Stoker verzichtet gänzlich auf eine auktoriale oder subjektive Erzählfigur und zerstückelt eine an sich durchgängig zusammengehörende Geschichte in Einzelteile, die allerdings so gut wie nahtlos ineinandergreifen. So setzt sich der Roman fast ausschließlich aus Tagebuchaufzeichnungen der Protagonisten sowie gelegentlichen Zeitungsmeldungen, Briefen, Memoranden und Telegrammen zusammen. Dieser literarische Kunstgriff, eine Anleihe bei Wilkie Collins' *The Woman in White,* findet inhaltlich seine Entsprechung in der Tatsache, daß die individuellen Tagebuchaufzeichnungen, Detailbeobachtungen, Gedanken und Vermutungen Zusammenhänge wiedergeben und somit in der Romanhandlung wie Protokolle wirken, in die jederzeit Einsicht genommen werden kann.

Außerdem kommt ihnen die Funktion zu, die Wissenslücken der sechs Vampirjäger durch gegenseitigen Tagebuchaustausch rasch ausmerzen zu können. So ist z. B. Prof. van Helsing bei seinem erstmaligen Betreten von Draculas Schloß bereits bestens mit den Räumlichkeiten vertraut, hatte er doch zuvor Jonathan Harkers Reisetagebuch intensiv studiert.

Und schließlich lassen Tagebuchaufzeichnungen den Anschein der Wahrheitstreue durch ihren dokumentenhaften Charakter größer werden, ja sie vermögen »dem Werk eine pseudowissenschaftliche Authentizität zu verleihen«[8], was bei einer solch unwahrscheinlich anmutenden Geschichte besonders hilfreich ist.

Die Tagebuchaufzeichnungen sind neben ihrem Informationsgehalt besonders auch durch ihre emotionale Färbung geprägt, so daß der Leser unweigerlich eine sehr große Nähe zu dem jeweils Schreibenden entwickelt. Da es sich jedoch immer wieder um wechselnde Tagebuchautoren handelt, wird auch die Wahrnehmung des Lesers universeller, aber auch die Anforderung an ihn größer, denn bei jedem Tagebuchwechsel gilt es, umzudenken und wieder in eine andere Haut zu schlüpfen. Norbert Stresau gibt allerdings nicht zu Unrecht zu bedenken: »Die Einzelteile, aus denen sich die komplizierte Struktur seines Romans zusammensetzt, gleichen sich stilistisch wie ein Ei dem anderen.«[9] Allerdings scheint die Technik des Tagebuchschreibens am wenigsten durch einen bestimmten individuellen Stil, sondern durch eine gewisse Intimität und starke gefühlsmäßige Äußerungen geprägt. Zudem scheint den Tagebuchautoren bald auch die Funktionalität ihrer Aufzeichnungen bewußt zu sein, so daß die Ausprägung eines individuellen Stils dem allgemeinen Verständnis eher im Weg gestanden hätte. Auf jeden Fall erweitert diese Erzählweise einer Geschichte das Wahrnehmungsspektrum erheblich.

Diese spannungserhöhende literarische Vorgehensweise scheinen sämtliche Filmautoren bisher als absolut ignorierbar eingestuft zu haben. Auch andere Romane mit ungewöhnlicher Erzählstruktur (z. B. *Carrie* von Stephen King – ein Konglomerat aus Zitaten, Artikeln, Wissenschaftsberichten, Erzählungen u. a. – oder *Die Farbe Lila* von Alice Walker – ein über Jahre andauernder Briefwechsel) wurden für die Verfilmung in eine lineare Erzählform gebracht. Anscheinend besteht eine ungeschriebene Regel, nach der bei einer Romanverfilmung die einmal gewählte Erzählperspektive nicht mehr geändert werden darf. Ausnahmen wie z. B. *Warum hab' ich ja gesagt/Designing Woman* (USA 1957) oder *Ein mörderischer Sommer* (Frankreich 1982) bestätigen diese Regel.

Das »Zerstückeln« der Geschichte scheint jedoch geradezu filmisch und nicht nur literarisch interessant. Man könnte in Bram Stokers »Schnittfolge« eine brauchbare Vorgabe für eine eigenwillige filmische Umsetzung erkennen. Selbstverständlich liefe eine ständig wechselnde Erzählperspektive zunächst den Sehgewohnheiten von Filmzuschauern zuwider.

Da die Geschichte selbst dabei jedoch vollkommen chronologisch und bruchlos wiedergegeben wird, müßte es dem Zuschauer bald ein leichtes sein, dieses Puzzle mühelos zusammensetzen zu können. Im Dokumentarfilm wird dieses Verfahren ja auch häufig angewandt, wenn es darum geht, Aussagen verschiedener Menschen zu einem Thema zusammenzuschneiden.

Es wäre wirklich ein interessantes, spannendes und aufschlußreiches Experiment, *Dracula* unter Beibehaltung der Vorgabe von Bram Stokers »Schnitten« wie einen Dokumentarfilm abzudrehen. Dies soll keine Forderung nach absoluter Werktreue sein und schon gar nicht die Freiheit im Umgang mit literarischen Stoffen antasten. Es ist einfach nur Ausdruck der Verwunderung, daß bei so vielen *Dracula*-Verfilmungen bisher niemand Bram Stokers eigenes, das vorgegebene »Drehbuch« aufgegriffen hat. Der »ewige« Dracula-Darsteller Christopher Lee wäre jedenfalls in solch einem Fall ausnahmsweise bereit, sein schwarzes Dracula-Cape noch einmal überzustreifen: »Meine letzte Ambition ist, Stokers Buch zu verfilmen, genau so, wie

Stoker es geschrieben hat. Das ist der Dracula, den ich spielen
will.«[10] »Ein im Bösen einsamer, verwundbarer Antiheld, der
sich selbst und seine Macht nicht immer unter Kontrolle hat.
Dann könnte ich wirklich sagen, daß ich Dracula gespielt habe,
und endgültig Abschied nehmen von ihm.«[11]

## Entstehungs- und Wirkungsgeschichte des Romans

Bram Stokers Roman war im Grunde ein Nachzügler einer
ganzen Flut von Schauergeschichten und Vampirromanen, die
sich zunächst ab dem Ende des 18. Jahrhunderts in England, literarisch von der deutschen Romantik beeinflußt, entwickelte.
Alleine zwischen 1790 und 1818 wurden dort über 300 Schauer-
romane veröffentlicht.[12] Mary Shelleys *Frankenstein, or the Modern Prometheus* stellte schließlich 1818 einen ersten Höhepunkt
dar.
Nachdem 1819 die Erzählung *The Vampyre* von William Polido-
ri nach einer Geschichte von Lord Byron in England veröffentlicht worden war, folgte eine Flut von ähnlichen Publikationen,
die erkennen ließen, wie stark das Publikumsinteresse an Schauergeschichten war und wieviel besonders dem Vampirmythos

entgegengebracht wurde. Georg Seeßlen und Claudius Weil stellen klare zeit- und sozialgeschichtliche Bezüge her:
»In einer Atmosphäre, in der unkontrollierte Gefühle einem Vergehen gleichkommen, muß das Übersinnliche wie eine Erlösung wirken. Das Vampirmotiv, das mystifizierte Rachegedanken mit erotischer Symbolik verbindet, sublimierte auch die Todesangst des Menschen jener Zeit, der mit dem Problem vorsichtiger Säkularisierung fertig werden mußte – dem Individuum blieb nichts anderes übrig, wollte es ›auf der Höhe der Zeit‹ sein, als einen Teil seiner existierenden Probleme zu verdrängen.«[13]
In einer Zeit, in der das Bürgertum sich als herrschende Klasse verstand, mußten Normen und Regeln etabliert werden, die zum Aufrechterhalten der Herrschaft unabdingbar waren. Dazu gehörte eine rationelle Lebensauffassung, die dem freien Trieb keinerlei Platz einräumt. Unter solchen Umständen wurde dem Vampirroman ein Feld geebnet, auf dem das Antirationale, Triebhafte, Schauerliche dann wenigstens im Kopf ausgelebt werden konnte. Und Stoker läßt den intelligenten Juristen Harker in sein Tagebuch notieren:
»Jetzt sitze ich vielleicht an demselben Tisch, an dem früher ein schönes Edelfräulein mit viel Mühe und zahlreichen Recht-

*Plakatmotiv zu Roger Vadims 1960 entstandener Version des »Carmilla«-Romans von Sheridan Le Fanu.*

schreibfehlern ihre Liebesbriefe geschrieben hat, und ich mache meine Tagebuchnotizen in Kurzschrift. Wenn das nicht Fortschritt ist! Trotzdem komme ich allmählich zu der Überzeugung, daß die vergangenen Jahrhunderte über Kräfte verfügen, denen unser ›modernes‹ Zeitalter, das aufgeklärte neunzehnte Jahrhundert, nicht ohne weiteres gewachsen ist.«[14]

Der Ire Joseph Sheridan Le Fanu, wie Stoker Absolvent des Dubliner Trinity College, hatte 1872 mit dem Roman *Carmilla* (1931 verfilmt von Carl Dreyer als *Vampyr – Der Traum des Allan Grey/L'étrange aventure de David Grey,* 1960 von Roger Vadim als *Und vor Lust zu sterben/... et mourir de plaisir* und 1970 von Roy Ward Baker als *Gruft der Vampire/The Vampire Lovers*) die erste weibliche und gerne als lesbisch bezeichnete Vampirfigur erschaffen.

Bram Stoker war von dieser Geschichte so stark beeindruckt, daß er für seinen *Dracula*-Roman extra ein Einleitungskapitel schrieb, in dem sein Romanheld Harker das Grab von Carmilla entdeckt, jener Vampirin aus der Steiermark. Das Kapitel wurde jedoch vor der Veröffentlichung wieder gestrichen und erst nach Stokers Tod als eigenständige Erzählung, *Dracula's Guest,* veröffentlicht. »Stoker ... bediente sich gewisser Elemente des heimtückisch sinnlichen Stils Le Fanus.«[15]

Bram Stoker war Mitglied einer okkulten Loge in London, zu der auch der Budapester Orientalist Professor Arminius Vanbéry gehörte. Von ihm soll der Schriftsteller über den Fürsten Vlad Tepes II, genannt Dracul, den historischen »Pfähler«, informiert worden sein (vgl. Seite 27 f.). Im Roman wird er namentlich erwähnt: »Mein Freund Arminius, der Professor für Geschichte an der Universität Budapest ist, hat mir einige Vermutungen über die Abstammung dieses Vampirs mitgeteilt.«[16] Am 30.4.1890 war der bekannte Gelehrte als Zuschauer in der Aufführung von *The Dead Hand* im Lyceum Theatre in London und wurde nach der Vorstellung in den sogenannten *Beefsteak Room* im rückwärtigen Teil des Theaters eingeladen, in dem Henry Irving zusammen mit Bram Stoker regelmäßig Gäste zum Diskutieren, Essen und Trinken einlud.

»Dort begeisterte er Irving und Stoker mit Geschichten von seinen Studien über Transsylvanien. Eine Erzählung, die sie ganz besonders faszinierte, war die von einem Mann, der behauptete, von einer wolfsähnlichen Kreatur angefallen worden zu sein, die

*1960 drehte Roger Vadim mit Elsa Martinelli (links) und Annette Vadim als Carmilla seine Version des Romans von Sheridan Le Fanu ›… und vor Lust zu sterben‹.*

sein Blut trank. Es müßte wohl ein Vampir gewesen sein, sagte Vanbéry, denn diese lebenden Toten waren im ganzen Land bekannt und besonders von den Bauern gefürchtet. Der Schauspieler und sein Manager waren fast sprachlos, während Vanbéry die ganze Nacht hindurch erzählte.«[17]

Stoker ließ die Vorstellung vom Vampir keine Ruhe mehr. In den folgenden Monaten löcherte er Professor Vanbéry brieflich mit Detailfragen, um seiner *Dracula*-Geschichte mehr Substanz zu verleihen.

(Eine von Stoker selbst verbreitete Variante, er habe nach einem sehr späten, fetten Essen in seinen Alpträumen die Idee zu *Dracula* bekommen, stimmt also nur zum Teil, wobei nicht mehr festgestellt werden kann, wie *fett* das Essen in der Nacht vom 30.4. zum 1.5.1890 tatsächlich gewesen ist.)

Es gibt Theorien, nach denen behauptet wird, Stoker habe die Figur des Grafen Dracula nach dem Vorbild der Bühnenrolle des Mephisto seines Chefs Irving gestaltet, der mit wehendem, scharlachrotem Cape auftrat. Eine andere Variante entwickelte Peter Haining aus einer Tagebucheintragung Stokers, der über den Besuch des griechischen Schauspielers Jacques Damala, der seinerzeit mit der berühmten Schauspielerin Sarah Bernhardt verheiratet war, schrieb: »»Er sah wie ein Toter aus. Ich saß beim Abendessen neben ihm. Die Vorstellung, er sei tot, ging mir nicht mehr aus dem Kopf. Seine Augen, die aus seinem weißen, wachsgleichen Gesicht starrten, wirkten überhaupt nicht wie die Augen eines Lebenden.‹ Damala/Dracula? – der Leser muß sich selbst ein Urteil bilden.«[18]

Zunächst scheint es, als habe Stoker die historische Gestalt des Fürsten aus dem Rumänien des 15. Jahrhunderts vielleicht nicht als direktes Vorbild, sondern vielmehr als Inspiration verwandt. Über vampiristische Aktivitäten des historischen Fürsten ist nichts bekannt.

Umgekehrt ist die Figur des Grafen Dracula nicht so barbarisch in ihrem Auftreten, wenngleich das Vorhaben des Grafen, das Geschlecht der Vampire vom viktorianischen England aus über die ganze Welt zu verbreiten, natürlich schon barbarisch genug anmutet. Doch die Details in der Tagebuchaufzeichnung des noch ahnungslosen Harker über das Gespräch mit dem Grafen über die Landesgeschichte legen die Vermutung nahe, daß Stoker tatsächlich den historischen Fürsten »wiederbelebt« hat.

»Wenn er von Menschen sprach, die schon seit Jahrhunderten tot waren, schilderte er sie so lebendig, als habe er sie noch mit eigenen Augen gesehen. Kriege oder Schlachten, an denen die Geschichte Transsylvaniens wahrlich nicht arm ist, beschrieb er so anschaulich, als habe er sie selbst mitgemacht ...«[19]

Im übertragenen Sinne hat der echte Fürst als Ausbeuter seinem Volk und seinen Gegnern bildlich das Blut ausgesaugt, deshalb steht er bei Stoker auch als Sinnbild eines Herrschers, dem jedes Mittel recht ist, um seine Machtinteressen durchzusetzen, und der fatalerweise auch (fast) jedes Mittel beherrscht. Vampirforscher Hans Meurer weist jedoch mit aller Deutlichkeit darauf hin, daß dies Auslegungssache ist.

Von rumänischen Forschern wird behauptet, daß Fürst Tepes nicht sein Volk, sondern »nur« die zwangsweise in seinem Herrschaftsgebiet angesiedelten Sachsen ausbeutete. Diese fühlten sich ungerecht behandelt, da sie hohe Abgaben zu leisten hatten, und beschwerten sich deshalb beim deutschen Kaiser. Interessanterweise erschien nicht nur 1493 das auf Seite 28 erwähnte Traktat gegen den »großen Wüterich« mit Bebilderung in Leipzig. 1908 wurde in dieser Metropole und der Hochburg des Buchdrucks auch die erste deutsche Übersetzung des *Dracula*-Romans veröffentlicht.

Das Motiv des Pfählens, jener perversen bevorzugten Tötungsmethode des historischen Fürsten, taucht bei Stoker in abgewandelter Form in der Beschreibung auf, wie ein Vampir zu töten ist: »Eine geweihte Kugel, die in den Sarg geschossen wird, in dem er liegt, bringt ihm den Tod – ebenso, *wenn man ihm einen Pfahl durchs Herz treibt,* den Kopf abtrennt und den Mund mit Knoblauch füllt.«[20] Der Graf wird in Stokers Roman als Höhepunkt eines mitreißenden Finales jedoch folgendermaßen unschädlich gemacht:

»Da blitzte Jonathans großer Dolch auf, den seine starke Hand ohne das geringste Zittern führte. Ich stieß unwillkürlich einen lauten Schrei aus, als die scharfe Klinge Draculas Kehle durchschnitt, während Mr. Morris sein Bowiemesser im gleichen Augenblick bis zum Heft in das Herz des Ungeheuers bohrte.«[21]

(Christopher Lee weist in Interviews gerne darauf hin, daß er und natürlich die meisten anderen Film-Draculas nie auf die im Buch beschriebene Art, nämlich mit Gurkhadolch und Bowiemesser, getötet wurden.)

Der historische Fürst hatte tatsächlich, wie auf einem zeitgenössischen Gemälde zu erkennen ist, eine »Adlernase« und trug einen Schnurrbart, so wie Graf Dracula von Stoker auch beschrieben wurde.

Bram Stoker hatte alle Quellen eingesehen, deren er nur habhaft werden konnte. So gewinnt der Leser insbesondere auch bei den Reisebeschreibungen den Eindruck, daß Stoker tatsächlich die weite und unwegsame Reise in die Walachei unternommen habe, um diese Detailtreue gewährleisten zu können. In den Karpaten gibt es auch wirklich ein Schloß Bran, das von der Architektur her in etwa dem von Stoker beschriebenen Schloß Dracula entspricht. Es soll Touristen geben, für die eine Welt zusammenbricht, wenn sie dort erfahren, daß Bram Stoker niemals hier gewesen ist.

Anmerkungen:

[1] Rottensteiner, Franz: *Bram Stoker*, in: Körber, Joachim (Hg.): *Bibliographisches Lexikon der utopischen Literatur*, Bd. 6, 8. Erg.-Lfg., a.a.O., S. 2.

[2] Richardson, Maurice: *Psychoanalysis of Ghost Stories*, 1959, zit. nach Rottensteiner, Franz: *Bram Stoker*, in: Körber, Joachim (Hg.): *Bibliographisches Lexikon der utopischen Literatur*, Bd. 6, 8. Erg.-Lfg., a.a.O., S. 3.

[3] Stoker, Bram: *Dracula*, 16. Aufl., München 1979, S. 9.

[4] Stoker, Bram: *Dracula*, a.a.O., S. 16.

[5] Stoker, Bram: *Dracula*, a.a.O., S. 17 f.

[6] Stoker, Bram: *Dracula*, a.a.O., S. 47.

[7] Stoker, Bram: *Dracula*, a.a.O., S. 137.

[8] Pirie, David: *Vampir-Filmkult*, a.a.O., S. 26.

[9] Stresau, Norbert: *Der Horror-Film. Von Dracula zum Zombie-Schocker*, München 1987, S. 89.

[10] Jung, Fernand, Claudius Weil und Georg Seeßlen: *Der Horror-Film*, München 1977, S. 243 f.

[11] ZDF-Programminformationen, 32/81, zum 7.8.1981 (anläßlich der Ausstrahlung von *Dracula jagt Mini-Mädchen/Dracula A. D. 1972*).

[12] Vgl.: Seeßlen Georg und Claudius Weil: *Kino des Phantastischen*, Reinbek bei Hamburg 1980, S. 31.

[13] Seeßlen, Georg und Claudius Weil: *Kino des Phantastischen*, a.a.O., S. 32.

[14] Stoker, Bram: *Dracula*, a.a.O., S. 31.

[15] Pirie, David: *Vampir-Filmkult*, a.a.O., S. 31.

[16] Stoker, Bram: *Dracula*, a.a.O., S. 187.

[17] Haining, Peter (Hg.): *Bram Stoker: Midnight Tales* – Einleitung zu: *The Dream in the Dead House*, London 1990, S. 17.

[18] Haining, Peter (Hg.): *Bram Stoker: Midnight Tales* – Einleitung zu: *The Dream in the Dead House*, a.a.O., S. 18.

[19] Stoker, Bram: *Dracula*, a.a.O., S. 26.

[20] Stoker, Bram: *Dracula*, a.a.O., S. 186.

[21] Stoker, Bram: *Dracula*, a.a.O., S. 299.

# Die wichtigsten Verfilmungen von Bram Stokers Roman *Dracula*

**Nosferatu – Eine Symphonie des Grauens**
(Deutschland 1921) *Regie:* Friedrich Wilhelm Murnau; *Buch:* Henrik Galeen (frei nach Bram Stokers *Dracula*); *Kamera:* Fritz Arno Wagner, Günther Krampf; *Musik:* Dr. Hans Erdman (Komposition der Begleitmusik); Musik der ARD-Fassung (1969): Peter Schirmann; Musik der ZDF-Fassung (1988): Hans Posegga; *Bauten u. Kostüme:* Albin Grau; *Darsteller:* Max Schreck (Graf Orlok/Nosferatu); Gustav von Wangenheim (Thomas Hutter), Greta Schröder (Ellen Hutter), Alexander Granach (Makler Knock), Georg Heinrich Schnell (Werftbesitzer Harding), Ruth Landshoff (Annie Harding), John Gottowt (Professor van Helsing), Gustav Botz (Professor Sievers), Max Nemetz (Kapitän der *Demeter*), Wolfgang Heinz (Matrose), Albert Venohr (Matrose), Guido Herzfeld (Wirt), Hardy von François (Arzt), Heinrich Witte (Maat), Karl Etlinger; *Produktion:* Prana-Filmgesellschaft mbH., Berlin; *Länge:* 97 Min.; schwarzweiß.

*Das Plakat zu ›Nosferatu‹.*

*Inhalt:* Der junge Maklerangestellte Thomas Hutter und seine junge Frau Ellen leben in dem idyllischen Küstenstädtchen Wisborg in trauter Zweisamkeit. Da erteilt Hutters zwielichtiger Vorgesetzter Knock seinem Angestellten den Auftrag, einem gewissen Graf Orlok in den Karpaten ein Kaufangebot zu machen: die verkommene alte Ruine gegenüber Hutters Haus. Ein ansehnliches Geschäft vor Augen, zieht Hutter los und läßt Ellen im Gewahrsam seiner Schwester Annie und deren Gatten, dem Werftbesitzer Harding.

Im Gasthof in den Karpaten angelangt, löst seine Aussage, Graf Orlok besuchen zu wollen, bei den Gästen und dem Gastwirt Bestürzung aus: »Ihr dürft nicht weiter, der Werwolf streift durch die Wälder!« Darauf gibt Hutter nicht viel, und auch das Büchlein in seinem Schlafgemach »Von Vampiren, erschrökklichten Geistern, Zaubereyen und den sieben Todsünden« und der darin enthaltene Text über Nosferatu trotzen ihm nur ein Lachen ab.

Ein Kutscher bringt ihn am nächsten Tag in einer Tagesreise in die Nähe des Schlosses von Graf Orlok, macht jedoch an einem Paß halt und verweigert die Weiterreise. Hutter macht sich zu Fuß auf und wird schon bald von einer schwarzumhüllten Kutsche aufgenommen, die ihn im Höllentempo zum Schloß bringt. Der Graf beschwert sich über Hutters Unpünktlichkeit, die angeblich die Abwesenheit der Diener begründet. Es gibt aber gar keine Diener. Als die Uhr Mitternacht schlägt, schneidet sich Hutter an der üppig gedeckten Tafel mit dem Brotmesser aus Versehen in den Finger. Der Graf möchte ihm »das kostbare Blut« ablecken und nähert sich Hutter, der entsetzt zurückweicht. Doch der Graf umgarnt ihn: »Wollen wir nicht ein wenig beisammen bleiben, Liebwertester?« Am nächsten Morgen erwacht Hutter, bemerkt, daß das Blut von seinem Zeigefinger abgeleckt worden ist und daß er zwei kleine Wundmale an seinem Hals hat, die er aber auf die Mücken zurückführt.

Am darauffolgenden Abend unterbreitet Hutter dem Grafen die Pläne des zum Verkauf stehenden Hauses. Dabei fällt das Bildnis seiner Frau auf den Tisch. »Einen schönen Hals hat Eure Frau ...« Sofort ist sein Entschluß gefaßt, das Haus gegenüber dem Hutters zu kaufen. Noch in derselben Nacht sucht der Vampir seinen Gast auf, doch im letzten Moment wird er davon abgehalten, sein Opfer auszusaugen, weil daheim im fernen Wisborg Ellen in Trance aus Leibeskräften »Hutter« ruft.

*Abschied von der Idylle. Greta Schröder und Gustav von Wangenheim in ›Nosferatu – Eine Symphonie des Grauens‹.*

Tags darauf entdeckt Hutter nicht nur Graf Orloks Sarg, sondern wird auch Zeuge, wie dieser seine Kutsche mit Särgen belädt und davonprescht. Die zusammengeknüpften Wäschestücke, an denen sich der eingesperrte Hutter herunterläßt, reichen nicht aus, so daß er sich beim Absprung verletzt und von Bauern in ein Hospital gebracht wird. Von dort beginnt er auf dem Landweg

*Der Vampir und der Maklerangestellte. Noch weiß Hutter nicht, wer sein Geschäftspartner wirklich ist. Max Schreck (links) und Gustav von Wangenheim in ›Nosferatu – Eine Symphonie des Grauens‹ von 1921.*

die eilige Heimkehr, während Graf Orlok sich mit seinen Särgen auf dem Wasserweg nach Wisborg begibt.

Die Besatzung des Schiffes, auf dem er sich in einem seiner Särge befindet, stirbt rasch auf mysteriöse Art, bis auch der Kapitän, ans Steuerrad festgebunden, den Tod findet. Später wird aus dem Logbuch des Kapitäns deutlich, was passiert ist. Als das Schiff in Wisborg einläuft, verbreiten sich die Ratten aus einem der Särge schnell in der Stadt und bringen die Pest mit sich. Orlok bezieht mit seinem Sarg sein neues Domizil, gefolgt von aberhundert Ratten, während Hutter freudestrahlend seine Frau in die Arme nimmt. Die leidet jedoch fortan unter dem allabendlichen Anblick des Grafen im Hause gegenüber, der wie eine Spinne opfergierig im Fensterrahmen hängt.

Unterdessen rafft die Pest immer mehr Menschen dahin. Die Bevölkerung jagt den verrückt gewordenen Makler Knock, der vorher schon Fliegen und Spinnen verzehrte und mit den entzückten Ausrufen: »Blut ist Leben!« und »Der Meister kommt!« den Chef der Irrenanstalt vor ein Rätsel stellte.

Ellen hat das Vampirbuch im Gepäck ihres Mannes gefunden, wo sie liest: »Wenn eine furchtlose, unschuldige Frau ihn den ersten Hahnenschrei vergessen macht, zerfällt er im Licht.« Sie beschließt, sich selbst zu opfern, und signalisiert dem Grafen in der Nacht, sie wäre bereit. Ihren Mann schickt sie los, einen Arzt zu holen. Als sie eintreffen, ist der Vampir, der in seiner Blutgier den ersten Hahnenschrei überhört hat, vom Sonnenlicht vernichtet worden. Ellen stirbt in Hutters Armen. Doch die Pestepidemie hat von dieser Stunde an ein Ende.

*Zum Film:* Der Film wird äußerlich als Bericht erzählt, d. h., zwischen dem Filmgeschehen und dem Zuschauer steht ein Chronist, der die *Aufzeichnung über das große Sterben von Wisborg anno Domini 1838* verfaßt hat und dessen Erklärungen und Bemerkungen immer wieder als Zwischentitel eingeblendet werden.

Wie bei seinem Film *Der Januskopf – Eine Tragödie am Rande der Wirklichkeit* (1920) nach dem Roman *Dr. Jekyll und Mr. Hyde* von Robert Louis Stevenson, bei dem Murnau in der Rechtefrage den kürzeren zog und einfach den Titel und die Personennamen veränderte, verfuhr er auch in diesem Falle. »Nosferatu« bedeutet im Rumänischen »der Untote«.

Florence Stoker, die Witwe des *Dracula*-Autors Bram Stoker, erfuhr zwei Monate nach dem Kinostart von der Verfilmung, und 1925 schließlich mußten nach mehreren Berufungsverfahren sämtliche Kopien laut Gerichtsbeschluß vernichtet werden. Doch einige davon waren bereits verschwunden, und das Negativ des Films war schon ins Ausland verkauft worden.

Florence Stoker war nicht grundsätzlich gegen eine Verfilmung. »Jedoch wurde Murnaus Film mit mangelnder Achtung vor dem Original und seinem Verfasser gedreht.«[1] David Pirie bringt dies insbesondere in der Figur des Grafen Orlok, die auf den Zuschauer den nachhaltigsten Eindruck ausübt, auf den Punkt: »Nichts könnte stärker vom Bild des Grafen, wie es Stoker beschrieb und spätere Filmemacher interpretierten, abweichen.

*Max Schreck als Graf Orlok vor seinem Sarg. Aus Murnaus ›Nosferatu –*
*Eine Symphonie des Grauens‹ von 1921.*

Hier wird der gepflegte dämonische Vampir Stokers in ein ske-
lettartiges, verwachsenes Ungeheuer verwandelt, das mit seniler
Zielstrebigkeit über die Leinwand schlurft.
Es besitzt eine viel schlagendere Ähnlichkeit mit einer lebendig-
gewordenen Leiche als die ganze Schar späterer Hollywood-
Zombies. Die langen Finger verdünnen sich zu Stöckchen aus
Knochen und Nägeln; der gewölbte, kahle, breite Schädel mit
der grotesk gespannten, bleichen Kopfhaut; die mongoloid zu-
gespitzten Ohren, die starren, weißen Augen und die lückenhaf-
ten Zähne. Orlocks (sic!) Bewegungen sind voller dunkler Andeutungen, besonders wenn er auf jede theatralische Gestik verzichtet und seine ungewöhnlichen Hände dicht an den eng anlie-
genden Rock gepreßt herabhängen läßt. In derartigen Augen-
blicken scheint seinem Gang etwas Inorganisches zu eigen, als sei

der schwache Lebensfunke, der noch in ihm steckt, nur ein wilder Reflex jener von schweren Tränensäcken umrandeten, bohrenden Augen.«[2]

Graf Orloks Art der Fortbewegung ist in diesem Zusammenhang sehr bemerkenswert. Manchmal bewegt er sich mit solch provozierender Langsamkeit, daß sein Gegenüber alle Zeit der Welt hat, nicht etwa davonzulaufen, sondern sich in steigernder Panik die angstgepeinigte Seele aus dem Leib zu schreien. Sofern es eilt, kann der Graf aber auch im Zeitraffertempo mit seiner Kutsche, einmal sogar auf Negativ-Filmmaterial, durch die unwegigen Karpaten hetzen, daß der hinausschauende Fahrgast Hutter dem Fahrtwind nicht standhalten kann, oder er kann seine Särge in Windeseile auf sein Gefährt laden. Wenn er aus Türen oder Luken hervorkommt, dann oft im Stoptrickverfahren, d. h., in einem Moment ist er noch fast in der Türe, im nächsten schon da-

*Schattenspiele, eine typische Erscheinung des frühen deutschen Stummfilms. Aus: ›Nosferatu – Eine Symphonie des Grauens‹.*

61

vor. Und schließlich kann er sich noch mittels Doppelbelichtung ins Nichts auflösen bzw. daraus erscheinen. Krönung ist allerdings seine »Klappmessertechnik«, mit der er sich aus der Rückenlage in seinem Sarg in den Stand bewegt, ohne auch nur einen Wirbel zu krümmen. Besonders erwähnenswert außerdem: der Vampir wirft entgegen seinem literarischen Vorbild große, überdeutliche Schatten und wird vom Spiegel reflektiert. Nichts ist erotisch oder verführerisch an diesem Vampir, der auch nur einmal kurz als Werwolf (in Wirklichkeit eine Hyäne) zu sehen ist. Dennoch läßt Murnau durch den wuchtigen phallischen Turm des Karpatenschlosses, der nach Orloks Tod abbricht, und durch das Absaugen des Fingers von Hutter ganz klar die sexuelle Komponente erkennen, die schließlich in der Vereinigung des Blutes Hutters und seiner »unschuldigen« Frau Ellen im Vampir ihren Höhepunkt findet.

Die Tatsache, daß Hutters Frau in der jungen Ehe bislang immer noch unschuldig ist und der Bürokrat ihr lediglich ein Blumensträußchen als Liebesbeweis offeriert, bevor er wegen zu erwartender finanzieller Einkünfte seine ehelichen Pflichten hintanzustellen bereit ist, sinnt geradezu nach Bestrafung. »Wie der Jonathan Harker des Romans aus seinem puritanisch-viktorianischen England kommt der Thomas Hutter aus seinem jungfräulich-biedermeierlichen Norddeutschland in ein wildes, finsteres Nachtreich der Sexualität, getränkt von den Mysterien blutvoller Vermählungen. Einer zog aus, zwei kehren zurück, Hutter und ›Der Andere‹ ... Das Blut der reinen Frau vermählt sich mit dem Blut Nosferatus, das das Blut ihres Gemahls ist: Mann und Weib, ein Fleisch und Blut in Nosferatu, den die Morgensonne zu einem Häufchen Asche verbrennt, weil er in seinen transsylvanischen Wäldern nicht gelernt hat, die Lerche und die Nachtigall auseinanderzuhalten; seine Liebe ist ohne Vorsicht und Klugheit, das heißt total.«[3]

Sie ist auch im Gegensatz zu Dracula die Triebfeder Graf Orloks, seine Heimat zu verlassen, um wie in einer »amour fou« zu dieser einzigen Frau zu gelangen, der er seine Virilität zu geben gewillt ist, und es letztendlich auch bis zu beider Zerstörung tut, beides im Gegensatz zu Hutter, der die Zeichen und Winke der Menschen, aber auch der Natur nie versteht. Doch – so zeigt Murnau immer wieder zwischen dem Geschehen – die Naturgewalten wollen verstanden und ernst genommen werden.

Curt Riess, Filmchronologe im Plauderton und ohne Quellenangaben, führt die zahlreichen Naturaufnahmen auf Sparsamkeitsgründe zurück:

»Murnau braucht nicht viel Geld. Er hat ja – wieder zum (sic!) Unterschied von Lubitsch, Lang und Berger – die Natur zur Verfügung. Er baut keine Wälder, keine Hafen, kein Schloß im Atelier. Er findet seine Kulissen in der Wirklichkeit. Er fotografiert die sich brechenden Wogen des Meeres – und schon ahnen wir, daß das Unheil im Kommen ist. Er fotografiert die düsteren, hohen Baumstämme des undurchdringlichen Waldes, und wir wissen: das Unheil ist da. Er fotografiert Dünen im Abendlicht, das Gras, um das ein milder Wind spielt, oder eine Wiese, auf der sich Pferde tummeln, und wir wissen: alles wird wieder gut werden.«[4]

Der zeitgenössische Filmrezensent und -theoretiker Béla Balász erkannte die künstlerischen Ambitionen dahinter deutlicher: »Fieberschauer und Alpdruck, Nachtschatten und Todesahnung, Wahnsinn und Geisterspuk werden hier in die Bilder düsterer Berglandschaften und stürmischer See gewoben ... Die Wölfe in der Nacht und die scheu gewordenen Pferde, die genial photographierte schwarze Silhouette Orloks im leeren Burghof, der in den Kanal einfahrende tote Segler – das sind alles Naturbilder, in denen ein kalter Luftzug aus dem Jenseits weht.«[5]

Nachdem sich der expressionistische Film mit Werken wie *Das Cabinet des Dr. Caligari* (1919) u. a. immer mehr in Studio-Dekors zurückzog, versuchte Murnau, Originallandschaftsaufnahmen als eigenständigen Teil des dramatischen Geschehens miteinzubeziehen und nicht nur als Hintergrund zu verwenden. Bemerkenswerterweise ist Murnau mit seinem Team tatsächlich in die Karpaten gereist und hat zahlreiche andere weitentlegene Drehorte (Lübeck, Rostock, Lauenburg, Wismar, Nordsee) aufgesucht, nur um Schloß- und Stadtansichten, Dünen-, Meeres- und Flußbilder einzufangen. Das Schloß des Grafen ist das tatsächliche Schloß Oravsky am Vratna-Paß.

Lotte H. Eisner hat ihre eigene Art, Murnaus Bildsprache zu beschreiben: »Er fängt die zarte, zerbrechliche Form einer weißen Wolke über einer Düne ein, die jener Wolke gleicht, von der einmal eines der schönsten Bert-Brecht-Gedichte spricht. Der Wind der Ostsee spielt im spärlichen Dünengras, auf einem abendlichen Frühlingshimmel zeichnen ziselierte Äste ihr Filigran. Über eine Morgentau atmende Wiese stürmen vom Zaumzeug befreite Pferde.«[6] Noch 1975 war für sie der Rang Murnaus der »des größten Filmregisseurs, den die Deutschen gehabt haben«.[7] »Er hat die hinreißendsten, packendsten Filmbilder geschaffen, die der deutsche Film aufzuweisen hat.«[8]

1930 kam unter dem Titel *Die zwölfte Stunde – Eine Nacht des Grauens* eine von Dr. Waldemar Roger hergestellte, per Schallplattenton nachvertonte Fassung von *Nosferatu* in die Kinos, in der die Rollennamen verändert und neu gedrehte Szenen hinzugefügt worden waren. Außerdem waren die heiteren Anfangsszenen des Originalfilms als Happy-End an den Schluß montiert worden. Dies war zwar eine barbarische Verfälschung, doch eine Kopie davon aus der Pariser Cinémathèque diente dem Münchner Filmhistoriker und Leiter des Münchner Filmmuseums Enno Patalas neben Kopien vom atlas-Filmverleih, dem New York Museum of Modern Art, dem staatlichen Filmarchiv der DDR, der Filmoteca Española und weiteren fünf Kopien zur Rekonstruktion des Originalfilms mit einer Länge von 94 Minuten bei einer Laufgeschwindigkeit von 18 Bildern pro Sekunde.

Zusammen mit seinem Mitarbeiter Gerhard Ullmann konnte Patalas auch die Theorie bekräftigen, der Film sei einkoloriert gewesen, was bestimmte grelle Sonnenlichtszenen in der Schwarzweißfassung im nachhinein verständlich macht. »Patalas nahm an, daß *Nosferatu* wie die anderen Filme der Zeit gruselig blau war in den Nachtszenen, gelb für beleuchtete Innenräume in der Nacht und vielleicht auch noch rosa bei der für Vampire so entscheidenden Dämmerung.«[9]

Anläßlich einer ARD-Ausstrahlung hat Peter Schirrmann 1969 eine neue Filmmusik komponiert. Für das Münchner Filmmuseum hat Berndt Heller die von Hans Erdmann 1921 geschriebene Musikpartitur rekonstruiert, da das Original nicht mehr existierte. Für die ZDF-Ausstrahlung der von Patalas rekonstruierten Fassung hat 1988 Hans Posegga eine schaurig-schrille Synthesizer-Untermalung beigesteuert, die ziemlich billig klingt und eher an drittklassige Edgar-Wallace-Schinken erinnert.

Diese Fassung liegt der obigen Besprechung zugrunde. In vielen Rezensionen liest man noch den Städtenamen Bremen statt Wisborg und die Rollennamen Graf Dracula, Jonathan und Nina Harker. Das hat mit den verschiedenen Kopien zu tun – so ist beispielsweise immer noch eine Videofassung mit diesen (publikumsträchtigeren) Namen in Umlauf.

*Orientierung an Bram Stokers Romanensemble:*

| | |
|---|---|
| Graf Orlok (Nosferatu) | – Graf Dracula |
| Thomas Hutter | – Jonathan Harker |
| Ellen Hutter | – Mina Harker |
| Makler Knock | – zunächst Peter Hawkins (Anwalt), dann Renfield (Irrer) |
| Kapitän der *Empusa* | – Kapitän der *Demeter* |

Murnau reduziert den Stoker-Stoff im Grunde auf Ellens Hals, hinter dem plötzlich Nosferatu und Hutter gleichzeitig her sind. Nach Transsylvanien wird die beschauliche Hafenstadt Wisborg zum zweiten Hauptschauplatz und Ort der Vernichtung Nosferatus.

*Regisseur: Friedrich Wilhelm Murnau*

Kurzbiographie: 28.12.1888 in Bielefeld als Friedrich Wilhelm Plumpe geboren. Studium der Philologie und Kunstgeschichte in Heidelberg und Berlin, als Mitglied des Studententheaters von Max Reinhardt zur Bühne geholt, wo er spielte und inszenierte. Erster Film: *Der Knabe in Blau* (1919). Außerdem: *Der letzte Mann* (1924), *Tartüff* (1925), *Faust – Eine deutsche Volkssage* (1926) u. a. Im selben Jahr Fünfjahresvertrag in Hollywood: *Sonnenaufgang/Sunrise* (1926), *Die vier Teufel/Four Devils* (1928), *Unser täglich Brot/Die Frau aus Chicago/Our Daily Bread/City Girl* (1929) – Unstimmigkeiten mit 20th Century-Fox, *Tabu* (1929–31) zusammen mit Robert Flaherty. 11.3.1931 in Santa Barbara bei denkwürdigem Autounfall gestorben.

*Nosferatu-Darsteller: Max Schreck*

Vor seiner berühmt gewordenen Verkörperung des Vampirs in *Nosferatu – Eine Symphonie des Grauens* war Max Schreck schon in Filmen zu sehen: *Der Richter von Zalamea* (1920) nach dem Theaterstück von Calderón mit Lil Dagover und Albert Steinrück; *Nathan der Weise* (1922) nach dem Theaterstück von Gotthold Ephraim Lessing mit Werner Krauß und Paul Morgan. Es folgte *Nosferatu* (1922) und anschließend eine weitere Theaterstückverfilmung, nämlich Shakespeares *Der Kaufmann von Venedig* (1923) unter der Regie von Peter Paul Felner mit Werner Krauß, Henny Porten, Harry Liedtke, Albert Steinrück, Hans Brausewetter, Jakob Tiedtke u.v.a.; 1923 wirkte er außerdem in dem Film *Die Straße* in der Rolle eines Blinden mit. Die Hauptrollen spielten Eugen Klöpfer und Mae Marsh. Der Film führt die Grundidee der Architektur von *Das Cabinet des Dr. Caligari* (1919) fort, indem die Kulissen selbst beweglich wurden. Er war für Regisseur Karl Grune der größte Erfolg.

Für *Die Finanzen des Großherzogs* (1924) nach dem Roman von Frank Heller holte ihn *Nosferatu*-Regisseur Murnau erneut vor die Kamera, die von Karl Freund, dem späteren *Dracula*-Kameramann (1930), und Franz Planer bedient wurde. Der Film entstand nach einem Drehbuch von Thea von Harbou und zeigte Max Schreck in der Rolle des »unheimlichen Verschwörers«. Die Hauptdarsteller waren Harry Liedtke und Mady Christians. 1927 wirkte er in dem pazifistischen Ufa-Kriegsfilm *Am Rande der Welt* mit, in dem die Liebesgeschichte einer Müllerstochter mit einem gegnerischen Offizier geschildert wird. Schreck agierte als »Trödler« unter der Regie von Karl Grune neben den Stars Albert Steinrück, Brigitte Helm, Wilhelm Dieterle (der später in den USA als William Dieterle ein gefragter Regisseur wurde), Viktor Janson und Imre Raday.

**Dracula**

(USA 1930) *Regie:* Tod Browning; *Buch:* Garret Fort unter Berücksichtigung des Bühnenstücks von Hamilton Deane und John L. Balderston nach dem Roman von Bram Stoker; *Kamera:* Karl Freund; *Musik:* Peter Tschaikowsky, Richard Wagner; *Schnitt:* Milton Carruth, Maurice Pivar; *Darsteller:* Bela Lugosi (Graf Dracula), David Manners (Jonathan Harker), Helen Chandler (Mina Seward), Dwight Frye (Renfield), Edward van Sloan (Professor van Helsing), Herbert Bunston (Dr. Seward), Charles Gerrard (Martin), Moon Carroll (Briggs), Josephine Velez (Kindermädchen), Michael Visaroff (Wirt), Donald Murphy (Mann in der Kutsche), Daisy Belmore (Frau in der Kutsche), Frances Dade, Joan Standing; *Produktion:* Universal/Carl Laemmle jr.; *Länge:* 84 Min. (deutsche TV-Fassung: 71 Min.); schwarzweiß.

*Inhalt:* Der Maklerangestellte Renfield ist per Postkutsche in Transsylvanien auf dem Weg zum Borgo-Paß, wo er von Graf Draculas Kutscher abgeholt werden soll. Schon in der Kutsche

*Regisseur F. W. Murnau.*

*Das Plakat zu Tod Brownings Klassiker.*

wird mit Angst und Bangen von der bevorstehenden Walpurgis-
nacht geredet. Der Gastwirt, bei dem die Kutsche Station macht,
drückt sich schon deutlicher aus: Auf Schloß Dracula würden
Vampire, Dracula und seine Frauen, hausen, die das Blut anderer Menschen tränken. Doch Renfield möchte weiter. Die Wirtin gibt ihm noch ein Kruzifix mit auf den Weg, aber der Wirt resigniert bereits: »Jetzt fährt er in den Tod.«

Auf dem Schloß herrscht schon rege Betriebsamkeit. Draculas drei Frauen erheben sich aus ihren Särgen. Dracula, soeben noch im Schloß, sitzt nun als Kutscher auf dem Bock der Kutsche, die Renfield am Borga-Paß übernimmt. Als Renfield sich wegen der zu hohen Geschwindigkeit beschweren will, sieht er nur eine Fledermaus über dem Rücken der galoppierenden Pferde, die – am Schloß angelangt – auch verschwindet.

Renfield betritt das Schloß und bemerkt zunächst nur Gürteltiere und Ratten am Boden. Er erschrickt, als er schließlich Graf Dracula die Stufen einer hohen Freitreppe herunterkommen sieht. Um den Grafen wieder nach oben zu begleiten, muß Renfield ein riesiges Spinngewebe durchtrennen. Dracula kommen-

*Bela Lugosi verfügte in ›Dracula‹ von 1930 in seinem neuen Domizil noch nicht über den Luxussarg späterer Verfilmungen. Literarisch korrekt steigt er in seine Holzkiste.*

tiert: »Die Spinne spinnt ihr Netz für die unaufmerksame Fliege. Ihr Blut gibt ihr Leben, Mr. Renfield.«

Dracula läßt sich die Unterlagen über den Landsitz in London zeigen, den er gemietet hat. Auf das Reisegepäck angesprochen, betont der Graf, nur drei Kisten zu benötigen. Er hat auch schon eine Fregatte gechartert, und bereits am folgenden Abend soll es nach Sonnenuntergang losgehen.

Renfield schneidet sich beim Verstauen der Papiere an einer Seitenkante versehentlich in den Finger. Dracula nähert sich höchst interessiert, im letzten Moment fällt jedoch das Kruzifix vor den blutigen Finger, und Dracula wendet sich angewidert ab. Er schenkt Renfield Wein ein, sagt auf Renfields Nachfrage, ob er nicht mittränke: »Ich trinke keinen Tropfen – Wein.«

Dracula verabschiedet sich. Renfield schwankt, denn der Wein war präpariert. Die drei Vampirfrauen nähern sich. Renfield öffnet noch ein Fenster und kippt dann um. Zum Fenster schwebt in Gestalt einer Fledermaus Graf Dracula herein, der – wieder in menschlicher Form – die drei Vampirinnen fortschickt, um sich genußvoll selbst am Halse Renfields an dessen Blut zu laben.

An Bord der *Vestra* kauert Renfield neben dem geschlossenen Sarg des Grafen und spricht ihn als Meister an. »Ich wünsche mir kleine Tiere, und ich werde Ihr treuer Diener sein.« Das Schiff gerät in schlimmes Unwetter, der Kapitän bindet sich am Steuer fest.

In einer Zeitungsmeldung ist schließlich nur von einem Überlebenden die Rede, der ein Verlangen nach Fliegen und Spinnen äußert und deshalb in Dr. Sewards Nervenklinik in Whitby eingeliefert wird.

Graf Dracula spaziert inzwischen durch das abendliche London und saugt ein armes Blumenmädchen aus, um anschließend in Londons feinster Gesellschaft ein Symphonie-Konzert aufzusuchen. Unter einem Vorwand gelangt er in die Loge, in der Dr. Seward, dessen Tochter Mina, deren Freundin Lucy und Minas Verlobter Jonathan Harker sitzen. Er stellt sich ihnen als ihr neuer Nachbar vor, der auf Carfax Abbey wohne, unmittelbar neben Dr. Sewards Heilanstalt in Whitby. Auf notwendige Renovierungsarbeiten an seinem alten Haus angesprochen, lehnt der Graf ab. Alles soll so bleiben. »Es erinnert mich an die geborstenen Mauern meiner Schlösser in Transsylvanien.« Als die Sprache auf einen schaurigen Trinkspruch kommt, verblüfft der

*Die Sinne schwinden, wenn der Graf zum Biß ansetzt. Bela Lugosi und Helen Chandler in Tod Brownings ›Dracula‹ (1931).*

Graf die Anwesenden: »Zu sterben, wirklich tot zu sein, das muß was Wunderbares sein. Es gibt viel schlimmere Dinge, die der Mensch erleben kann, als den Tod.«
Im Zimmer von Lucy spinnt Mina mit ihr über die Faszination des Grafen. Die alleinstehende Lucy malt sich schon aus, als Gräfin zu leben. In der Nacht kommt Dracula tatsächlich als Fledermaus durch das Fenster und saugt die Schlafende am Halse aus. Am nächsten Tag kann nur noch ihr Tod festgestellt werden. Im Hörsaal von Dr. Sewards Sanatorium werden die zwei Wundmale in Lucys Hals gefunden.
Inzwischen ist der Forscher Professor van Helsing eingetroffen. Er offenbart seine Theorie vom Untoten, vom Nosferatu, vom Vampir. Er glaubt sich in der Lage, den scheinbaren Aberglau-

71

ben beweisen zu können. Renfield, der als Fliegen- und Spinnenvertilger auf sich aufmerksam gemacht hat, bittet die beiden Ärzte, ihn weit, weit weg zu schicken. »Meine Schreie in der Nacht stören doch Miß Mina! Wenn Sie mich nicht von hier wegbringen, sind Sie verantwortlich für das, was mit Miß Mina passiert!«

Doch Renfield verbleibt in seiner Zelle und wird von Dracula dazu gebracht, ihn hineinzulassen. Dieser macht sich gleich über die schlafende Mina her. Später erzählt Mina von dieser Begegnung wie von einem Traum. Das Zimmer wäre in Nebel gehüllt gewesen. Zwei rote Augen hätten aufgeleuchtet. Ein weißes, furchtbares Gesicht habe sich ihr genähert. Als van Helsing nachfragt, stellt sich heraus, daß sie seit diesem Traum die typischen kleinen Wundmale am Halse hat.

Als sich Graf Dracula offiziell im Sanatorium einstellt und von Dr. Seward dem Professor van Helsing vorgestellt wird, betont er, daß man diesen berühmten Forscher sogar in Transsylvanien kenne. Im Verlauf der Konversation stellt sich heraus, daß der Graf in einem kleinen Spiegel nicht reflektiert wird. Zur Rede gestellt, zerschlägt er den Spiegel und erklärt: »Ich hasse Spiegel. Van Helsing wird Ihnen erklären, warum.« Worauf Van Helsing klar ist: »Dracula ist unser Vampir! Nur deshalb gibt es noch Vampire, weil einfach keiner glaubt, daß es welche gibt.«

Mina hat bei einer nächtlichen Wanderung die verstorbene Lucy wiedergesehen. Sie sieht aus wie ein hungriges Tier, ein Wolf. Lucy hat Kinder geraubt und sie in den Hals gebissen. Mina zieht daraus nur eine Konsequenz: Sie muß Schluß machen mit Jonathan, der das alles nicht begreift. Er will sie nach London zurückbringen. Doch van Helsing hat die Gefährdete mit Wolfskraut dermaßen geschützt, daß sie in Sicherheit ist.

Renfield taucht wieder auf und frohlockt, daß der Meister ihm gezeigt habe, was er alles haben könne für seine Dienste: ein rotes Feuer, das sich als Tausende bluthaltiger Ratten entpuppt.

Dracula sieht durch van Helsing seine Pläne gefährdet und versucht, ihn durch Hypnose willenlos zu machen, doch der Professor widersteht mit seinem eisernen Willen und verscheucht den Grafen mittels seines Kruzifixes.

Mina möchte angesichts der bevorstehenden Nacht nicht in ihrem »stinkenden« Zimmer verweilen und lockt Jonathan auf die Veranda. Sie gibt zum erstenmal vor, die Nacht zu lieben. Eine Fledermaus flattert herbei, und Mina spricht mit ihr. Sie bittet anschließend Jonathan, van Helsings Kruzifix zu verstecken. Erst unter dem Anblick des Kruzifixes gesteht sie, daß Dracula eine Ader in seinem Arm geöffnet habe und sie von seinem Blut trinken mußte.

In der Nacht hypnotisiert Dracula die Nachtschwester, die das ganze Wolfskraut wegräumt und Dracula Einlaß verschafft. Gemeinsam mit Mina begibt sich der Graf in sein Domizil Carfax Abbey. Renfield rennt den beiden hinterher. Auch van Helsing und Harker folgen ihrer Spur. Dracula hält deshalb Renfield für einen Verräter und tötet ihn. Van Helsing entdeckt Draculas Sarg. Daneben steht ein leerer Sarg. Mina ist verschwunden. Van Helsing treibt Dracula in seinem Sarg einen Pfahl durchs Herz. Man hört allerdings nur ein letztes Stöhnen des Grafen.

*Edward van Sloan und Bela Lugosi wiederholen ihre Bühnenrollen als Professor van Helsing und Graf Dracula in Tod Brownings Klassiker ›Dracula‹.*

In dem Moment taucht Mina hinter einer Säule auf und ist wieder völlig normal. Jonathan und Mina ziehen sich zurück, während van Helsing noch etwas zu erledigen hat, was aber nicht mehr gezeigt wird. Ende.

(In der amerikanischen Originalfassung tritt, im Gegensatz zur deutschen, Professor van Helsing zum Schluß des Films noch einmal vor eine Leinwand und beteuert, alles Gesehene sei wirklich wahr gewesen.)


*Zum Film:* Die Produktionsfirma Universal-Studio beschäftigte mehrere Autoren, um das auf Bram Stokers Roman basierende Theaterstück von Hamilton Deane und John Balderston zum Filmdrehbuch umarbeiten zu lassen. Die beiden Hauptaugenmerke lagen darauf, daß es zum einen ein rein im Studio gedrehter Film ohne Außenaufnahmen werden sollte, zum anderen galt es, die Zensurbestimmungen trotz eines solch brisanten Themas einzuhalten. Deshalb wurde Garret Forts studiogerechter Entwurf ausgewählt (Fort war auch anschließend am Drehbuch des zweiten Universal-Horror-Tonfilms *Frankenstein* beteiligt).

Viele der wirklich brisanten Details der Story wurden abgeblendet, nicht wirklich gezeigt oder nur im Dialog erwähnt. So erzählt Mina fast nebenbei die vielleicht grauenerregendste Szene des ganzen Romans von der grausigen »Vermählung« mit dem Grafen, der für sie eine Ader in seinem Arm öffnet und sie nötigt, daraus von seinem Blut zu trinken. Da Garret Fort sich recht stark an die Bühnenvorlage hielt, konnten bis auf die Eingangssequenzen und die Schiffsaufnahmen fast alle Szenen in regelrechten Bühnendekors gedreht werden.

Für den namhaften Kameramann Karl Freund, der zuvor in Deutschland solche maßstabsetzenden Stummfilme wie *Der Golem, wie er in die Welt kam* (1920), *Der letzte Mann* (1924) und *Metropolis* (1925/27) aufgenommen hatte, muß diese Vorgehensweise wohl eher enttäuschend gewesen sein, denn der Film spielt sich nach zunächst noch eindrucksvollen Szenen in Draculas Schloß dann hauptsächlich im Sanatorium des Dr. Seward ab. So »kommt sein erstaunliches Geschick bei der Handhabung des Schwarzweißfilms eigentlich nur im ersten Teil des *Dracula,* auf den sich der Ruhm des Films gründet, zum Ausdruck. Dieser Teil war es auch, der sich dem Publikum damals einprägte und der die meisten Textstellen enthält, die Lugosi berühmt machten.«[10] Für

*Dracula (Bela Lugosi, links) hält Renfield (Dwight Frye) irrtümlich für einen Verräter und tötet ihn. Aus: ›Dracula‹ (1931).*

die nachfolgenden dialoglastigen Szenen sind nur Standard-Kamerapositionen notwendig gewesen. Lediglich bei Bela Lugosi gab es eine »besondere« Aufgabe:
Um Draculas weitaufgerissenen Augen eine noch größere Wir-

kung zukommen zu lassen, wurden sogenannte »Augenlichter« gesetzt, das sind kleine Scheinwerfer, die ausschließlich auf die Augen des Schauspielers gerichtet sind. So gewinnen die Augen eine noch größere »Strahlkraft«, reflektieren mitunter auch das Licht und verleihen dem Blick des Darstellers mehr Magie. In Deutschland bestand später insbesondere Hans Albers auf dieser Aufhellung seiner berühmten blauen Augen.

Unter der Leitung von Studioboß Carl Laemmle hatte sich das Universal-Studio bereits mit Stummfilmen wie *The Hunchback of Notre Dame* (1923) und *The Phantom of the Opera* (1925) dem Horror-Genre verschrieben. Es wurde im Laufe der Jahre zum Spezialstudio für diese Art von Filmen (*Frankenstein*, 1931; *Die Mumie/The Mummy,* 1932; *Frankensteins Braut/The Bride of Frankenstein,* 1935; *Der Werwolf von London/The Werewolf of London,* 1935; etc.), bis Warner Brothers, RKO, Paramount und MGM nachzogen. Regisseur Tod Browning hatte mit Lon Chaney, dem »Mann mit den tausend Gesichtern«, bereits mehrere Horror-Filme gedreht. Doch kurz bevor der Film *Dracula* 1930 gedreht wurde, starb Chaney, der für die Titelrolle vorgesehen war (Chaneys Sohn, Lon Chaney jr., spielte den Grafen schließlich 1943 in *Son of Dracula,* in dem trotz des Titels aber Graf Dracula und nicht dessen Sohn erscheint). Daraufhin wurde jedoch nicht gleich der erfolgreiche Bühnen-Dracula Bela Lugosi, der bereits mit Tod Browning 1929 *The Thirteenth Chair* gedreht hatte, engagiert, sondern es wurden Darsteller wie Conrad Veidt, William Courtenay, John Carradine, Paul Muni und Ian Keith für die Rolle getestet.

Bela Lugosi selbst beschrieb die Vorgehensweise des Studios folgendermaßen: »Die Bram-Stoker-Erben forderten 200.000 Dollar für die Filmrechte, aber so viel wollte Universal nicht zahlen. Man fragte mich, ob ich nicht Mrs. Stoker, der Witwe schreiben könnte, damit sie es etwas billiger macht. Ich schreibe und schreibe, bis ich Krämpfe kriege, und nach ungefähr zwei Monaten sagt Mrs. Stoker: Okay, wir können es für 40.000 Dollar haben. Wie aber erwidert Universal die Gefälligkeit? In ihrer Dankbarkeit beginnt sie kurzerhand zwei Dutzend Burschen für Dracula zu testen – nur mich nicht! Und wer wurde getestet? Die Vettern und Schwäger der Laemmles – all ihre Lieblinge und die Lieblinge ihrer Lieblinge! Bis dann nach einer Weile der alte Laemmle sagt: ›In der Familie haben wir niemanden, der es spielen kann – warum versuchen wir es nicht mit einem Schauspieler?‹«[11]

Der Film wurde in sieben Wochen abgedreht. Lugosis Gage betrug lächerliche 3500 Dollar. Der Film jedoch wurde zum Kassenhit des Jahres 1931 und spielte 500 Millionen Dollar ein.

Da das Verfahren der Synchronisation von Filmen 1931 noch nicht sehr weit entwickelt war, drehte Regisseur George Melford in denselben Kulissen eine weitere Version für den spanischen Sprachraum. Dabei wurden der technische Stab und die Besetzung ausgetauscht. Der Schauspieler Carlos Villarias war in der Titelrolle dazu aufgefordert worden, die Gesten und den Akzent von Bela Lugosi nachzumachen. Das Resultat war unfreiwillig komisch: Der spanische Schauspieler sprach den ungarisch-

*Nicht sehr erotisch, aber markant: Bela Lugosi in der Rolle des Dracula.*

rumänischen Akzent besser als der Ungar! »Und in gewisser Hinsicht eignete sich seine aalglatte, gutaussehende Erscheinung besser für die Rolle als Lugosis.«[12] Es existiert leider keine Kopie und nicht einmal eine Rezension dieser Version.

*Orientierung an Bram Stokers Romanensemble:*

| | |
|---|---|
| Graf Dracula | – Graf Dracula |
| Jonathan Harker (Minas Verlobter) | – Jonathan Harker |
| Mina Seward | – Mina Harker |
| Dr. Seward (Minas Vater) | – Dr. Seward |
| Lucy Westron | – Lucy Westenra |
| Professor van Helsing | – Professor van Helsing |
| Renfield | – zunächst Jonathan Harkers Rolle als Anwalt in Transsylvanien, dann Renfield (Irrer) |
| Kapitän der *Vestra* | – Kapitän der *Demeter* |

Graf Dracula findet hier neben seinen Opfern zum erstenmal auch den ernst zu nehmenden Gegenspieler Professor van Helsing vor, der ziemlich auf sich alleine gestellt agiert. Dr. Seward ist scheinbar zu alt und Jonathan Harker zu naiv und weltfremd. Dracula wird schließlich von van Helsing in seinem neuen Mietshaus in Whitby zur Strecke gebracht. Renfield als Anwalt nach Transsylvanien zu schicken, ist keine unlogische Idee, doch Jonathan Harker ist damit jedes Profil genommen. (Der tüchtige Dwight Frye gibt einen grandiosen Renfield ab. Immerhin sind es seine ersten Reaktionen auf Graf Dracula und sein Gehabe, die auch dem Zuschauer eine erste Möglichkeit zur Einschätzung dieses seltsamen Gastgebers in den ersten entscheidenden Szenen bieten. Mit Bram Stokers Roman hat diese Chargiererei seitens Lugosi natürlich nichts gemein.)

*Regisseur: Tod Browning*

Kurzbiographie: Charles Albert Browning wurde am 12.7.1882 in Louisville, Kentucky geboren. Mit 16 Jahren riß er von zu Hause aus, um sich einem Wanderzirkus anzuschließen. Tourneen mit Vaudeville-Gruppen folgten, bis Browning 1914 in kurzen Stummfilmburlesken auftrat. Es folgte eine Assistenzzeit bei David Wark Griffith, in dessen *Intolerance* er 1916 nicht nur

*Bela Lugosi als Dracula in Tod Brownings klassischer Verfilmung des Theaterstücks nach Bram Stokers Roman. Rechts: Dwight Frye als gefügiger Untertan Renfield.*

als Darsteller mitwirkte, sondern Griffith auch bei der Inszenierung der Massenszenen assistierte. 1917 erster eigener Film: *Jim Bludso,* 1919 erster Film mit Lon Chaney: *The Wicked Darling.* Neun weitere Filme mit dem König der Verwandlungskünstler, der in der Regel Abnormale verkörperte, schlossen sich an. Nach Chaneys Tod 1930 drehte er *Dracula* mit Bela Lugosi statt Chaney und 1932 *Freaks,* einen sehr eigenwilligen und persönlichen Film mit tatsächlichen abnormalen Darstellern, die allerdings unter ihresgleichen normaler wirken als »normale« Menschen. Nach drei weiteren Filmen und dem Tod seines Förderers Irving Thalberg gab sich Browning nur noch seiner größten Leidenschaft, dem Alkohol, hin und starb, bereits 1944 vom Branchenblatt *Variety* als verstorben gemeldet, einsam am 6.12.1962 in Santa Monica, Los Angeles.

*Literatur zu Tod Browning:*
Stuart Rosenthal, Judith M. Kass: *The Hollywood Professionals, Volume 4: Tod Browning, Don Siegel,* London, New York 1975

## *Der Dracula-Darsteller: Bela Lugosi*

Béla Ferenc Dezsö Lugosi Blasko kam am 20.10.1882 in Lugas (Ungarn) zur Welt. Seine angebliche Schul- und Universitätsbildung sowie die Ausbildung an der Budapester Akademie der Theaterkünste zum Schauspieler hat er in einem Interview als Lüge entlarvt.[13] Doch Lugosi machte gerne aus seinem Leben eine Legende, die nichts mit den Tatsachen zu tun hatte. Schon gar nicht war er »der John Barrymore des ungarischen Theaters«. Doch seine Fans glaubten auch gerne, daß er ein Nachfahre des historischen Fürsten Dracula sei. Ebenso ist die Behauptung, sein Vater sei ein Baron gewesen, unzutreffend. Richtig ist aber, daß er aus dem ungarisch-rumänischen Grenzgebiet stammt und daher von einer gewissen gemeinsamen geographischen Herkunft mit dem tatsächlichen Dracula geredet werden kann, aber nicht von Verwandtschaft.

Voller Theaterbegeisterung riß er von zu Hause aus, als sein Vater ihn auf das Gymnasium schicken wollte. Er schlug sich als Bergarbeiter durch, bis er als Statist in einer Schauspieltruppe Aufnahme fand. Seine Bühnenlaufbahn verlief jedoch wenig erfolgreich. Unter dem Pseudonym Aristid Olt wirkte er ab 1915 in ungarischen Filmen mit. 1919 floh er während eines Aufstandes über Wien nach Berlin, wo er unter der Regie des späteren *Nosferatu*-Regisseurs Friedrich Wilhelm Murnau in der rechtlich nicht legitimierten Verfilmung von Robert Louis Stevensons *Der seltsame Fall des Dr. Jekyll und Mr. Hyde/Der Januskopf – Eine Tragödie am Rand der Wirklichkeit* (1920) mitwirkte. (Der Film gilt als verschollen.)

Nach weiteren Filmrollen übersiedelte er 1921 in die USA. In New York wurde er in der ungarischen Gemeinde aufgenommen und trat bald in Bühnenstücken auf. Seine englischen Dialoge lernte er phonetisch. Seinen ungarischen Akzent konnte er nie ablegen, was ihm zumeist Ausländerparts einbrachte, darunter auch den transsylvanischen Grafen Dracula. Bram Stokers Freund Hamilton Deane hatte den Roman in London für die

Bühne umgearbeitet. John L. Balderston schrieb danach eine für die USA bearbeitete Fassung, in der Bela Lugosi 1927 als Titelheld brillieren konnte: »Es war reiner Sex auf der Bühne. Man konnte seine ungeheure sexuelle Anziehungskraft und Macht spüren, und das war ebensosehr Teil von Lugosis Charakter wie von Draculas. Es war unmöglich, die zwei voneinander zu trennen.«[14]

*Wenn Blicke töten könnten … Bela Lugosi kam nie von seinem Bühnengehabe weg.*

In der Filmfassung von 1930 ist Bela Lugosis Erscheinung, sein dämonisches Spiel, die Attraktion des Films, der den Universal-Studios viel Geld einspielte. Lugosi drehte anschließend zwar fast ausschließlich Horror-Filme, aber den Grafen Dracula hat er nur noch einmal in der Komödie *Abbott und Costello treffen Frankenstein/Abbott und Costello Meet Frankenstein* (USA 1948) gespielt. Und dort war sein Mitwirken eher ein Gastauftritt. In *Dracula's Daughter* (1936) ist lediglich eine nach Lugosis Zügen angefertigte Puppe als Draculas Leiche zu sehen. In Tod Brownings Film *Das Zeichen des Vampirs/The Mark of the Vampire* (USA 1935) ist er zwar wieder in Kostüm und Maske von

*In klassischer Pose und mit starrem Blick variiert Bela Lugosi in ›Dracula‹ von 1930 die typische Exhibitionisten-Stellung.*

*Dracula* zu sehen und er agiert auch wieder in der überzogenen Manier, doch er spielt einen Grafen Mora, der am Schluß als Schauspieler entlarvt wird, also weder Graf noch Vampir ist. Daher ist die Identifikation mit der Dracula-Figur eigentlich angesichts der Vielzahl anderer Filme kaum verständlich. Andererseits reicht häufig eine Rolle, um von einem bestimmten Image nicht mehr loszukommen, wie z. B. Anthony Perkins in *Psycho* (USA 1960).

Lugosis größter Fehler im Hinblick auf seine Karriere war möglicherweise seine Entscheidung, die Rolle von Frankensteins Monster in der unmittelbar auf *Dracula* folgenden Verfilmung des Romans *Frankenstein* (1931) abzulehnen, die ihm als Schauspieler einfach zu wenig abzuverlangen schien. Dadurch bekam ein gewisser William Henry Pratt die Chance, unter dem Pseudonym Boris Karloff das Monster zu verkörpern. Es war der Beginn einer brillanten Karriere Karloffs, der damit zu Lugosis schärfstem Konkurrenten bei den zukünftigen Rollenvergaben wurde.

Lugosi drehte zwar noch zahlreiche Horror-Filme, auch mit Boris Karloff zusammen (z. B. *Der Leichendieb/The Body Snatcher,* 1945), aber die ganz großen Rollen blieben aus oder wurden im letzten Moment doch noch umbesetzt, bzw. Projekte scheiterten. Dennoch blieb Lugosi als Dracula ein Begriff, wenngleich bald nach ihm auch Lon Chaney jr. (*Son of Dracula,* 1943) und John Carradine (*House of Frankenstein,* 1944; *House of Dracula,* 1945) in die Rolle schlüpften.

Was für viele Schauspieler im neu geschaffenen Tonfilm das Ende der Karriere bedeutete, war für Lugosi ein profitables Markenzeichen: der fremdländische Akzent. Durch den ungarischen Tonfall klang die Stimme in *Dracula* tatsächlich wie die eines Mannes aus Transsylvanien. Sein noch von der Bühne herstammender Darstellungsstil mit den ausholenden Bewegungen und der dämonischen Theatralik war zwar im allgemeinen längst überholt, paßte in diesem Fall aber gut zu der Gestalt des jahrhundertealten Vampirgrafen und prägte nachhaltig die allgemeine Vorstellung von Dracula und Vampiren.

Lugosi hat sich auch mit dem Image des Grafen identifiziert und sich nicht, wie Christopher Lee, dem er seinen magischen Fingerring kurz vor seinem Tode schenkte, von der Rolle in späteren Jahren distanziert. Er glaubte sogar, daß er noch einmal für ein Remake in 3-D als Dracula vor die Kamera geholt werden würde. Es kam jedoch nie dazu. Lugosi starb nach langer Drogenabhängigkeit am 16.8.1956. Er wurde auf seinen Wunsch hin in seinem berühmten schwarzen Dracula-Cape beigesetzt.

*Literatur zu Bela Lugosi:*
Arthur Lennig: *The Count. The Life and Times of Bela »Dracula« Lugosi,* New York 1974
Robert Cremer: *Lugosi, the Man Behind the Cape,* Chicago 1976
Richard Bojarski: *The Films of Bela Lugosi,* Secaucus/N. J. 1980

## Dracula

(Großbritannien 1957) *Regie:* Terence Fisher (US-Titel: Horror of Dracula); *Buch:* Jimmy Sangster nach dem Roman von Bram Stoker; *Kamera:* Jack Asher; *Musik:* James Bernard; *Ausstattung:* Bernard Robinson; *Make-up:* Phil Leakey; *Schnitt:* James Needs, Bill Lenny; *Spezialeffekte:* Sydney Pearson; *Darsteller:* Peter Cushing (Dr. van Helsing), Christopher Lee (Graf Dracula), Michael Gough (Arthur), Melissa Stribling (Mia), Carol Marsh (Lucy), Olga Dickie (Ann), John Van Eyssen (Jonathan Harker), Valerie Gaunt (Vampiria), Janine Faye (Tania), Barbara Archer (Doris), Charles Lloyd Pack (Dr. Seward), George Merritt (Polizist), George Woodbridge (Wirt), George Benson (Zöllner), Miles Malleson (Bestatter Marx), Geoffrey Bayldon (Portier), Paul Cole (Junge); *Produktion:* Hammer/Anthony Hinds; *Länge:* 82 Min.; Farbe; *deutsche Synchronschauspieler:* Erich Schellow (Peter Cushing), Wolfgang Eichberger (Christopher Lee), Friedrich Schönfelder (Michael Gough), Tilly Lauenstein (Melissa Stribling), Marion Degler (Carol Marsh), Friedrich Joloff (John van Eyssen).

*Inhalt:* Jonathan Harker kommt die letzten Meilen von Waterfield nach Schloß Dracula zu Fuß, weil der Kutscher sich weigert, ihn ans Ziel zu bringen. Kein Vogel singt, und die Luft ist dort eisig, doch, so trägt Harker am 3.5.1885 in sein Tagebuch, es macht auf ihn einen harmlosen Eindruck. Niemand empfängt ihn, wenngleich das Kaminfeuer lodert. Nur ein Brief von Dracula auf dem gedeckten Eßzimmertisch heißt ihn willkommen. Nachdem er gegessen hat, nähert sich plötzlich eine bleiche Frau, der er sich als »Jonathan Harker, der neue Bibliothekar« vorstellt. Doch sie bittet ihn gleich inständig, ihr zu helfen. Sie würde ge-

*Bela Lugosi in der Rolle seines Lebens.*

fangengehalten. »Bitte versprechen Sie es, Sie könnten mich fortbringen!«

Dracula kommt jedoch in diesem Moment die große Treppe heruntergeeilt, während die Frau rasch verschwindet, und begrüßt

*Valerie Gaunt und Christopher Lee in Terence Fishers ›Dracula‹ (1957).*

den Gast: »Ich hoffe, Sie werden sich hier wohl fühlen.« Die
Wirtschafterin sei wegen eines Trauerfalles in ihrer Familie lei-
der nicht da. Harker schützt gleich Interesse an seiner neuen
Tätigkeit vor: »Wann darf ich mit meiner Arbeit beginnen?« –
»Sobald wie möglich. Die ganze Bibliothek muß neu katalogi-
siert werden«, antwortet Dracula und ergänzt später, froh zu
sein, einen solchen Gelehrten für diese für ihn wichtige Arbeit
gefunden zu haben.
In seinem Zimmer stellt Harker zwei Fotos seiner Braut Lucy
Holmwood auf, die Dracula sehr interessieren. Dieser bietet
Harker an: »Betrachten Sie das Haus als das Ihre«, schließt ihn
aber über Nacht in seinem Zimmer ein. Harker schreibt in sein
Tagebuch: »Er hält mich für einen Bibliothekar, der nur Interesse an seinen Büchern hat, wie ich es geplant habe. Jetzt brauche

ich nur noch auf den Anbruch des Tages zu warten. Dann werde ich mit Gottes Hilfe seiner Schreckensherrschaft für immer ein Ende bereiten.«

Plötzlich wird seine Zimmertüre aufgeschlossen. Neugierig geht Harker durch das nächtliche Schloß. Da spricht ihn die bleiche Frau in der Halle an und erfleht erneut Hilfe. Sie würde gegen ihren Willen festgehalten, und Dracula sei ein teuflischer, schrecklicher Mensch. Harker sagt ihr Hilfe zu und nimmt sie zum Trost in die Arme. Diese Gelegenheit nutzt die Frau zu einem Biß in Harkers Hals, doch im selben Moment bricht Dracula mit blutverschmiertem Mund aus einer Türe hervor, stürzt über die Essenstafel auf die Frau und schleudert sie zu Boden. Als Harker eingreifen will, würgt ihn Dracula, so daß er ohnmächtig am Boden liegenbleibt.

Am nächsten Tag erwacht Harker auf seinem Zimmer. Er ist wieder eingeschlossen. In seinem Taschenspiegel erkennt er zwei blutige Wundmale an seinem Hals. Verzweifelt notiert er: »Ich wurde das Opfer Draculas und der Frau, die er in seiner Gewalt hat. Bin auch ich verdammt, so zu werden wie sie? Wenn ja, kann ich nur beten, daß derjenige, der meine Leiche findet, wissen mag, was zu tun ist, um meine Seele zu erlösen.«

Um Draculas Ruheplatz zu finden, klettert er zum Fenster hinaus. Das Tagebuch versteckt er vor dem Schloß hinter einer Madonnenfigur. Dann begibt er sich in die Gruft des Schlosses, wo Dracula und die Vampirfrau in Särgen ruhen. Als er zuerst der Frau einen Holzpfahl in die Brust treibt, geht bereits die Sonne unter. Die Frau altert sofort. Dracula ist inzwischen jedoch erwacht und kommt gnadenlos auf Harker zu ...

Dr. van Helsing ist nach Waterfield gekommen, weil ihn ein Brief seines Freundes Jonathan Harker von dort erreicht hat. Im Gasthaus, das mit Knoblauch vollgehängt ist, erfährt er vom abweisenden Wirt nur etwas »über rätselhafte Mächte, gegen die wir uns nicht wehren können«. Seine Frau Doris steckt ihm heimlich Jonathan Harkers Tagebuch zu, das sie auf dem Weg zum Schloß gefunden hat.

Van Helsing fährt im Zweispänner zu Draculas Schloß, wo ihm ein Leichenwagen mit Draculas Sarg entgegenkommt. Im Schloß ruft er mehrfach »Harker!«, findet schließlich dessen verwüstetes Zimmer und die leeren Bilderrahmen, aus denen die beiden Fotografien von Lucy Holmwood entfernt wurden. In der Gruft

entdeckt van Helsing dann auch Harkers Leiche mit Vampirgebiß. Schweren Herzens muß er Harker mit dessen eigenem
Werkzeug unschädlich machen.

Arthur Holmwood und seine Frau Mia empfangen van Helsing
recht unterkühlt, da er nicht mit der ganzen Wahrheit über Harkers Tod herausrücken möchte. Zu Arthurs Schwester Lucy, der
Verlobten Harkers, gewähren sie ihm schon gar keinen Zutritt,
obwohl sie im Nebenzimmer im Krankenbett liegt. Lucy gibt
zwar vor, sich schlafen zu legen, doch in Wirklichkeit sperrt sie
das Fenster auf, legt ihr Halskettchen mit einem Kreuz ab und erwartet lustvoll den Grafen.

Van Helsing hört in seinem Zimmer seine Aufzeichnungen vom
Walzen-Diktaphon über seine Vampirtheorien ab. Er behandelt
die Punkte »Tageslicht«, »Knoblauch« und »Kruzifix« und ver-
gleicht die Symptome bei Vampiropfern mit denen von Rausch-
giftsüchtigen.

Der Hausarzt der Holmwoods, Dr. Seward, behandelt Lucy auf
Anämie und empfiehlt Frischluft. Van Helsing verschreibt das
genaue Gegenteil, als er auf Einladung von Mia Holmwood doch
zu Lucy darf und sie untersucht hat. Die Fenster müssen nachts
trotz der im Raum zu verteilenden Knoblauchpflanzen geschlossen bleiben. Gerade das aber treibt Lucy in der Nacht zur Verzweiflung, und sie fleht das Hausmädchen Annie an, die Blumen
hinauszutragen und die Fenster aufzureißen. Eine schwarze
Wolke schiebt sich vor den Mond. Am nächsten Morgen ist Lucy
tot. Van Helsing weiht die Holmwoods in seine Vampirtheorie
ein und gibt Holmwood Harkers Tagebuch.

Das kleine Mädchen Tanya erzählt davon, nachts von »Tante
Lucy« mitgenommen worden zu sein. In der folgenden Nacht
entdecken van Helsing und Holmwood im Wald beim Schloß die
beiden zusammen. Lucy hat inzwischen ein Vampirgebiß und
möchte ihren Bruder Arthur »küssen«, als sie ihn gewahr wird.
Van Helsing kann dies im letzten Moment verhindern, indem er
ihr sein Kruzifix auf die Stirn drückt, was sich dort wie ein
Brenneisen einbrennt. Die kleine Tanya wartet in gebührender
Entfernung. Van Helsing muß vor Holmwoods Augen dessen
Schwester den Holzpfahl in die Brust treiben. Doch anschließend verschwindet das Kreuz von ihrer Stirn, und sie liegt
anmutig und friedlich im Sarg.

Holmwood unterstützt van Helsing jetzt bei der Jagd nach Dra-

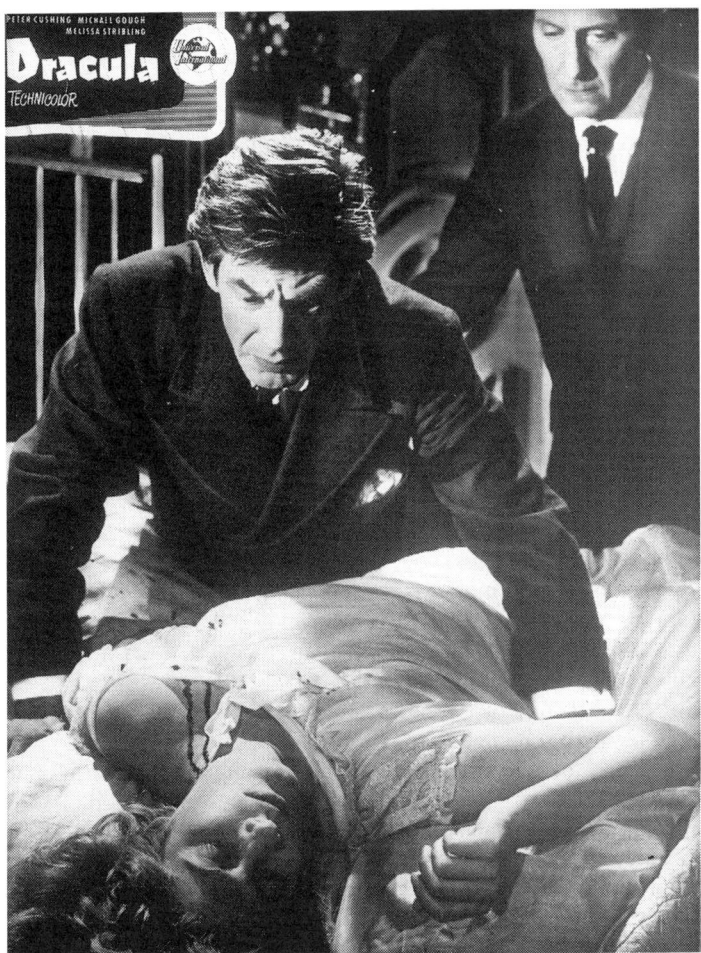

*Entsetzt muß Arthur Holmwood (Michael Gough) feststellen, daß seine eigene Frau Mia (Melissa Stribling) Opfer von Graf Dracula geworden ist. Auch van Helsing (Peter Cushing, rechts) kommt zu spät. Aus ›Dracula‹ (1957) von Terence Fisher.*

cula. Dabei erklärt ihm van Helsing, daß Dracula schätzungsweise 500 bis 600 Jahre alt ist und daß die Annahme, ein Vampir könne auch als Fledermaus oder Wolf in Erscheinung treten, ein weitverbreiteter Trugschluß sei. Die bekannte Vampirfledermaus habe nichts zu tun mit den untoten Vampiren, deren Existenz von Biologen immer noch angezweifelt würde.

In einer Nachtreise in die Grenzstadt Kingston erfahren die beiden Männer, daß Draculas Sarg von Barkersfield nach Charlesberg in die Frederikstreet 49 geliefert wurde. In derselben Nacht wird Mia Holmwood von einem Boten ausgerichtet, sie möge genau dorthin kommen. Ihr Mann erwarte sie. Sie macht sich auf und trifft dort Dracula ...

Am folgenden Morgen kommt sie mit einem seligen Lächeln wie nach einem Ehebruch nach Hause. Die beiden Männer suchen dieselbe Adresse auf, doch Draculas Sarg ist bereits verschwunden. Als Holmwood seine Frau bittet, fortan ein Kruzifix zu tragen, hinterläßt dieses ein Brandzeichen in ihrer Hand. In der Gewißheit, Dracula werde in der folgenden Nacht wieder Mia aufsuchen, verbringen die beiden Männer die ganze Nacht im Garten und warten – vergeblich – auf dessen Ankunft. Am nächsten Morgen liegt Mia fast blutleer bewußtlos auf ihrem Bett. Nur durch die Blutspende ihres Mannes kann sie gerettet werden.

Zunächst völlig ratlos, wie Dracula wohl trotz Bewachung ins Haus gelangt sein mag, wird van Helsing schlagartig die Lösung klar, als das Hausmädchen Annie sagt, die Hausherrin habe ihr ausdrücklich untersagt, in den Keller zu gehen. Dort steht Draculas weißer Sarg. Dracula merkt, daß er entdeckt worden ist. Er entführt Mia und rast mit ihr in einer gestohlenen Kutsche durch die Nacht zu seinem Schloß. Dort vergräbt er Mia.

Der Tag graut. Holmwood und van Helsing treffen ein. Holmwood gräbt seine Frau aus, während van Helsing im Schloß den Grafen verfolgt. Nach einem Kampf, den Dracula fast schon gewonnen hat, kann van Helsing sich noch einmal befreien, rennt über die lange Eßtafel und springt in die zugezogenen Vorhänge, die sofort aus ihrer Halterung reißen. Gleißendes Licht strömt in den Raum. Mit zwei zu einem Kreuz übereinandergehaltenen Kerzenständern treibt van Helsing Dracula gänzlich in den hellen Lichtkegel, wo der Graf sofort zu Staub zerfällt und verweht wird. Lediglich sein Ring bleibt übrig. Mia ist wieder geheilt. Van Helsing hat sein Vorhaben beendet.

*Zum Film:* Vieles an diesem Dracula-Film hat gar nichts mehr mit Bram Stokers Roman zu tun, ob es nun Jonathan Harkers früher Tod ist, der alte, überforderte Hausarzt Dr. Seward, der keinerlei Entsprechung mit dem Sanatoriumsleiter Dr. Seward hat oder Draculas Tod durch Sonnenlicht (ein »Zitat« aus Murnaus *Nosferatu*). Kein Renfield, keine Wölfe oder Fledermäuse und keine Karpaten.

Und dennoch kommt diese Verfilmung Stokers Roman bis dahin am nächsten. Endlich wurden so viele andere markante Details nicht nur in die Geschichte aufgenommen, sondern auch äußerst plastisch gezeigt. Natürlich mußte der *Katholische Filmdienst* deshalb vom Film abraten, denn er ist »so widerlich abwegig inszeniert, daß man Verwahrung einlegen muß«.[15]

Filme dieser Art »üben durch ihre Gesamttendenz oder durch

*Das Ende eines Vampirs. Dracula (Christopher Lee) wurde von van Helsing durch das Sonnenlicht vernichtet. Aus: ›Dracula‹ von 1957.*

sehr gehäufte bedenkliche Einzelheiten in sittlicher oder religiöser Hinsicht starke negative Einflüsse auf den Durchschnitt der Besucher aus«[16] und machen diese nicht »froher, freier und besser«, wie es Papst Pius XII. in seinem Rundschreiben »Miranda Prorsus« vom 8.9.1957 gefordert hatte. Notlüge, Bestechung, illegaler Grenzübertritt, Aberglaube, Grabschändung, Leichenschändung, vorehelicher Sexualverkehr, Lustmord, außerehelicher Sexualverkehr, Vielweiberei, Kindesentführung mit unsittlicher Absicht, Sadismus, Masochismus, ritueller Mißbrauch christlicher Symbole etc., das alles noch in Farbe – das war 1958 noch zuviel für »fachkundige und aufgeschlossene Männer und Frauen katholischen Glaubens«, die »in Liebe zur Sache und zugleich in sorgender Verantwortung ihr Urteil abgeben«.[17] Das und noch vieles mehr hat aber Stokers Roman zu bieten, und genau das hat Drehbuchautor Jimmy Sangster in seine Bearbeitung hineingepackt.

Dabei hat Terence Fisher seine Inszenierung aus heutiger Sicht fast noch zurückhaltend gestaltet. Z. B. wird Mia Holmwoods nächtlicher Besuch bei Dracula bereits abgeblendet, als Draculas Hand gerade mal den Sarg von innen öffnet.

Doch 1958 war man auch noch nicht so hartgesotten (wenngleich der Film von der FSK ab 16 freigegeben wurde). Was heute aus unzähligen Varianten bekannt ist und schon abgedroschen erscheint, war damals in dieser Form für viele Kinobesucher zum erstenmal zu sehen. (Der »harmlose« Lugosi-Film von 1930 wurde in der Bundesrepublik Deutschland am 7.10.1967 im Fernsehprogramm des Norddeutschen Rundfunks erstaufgeführt.) Das Aussaugen eines Menschen an der Halsschlagader, das »Pfählen« von Frauen in aller brutalen und blutigen Deutlichkeit, die wollüstige Hingabe verlobter bzw. verheirateter Frauen an ein zu allem entschlossenes Monster.

Die Farbe spielt hierbei auch eine entscheidende Rolle. Das Rot des Blutes kommt natürlich dank Technicolor voll zur Geltung, an Draculas Zähnen und Lippen ebenso wie an den Wundmalen der Hälse oder beim Pfahleinhämmern. Sangster und Fisher, aber auch Ausstatter Bernard Robinson und Kameramann Jack Asher schufen praktisch das Genre des Vampirfilms noch einmal völlig neu und viel eindrücklicher als bisher. Christopher Lee verdrängte durch seine konsequente und energische Darstellung des Grafen das Image, das Lugosi 1930 geschaffen hatte.

*Privat befreundet, im Film immer Gegner. Der rechtschaffene Peter Cushing und der sinistre Christopher Lee, Kain und Abel des Horror-Films. Hier in ›Dracula‹ (1957) von Terence Fisher.*

Seine enorme Wirkung ist aber auch seinem Gegenspieler Peter Cushing zu verdanken, der den Dr. van Helsing mit einer ungeheuren Präzision und Konzentration spielt. Cushing ist nach Jonathan Harkers Tod fast permanent auf der Leinwand zu sehen. Die stoische Ernsthaftigkeit, mit der er gegen Dracula vorgeht, verleiht diesem als Gegner auch mehr Gewicht.

Besonders aber die Anziehungskraft Graf Draculas auf die Frauen, die in der Nacht zu seinen willigen Opfern werden, wird zum erstenmal deutlich hervorgehoben. Lucys wollüstige Vorfreude auf den nächtlichen »Liebhaber« wird von Carol Marsh geradezu zelebriert, und auch das befriedigte Lächeln von Melissa Stribling (Mia Holmwood) nach ihrem »Seitensprung« mit Dracula spricht Bände. Regisseur Fisher sah in Dracula einen »Mann, der ungeheure Faszination auf Frauen ausübte, einen Mann, dessen Kräfte sogar Frauen anzogen, die versuchten, ihm Widerstand zu leisten«.[18]

Freilich liegt hier auch schon der Grundstein für eine spätere Weiterentwicklung innerhalb des Vampirgenres zum Sexfilm oder gar Pornofilm, die diese so elementare Facette des *Dracula*-Stoffes hemmungslos ausbeuteten. Aber auch alle weiteren Vampirfilme sind geprägt durch diese Produktion, die die Regeln des Genres nicht nur neu definiert hat, sondern deren Definitionen völlig übernommen wurden, nicht zuletzt, weil dasselbe Team im Anschluß gleich Varianten und Fortsetzungen fabrizierte und die einmal erfolgreichen Muster standardisierte.

Nicht ganz klar wird, wo der Film eigentlich spielt. Vom ganzen Dekor, vom liebevoll ausgestatteten Interieur des Holmwood-Hauses läßt sich eigentlich nur schließen, daß wir uns inmitten des viktorianischen Englands befinden. Der Ortsname »Waterfield« legt dies ebenso nahe wie die Tatsache, daß van Helsing und Holmwood den Grenzort Kingston aufsuchen, wo allerdings am Zollhaus die Worte »Douane« und »Zollamthaus« stehen. Im Gasthof in Waterfield ist zwar kurz eine Flasche »Gordon's Dry Gin« zu sehen, ansonsten aber fällt eher die Werbung für »Rotwein« und »Balheimer Schloßbrunn« ins Auge.

*Orientierung an Bram Stokers Romanensemble:*

| | |
|---|---|
| Graf Dracula | – Graf Dracula |
| Jonathan Harker (Lucy Holmwoods Verlobter, Freund von Dr. van Helsing) | – Jonathan Harker (bis zu dessen Tod in Draculas Schloß) |
| Dr. van Helsing | – Professor van Helsing |
| Lucy Holmwood (Verlobte von Jonathan Harker) | – Lucy Westenra |
| Arthur Holmwood (Bruder von Lucy) | – Arthur Holmwood |
| Mia Holmwood (Schwägerin von Lucy) | – Mina Harker |
| Dr. Seward (Hausarzt der Holmwoods) | – keinerlei Entsprechung zu zu Dr. Seward |

*Regisseur: Terence Fisher*

Kurzbiographie: Terence Fisher wurde am 23.2.1904 in London geboren. Er diente einige Jahre lang in der Handelsmarine, bevor er 1933 in den Studios der Gaumont British als Cutter anfing. Ab 1948 stand er schließlich auch als Regisseur hinter der Kamera. Sein erster Film hieß *A Song for Tomorrow*. Darin spielte der 26jährige Christopher Lee zum erstenmal unter seiner Regie. Fisher wurde die Regie von mehr als zwei Dutzend Filmen übertragen, doch erst der Film *Frankensteins Fluch/The Curse of Frankenstein* »hat mir einen ganzen Aspekt meiner selbst aufgezeigt, den ich gar nicht kannte; seitdem habe ich den Geschmack daran ernsthaft kultiviert«.[19]

Der kometenhafte Aufstieg der Billigfilmfirma Hammer war durch die Erfolge der von Terence Fisher inszenierten Horror-Filme begründet. Er drehte anschließend mit *Dracula/Horror of Dracula* (1958), *Frankensteins Rache/The Revenge of Frankenstein* (1958), *Der Hund von Baskerville/The Hound of the Baskervilles* (1959), *Die Rache der Pharaonen/The Mummy* (1959) etc. nur noch Horror-Filme. »Er verlieh den Hammer-Filmen genau jene Art dämonischer Grazie und erzählerischer Konsequenz, die die stilistisch sensationelle Behandlung der Horrorthemen erforderlich machte. Nachdem er sich erst einmal in die Mythen der Gruselromantik vertieft hatte, nahmen sie ihn völlig gefangen, denn er akzeptierte bereitwillig ihre dualistische Moral. Das trifft besonders auf den Film *Dracula* zu.«[20] *Dracula* wurde von ihm selbst als sein bester Film bezeichnet.[21] »Sein Einfluß auf den heutigen Film ist unübersehbar, und Terence Fisher hat den Status eines Kult-Regisseurs erreicht, der eine neue Art des Horrorfilms geschaffen hat: mit Stil.«[22] Fisher starb am 18.6.1980.

### *Der Dracula-Darsteller: Christopher Lee*

Christopher Frank Carandini Lee wurde am 27.5.1922 als Sohn einer italienischen Gräfin und eines britischen Berufssoldaten in London geboren. Nach seiner Ausbildung am Eton- und am Wellington-College arbeitete er zunächst an der Londoner Börse als Office Boy. Es folgte der Wehrdienst. Nach dem Zweiten Weltkrieg versuchte er sich als Opernsänger und war 1947 in *Im Banne der Vergangenheit/Corridor of Mirrors* zum erstenmal auf der Leinwand zu sehen. Nach zahlreichen kleinen Rollen unter Regisseuren wie Terence Young, Robert Siodmak und gleich zweimal John Huston (*Moulin Rouge*, 1953, und *Moby Dick*, 1955) engagierte die britische Hammer-Filmproduktion den 1,93 Meter großen Mimen 1956 für das erste einer Reihe von farbigen Remakes amerikanischer Schwarzweißklassiker des Hor-

*Kaum einer hat seine Zähne so oft in Szene gesetzt wie Christopher Lee (hier in: ›Wie schmeckt das Blut von Dracula?‹, 1969)*

ror-Films: *Frankensteins Fluch/The Curse of Frankenstein.* Lee spielte die berühmte Boris-Karloff-Rolle der Kreatur Frankensteins. »Man gab mir die Kreatur hauptsächlich wegen meiner Größe, obwohl ich gerade deswegen in den vorangegangenen zehn Jahren in vielen Filmen nicht dabeisein konnte.«[23] Sein

*Graf Dracula (Christopher Lee) mit seinem Opfer Lucy (Carol Marsh)
in Terence Fishers ›Dracula‹ (1957).*

Filmpartner war Peter Cushing, der im darauffolgenden Film, *Dracula/Horror of Dracula* (1958), als van Helsing erneut sein Gegenspieler war. Die Laufbahnen der beiden berührten sich aufgrund dieser zwei Filme fortan häufiger, denn die erfolgreiche Konstellation Lee/Cushing brachte in die blutrünstige Horror-Welt der Hammer-Filme einen Grad von Aristokratie und Stil.

In Interviews verweist Lee ständig darauf, daß er inzwischen 204 Filme gedreht habe und darunter nur sechs *Dracula*-Filme. Dennoch identifizieren ihn Journalisten und das Publikum immer noch mit dieser Rolle. (So schrieb 1987 eine Journalistin des *Kölner Stadt-Anzeigers:* »Christopher Lee reiste nicht mit eigenem Sarg nach Köln, um hier als Vampir sein Unwesen zu treiben.«[24]) Lee führt dies auf die ständigen Wiederholungen im Fernsehen zurück, womit er zweifellos auch recht hat.

Doch Christopher Lee hat der Rolle des Dracula auch die entscheidende Attitüde des verführerischen Weltmannes beigegeben, die auch in Stokers Roman zu finden ist und diese Figur so faszinierend und unvergeßlich macht, während Lugosi mehr das Dämonische herausstrich.

»Ich habe stets versucht, wenn ich Dracula spielte, dem Publikum die Majestät und Würde dieses unsterblichen Charakters nahezubringen, wie auch seine Barbarei, Wildheit und, über allem, große Traurigkeit. Eine wirklich heroische Gestalt, ein Mann – zum Führen befähigt, ein Mann mit Intellekt, mit einer enormen Anziehungskraft auf Frauen; ein Mann, wegen dieser Qualitäten von anderen Männern beneidet – und, nicht zuletzt, ein menschliches Wesen.

Das einzige, was ich stets bedauert habe, war, daß ich den Grafen nie so darstellen konnte, wie ihn Bram Stoker beschrieben hat. Das lag an den dürftigen Drehbüchern und dem fehlenden Einfallsreichtum von Leuten, die nie das ganze Potential der Geschichte begriffen haben.«[25]

Christopher Lees Einstellung zu dem Niveau der Dracula-Filme, die letztendlich für ihn scheinbar nur noch aus finanziellen Erwägungen akzeptabel waren, spiegelt sich in folgender Äußerung wider:

(Betrifft *Blut für Dracula/Dracula, Prince of Darkness,* Großbritannien 1965) »Das war der einzige Dracula-Film, in dem ich kein Wort sage. Ich gebe Laute von mir, aber ich spreche nicht. Der Grund? Vielleicht wußten sie nicht, was sie mich sagen lassen sollten. Ursprünglich gab es eigentlich sehr viel Dialog, aber er war so schlecht, daß ich mich weigerte, ihn zu sprechen.«[26]

Christopher Lee wurde von den Hammer-Studios in zahlreichen weiteren Horror-Filmen eingesetzt (*Die Rache der Pharaonen/The Mummy*, 1959; *Der Hund von Baskerville/The Hound of Baskerville*, 1959; *Schlag 12 in London/The Two Faces of Dr. Jekyll*, 1960; etc.)

Der Brite, der acht Sprachen beherrscht, drehte danach auch in Frankreich, Italien und der Bundesrepublik Deutschland. Für Richard Lester spielte er in den drei *Musketier*-Verfilmungen (1973, 1974, 1989) den Rochefort. Steven Spielberg holte ihn für *1941 – Wo, bitte, geht's nach Hollywood?/1941* 1979 nach Hollywood, wo er u. a. auch in Joe Dantes *Gremlins 2 – Die Rückkehr der kleinen Monster/Gremlins II – The New Batch* (1990) mitwirkte. Mit seiner markanten, sonoren Stimme hat er inzwischen auch in den Zeichentrickfilmen *Das letzte Einhorn/The Last Unicorn* (USA/Großbritannien/Japan 1982) und *Walhalla/Valhalla* (Dänemark 1986) als Synchronschauspieler in den deutschen (!) Fassungen mitgewirkt.

»Man hat mir sogar Rollen in *Dallas* und *Denver* angeboten – aber das mag ich nicht. Ich träume von Don Quichotte, und Iwan den Schrecklichen würde ich gerne spielen.«[27]

Unlängst moderierte Christopher Lee auf deutsch die uncodierte Sendung »Kino '92 Extra« des Pay-TV-Senders »Premiere«, in der er von den 45. Internationalen Filmfestspielen in Cannes berichtete. Die Sendung vermittelte nicht nur seine professionelle Qualität als Moderator, sondern auch seine unvergleichlich souveräne Art im Umgang mit großen Namen der Filmbranche, ob vor oder hinter der Kamera. Christopher Lee und seine bezaubernde Gattin sind nicht nur im Filmgeschäft zu Hause, sondern scheinbar dort überaus beliebt.

*Literatur zu Christopher Lee:*
Christopher Lee: *Tall, Dark and Gruesome*, London 1977 (Autobiographie)
Robert W. Pohle jr., Douglas C. Hart: *The Films of Christopher Lee*, London 1983

## Nosferatu – Phantom der Nacht

(Bundesrepublik Deutschland/Frankreich 1979) *Regie:* Werner Herzog, *Buch:* Werner Herzog nach Motiven des Films *Nosferatu – Eine Symphonie des Grauens* von Friedrich Wilhelm Murnau und des Romans »Dracula« von Bram Stoker; *Kamera:* Jörg Schmidt-Reitwein; *Musik:* Popol Vuh (Florian Fricken), Richard Wagner, Charles Gounod, Vok Ansambl Gordela; *Ausstattung:* Henning von Gierke; *Make-up:* Reiko Krukt, Dominique Colladant; *Schnitt:* Beate Mainka-Jellinghaus; *Spezialeffekte:* Cornelius Siegel; *Darsteller:* Klaus Kinski (Graf Dracula), Isabelle Adjani (Lucy Harker), Bruno Ganz (Jonathan Harker), Jacques Dufilho (Kapitän der *Contamana*), Roland Topor (Makler Renfield), Walter Ladengast (Dr. van Helsing), Dan Van Husen (Wärter), Jan Groth (Hafenmeister), Carsten Bodinus (Schrader), Martje Grohmann (Mina), Ryk de Gooyer (Beamter), Clemens Scheitz (Protokollführer), Lo Van Hensbergen (Inspektor), John Leddy (Kutscher), Margiet Van Hartingsveld (Bedienstete), Tim Beekman (Sargträger), Beverly Walker (Äbtissin), Rudolf Wolf (Kutscher), Johann Te Slaa (Ausrufer), Claude Chiarini (Inspektor), Stefan Husar (Kutscher), Werner Herzog (Totengräber); *Produktion:* Werner Herzog Filmproduktion, München/Gaumont, Paris/Zweites Deutsches Fernsehen, Mainz (*Redaktion:* Willi Segler); *Länge:* 107 Min.; Farbe.

*Inhalt:* Werner Herzogs Remake hält sich in Aufbau und Inhalt weitgehend an das Vorbild von Murnau. Es handelt sich also, wie schon beim Stummfilm von 1921, nicht um eine direkte Verfilmung des Romans von Bram Stoker. Dennoch werden hier die Rollennamen aus dem Roman verwandt.

Um Graf Dracula ein abbruchreifes Haus in Wismar anzubieten, wird Jonathan Harker von seinem satanisch lachenden Vorgesetzten Renfield nach Transsylvanien geschickt. Eine gute Gelegenheit, »einmal für eine Weile aus dieser Stadt herauszukommen«. Seine junge Frau Lucy verbleibt in der Obhut seiner Schwester Mina und deren Mann Schrader. Bei seiner Ankunft in einem karpatischen Gasthof verursacht sein Vorhaben »Ich muß zu Draculas Schloß« große Beunruhigung.

Die Zigeuner warnen ihn, daß »jenseits des Passes das Land der Phantome« läge. Auch ein Vampirbuch, das ihm die Wirtin überreicht, hindert Harker nicht an der Weiterreise.

Als er am nächsten Morgen dafür weder Kutscher noch Pferd erhält, geht er zu Fuß los. Bei seiner langen Wanderung durch die Natur, an Felswänden und Wasserfällen vorbei, unter riesigen Wolkenfeldern, kommt Harker dem Schloß des Grafen näher, bis ihn schließlich in der Nacht eine Kutsche abholt und zum Schloß bringt.

Graf Dracula begrüßt und bewirtet ihn, und als Harker sich kurz nach Mitternacht in den Finger schneidet, saugt ihm der Graf die Wunde blitzschnell aus. »Ich will nur Ihr Bestes!« Derweil liegt Lucy wach in ihrem Bett und sieht, wie eine Fledermaus in ihren Gardinen herumklettert.

Am nächsten Morgen ist wieder reichlich gedeckt. Harker geht durch das leere Schloß. In einem Spiegel entdeckt er zwei Bißwunden an seinem Hals. Ein Zigeunerjunge geigt (schräge Töne) im Schloßhof. Später beginnt Harker sein Tagebuch. Abends vertraut sich der Graf seinem Gast Harker ungewohnt offen an. Nicht altern können sei furchtbar. »Der Tod ist nicht alles. Es gibt Schlimmeres.« Z. B. Jahrhunderte zu überdauern und jeden Tag dieselben Nichtigkeiten mitzuerleben.

*Jonathan Harker (Bruno Ganz) ist seinem Gastgeber Dracula (Klaus Kinski) ausgeliefert. Aus: ›Nosferatu – Phantom der Nacht‹.*

Dann läßt er sich die Pläne seines neuen Hauses gegenüber von Harkers Haus zeigen, wobei das Medaillon mit Lucys Portrait auf den Tisch fällt. Blitzschnell hat es der Graf in seinen dürren, spitzen Fingern und ist entzückt von Lucys Hals. Er will mit einemmal nichts mehr von den Papieren sehen, sondern sofort unterschreiben. »Der Preis ist ganz unwichtig. Ich akzeptiere, was Sie für richtig halten.« Dracula schmiedet bereits Pläne, denn er will noch wissen, wie lange Harker von Wismar aus unterwegs war. Im Bett liest Harker im Nosferatu-Buch, als plötzlich Graf Dracula auftaucht und sich anschickt, seinen inzwischen ohnmächtig gewordenen Gast auszusaugen. In Wismar ruft die schlafwandelnde Lucy »Jonathan«, und Dracula läßt von seinem Vorhaben ab.

Am nächsten Tag packt Dracula seine Särge auf seine Kutsche und fährt los. Der eingesperrte Harker läßt sich an einem zerrissenen und verknoteten Bettlaken aus dem Turmfenster herab, muß abspringen und verletzt sich. Der Zigeunerjunge von vorher geigt (immer noch schräg) neben dem Verletzten.

Draculas Särge werden auf ein Schiff verladen. Jonathan liegt im Krankenzimmer eines Bauernhauses, und Lucy sitzt sinnend auf dem Friedhof. Renfield ist inzwischen im Irrenhaus, frißt Fliegen und ruft: »Blut ist Leben!« Er weiß bald, daß der »Meister« mit 400 000 Ratten kommt.

Der Kapitän der *Contamana* (ein bezeichnender Name) trägt in sein Logbuch das Verschwinden von vier Besatzungsmitgliedern ein. Er bindet sich am Steuer fest. Das Schiff legt mit dem toten Kapitän in Wismar an. Im Logbuch wird als letztes die Frage gestellt: »Kann es die Pest sein?« Panik macht sich in Wismar breit, wo auch Jonathan Harker eintrifft. Aber er erkennt seine Frau nicht mehr, hat scheinbar Gehirnfieber, und die Sonne tut ihm weh.

In der Nacht sucht Dracula Lucy auf und klagt ihr sein Leid: »Die fehlende Liebe, das ist ein solcher Schmerz.« Er fleht sie an, seine Verbündete zu werden. Doch Lucy weist ihn von sich. Inzwischen sterben immer mehr an der Pest. Lucy liest in Harkers Vampirbuch, »wenn ihn eine Frau reinen Herzens den Hahnenschrei versäumen läßt, tötet ihn das Licht des Tages«.

Dracula und der geflohene Renfield treffen sich, und Dracula befiehlt ihm, mit den Ratten und dem Schwarzen Tod nach Riga zu ziehen.

*Die Schöne und das Biest – Isabelle Adjani und Klaus Kinski in Herzogs*
*›Nosferatu‹-Remake.*

Lucy versucht verzweifelt, auf den Arzt Dr. van Helsing einzu-
reden. Sie kenne die Ursache für all das Unheil. Der Arzt hält alles für die »Ausgeburt der Phantasie. Wir leben im aufgeklärten
Zeitalter!« Lucy entgegnet ihm: »Der Glaube ist die erstaunliche
Eigenschaft der Menschen, die es uns möglich macht, Dinge zu
sehen, die wir als unwahr erkannt haben.« Sie geht alleine zu
Draculas Haus. Der Vampir ist nicht da. Er hat sich in der Nacht
über Mina hergemacht. Sie ist tot.
Zu allem entschlossen, bittet Lucy Jonathan, sie in der folgenden
Nacht alleine im Schlafzimmer zu lassen. Der Graf kommt,
schiebt ihr Nachthemd hoch und trinkt dann an ihrer Kehle. Am
Morgen, als er ablassen will, zieht Lucy ihn zu sich heran. Kurz
nach dem ersten Hahnenschrei fällt Dracula schließlich unter

*Deutsch-französisches Starkino, zur Pose erstarrt.*

Zuckungen zu Boden. Doktor van Helsing, der die tote Lucy zuerst findet, holt einen Pfahl und einen Hammer und zerstört den Vampir, während Jonathan »Tun Sie das nicht!« ruft.

Der Doktor hat inzwischen erkannt, wie recht Lucy hatte, doch auch ihm will keiner zuhören. Er soll als vermeintlicher Mörder des Grafen verhaftet werden, doch es gibt kein Gefängnis mehr. Jonathan, selbst zum Vampir geworden mit den gleichen Rattenzähnen und spitzen Fingern wie Dracula, gibt Anweisung, den Schlafraum zu versiegeln. »Ich habe viel zu tun ... jetzt.« Mit seinem Pferd reitet er in die Ferne, um die Pest weiterzuverbreiten, ohne daß das Tageslicht ihm etwas anhaben kann.

*Zum Film:* »1978 versuchte sich, mit amerikanischer Unterstützung, der Filmemacher Werner Herzog an einer Neuverfilmung: *Nosferatu – Phantom der Nacht* mit Klaus Kinski in der Titelrolle sowie Isabelle Adjani und Bruno Ganz. Forget it!«[28] (Dr. Rolf Giesen in seinem *Lexikon des phantastischen Films«*)

So einfach wie vom namhaften Fachmann soll der Film hier nicht abgetan werden. Es war Werner Herzogs erste internationale Großproduktion. Herzog, ein Autodidakt, der schon all sein Hab und Gut für seine Filme verpfändet hatte, konnte hier zum erstenmal »aus dem vollen schöpfen«. Immerhin stand mit 2,5 Millionen Mark ein für 1978 üppiges Budget zur Verfügung. Sein Renommé als »Autorenfilmer« des neu erstarkten deutschen

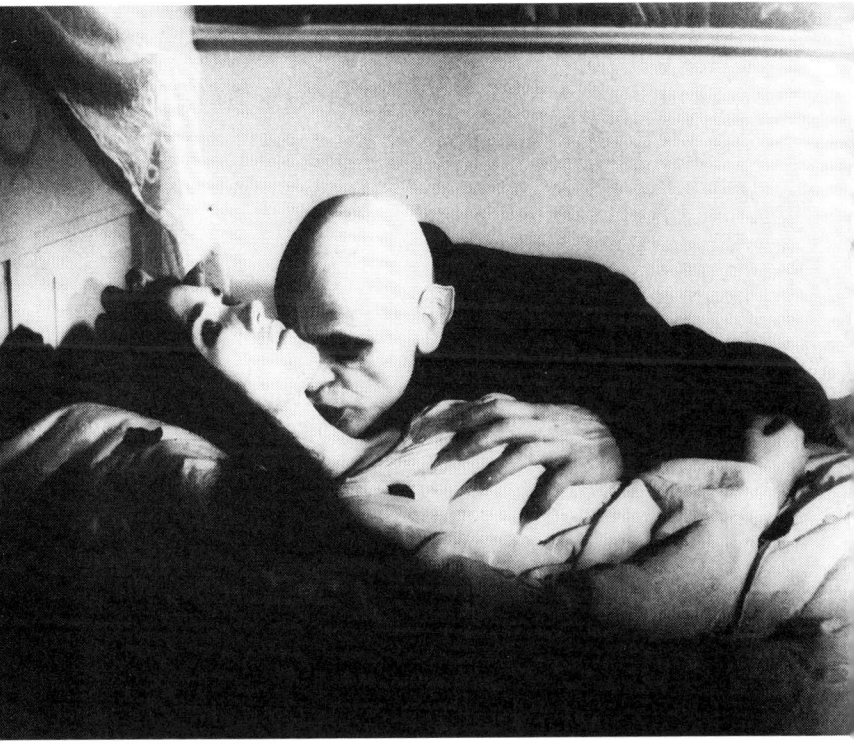

*Lucy Harker (Isabelle Adjani) gibt sich Graf Dracula (Klaus Kinski) hin in Werner Herzogs ›Nosferatu – Phantom der Nacht‹ (1979).*

Films war besonders in Frankreich enorm. Mit der Gaumont als französischer Koproduktionsfirma und Superstar Isabelle Adjani im Rücken sollte zumindest auf dem französischen Kinomarkt, wo der Film auch vor seiner deutschen Premiere startete, eigentlich nichts schiefgehen können. Mit Bruno Ganz wurde zudem noch der – nach einer Umfrage der Kinozeitschrift *Cinema* – populärste deutschsprachige Filmschauspieler jenes Jahres engagiert.[29] (Ganz landete nach Bud Spencer, John Travolta, Christopher Reeve, Terence Hill, Roger Moore, Warren Beatty und Burt Reynolds immerhin auf Platz acht der Liste der beliebtesten Kinostars, weit vor Dustin Hoffman, Clint Eastwood, Sean Connery und Klaus Kinski, der auf Platz 25 kam.)

Nach Herzogs Aussage sollte der Film ein Bindeglied zwischen dem hochgefeierten klassischen deutschen Vorkriegsfilm und der neu entstehenden deutschen Filmkunst nach der durch den Zweiten Weltkrieg geschlagenen Lücke sein.

Der Film hat jedoch ziemliche Längen. Alle Figuren agieren mit dem Temperament von deprimierten Weinbergschnecken, mit Ausnahme von »Renfield« Roland Topor, dessen überzogene Hysterie und dessen falsettartiges Kichern zum anderen Extrem gerieten. Hier kopiert Herzog sehr offensichtlich die übertriebene Art und Weise, mit der Alexander Granach in *Nosferatu* von 1921 den Makler Knock spielte. Freilich blieb in beiden Versionen nichts mehr übrig von der faszinierenden, weisen und reifen Seite der Romanfigur Renfield, die ja nicht nur irre, sondern auch sehr gebildet und umgänglich sein kann.

Die Zentralfigur des Vampirs wird auf eine leidende Kreatur reduziert, der trotz aller Scheußlichkeit und Bedrohlichkeit fast schon Mitleid entgegengebracht werden soll. Dracula-Darsteller Klaus Kinski: »Dracula ist für mich gar kein hundertprozentiger Bösewicht, sondern eine zwiespältige Persönlichkeit, die Gut und Böse in sich vereint. Eine tragische Figur, die genauso Mitleid wie Abscheu verdient. Ausgestoßen aus der menschlichen Gesellschaft, trägt er jahrhundertelang die ungestillte Todessehnsucht mit sich herum: ›Der Tod ist nicht alles. Es ist grausamer, nicht sterben zu können.‹ Dazu eine zweite Sehnsucht: geliebt zu werden, jemandem Liebe geben zu können.«[30]

So wird er von ihm auch gespielt. Dennoch paßt diese Art der Darstellung nicht mit dem Vampir-Mythos zusammen, der ja im Film selbst reichlich beschrieben wird. Auch die große Angst der

*Graf Dracula (Klaus Kinski) mit seinem größten Fan Renfield (Roland Topor) in ›Nosferatu – Phantom der Nacht‹.*

Gastleute in den Karpaten und der Zigeuner mit ihren ausführlichen Schreckensschilderungen scheint ja angesichts einer solchen »Jammerfigur« völlig unangebracht. Im Gegensatz zu Frankenstein, der ohne es zu wollen, Unheil anrichtet und als Außenseiter gejagt wird, ist der Vampir von seiner Anlage her schon auf Unheil aus. Ihn selbst zur tragischen Figur zu machen, raubt dem Film die Basis.

»Die totale Vitalität und Virilität Nosferatus einzutauschen gegen eine jammervolle Ermattung, die nur noch Ruhe finden will, statt ewiges Leben, ist der große Fehler, der Werner Herzogs *Nosferatu*-Remake von 1979 ruiniert; wie Klaus Kinski diesen neuen Nosferatu spielt, als überlebensunlustigen Vampir, meint man, der mythomane Herzog habe Fritz Langs *Müden Tod* gleich noch mitaufarbeiten wollen.«[31]

Dennoch zählt die Darstellungsleistung Kinskis »in seiner bislang faszinierendsten Rolle«[32] *(Der Spiegel)* zu den Glanzpunkten des Films. In seiner Nosferatu-Maske, die ihm täglich in einer vierstündigen Prozedur von einer japanischen Maskenbildnerin angelegt wurde, sind wie bei Murnau und später Reggie Nalder in *Brennen muß Salem/Salem's Lot* (USA 1979) die Schneidezähne die gefährlichen Beißinstrumente, während Dracula sonst mit seinen überlangen Eckzähnen zubeißt.

Die todbringende Gefahr wird mehr oder weniger den Abertausenden von Ratten zugeschoben, die sich in der ganzen Stadt verteilen und die Pest mit sich bringen. 11 000 Ratten hatte Herzog nach Delft, dem Städtchen, das als historisches Wismar herhalten sollte, aus einem ungarischen Versuchslabor anliefern lassen. Erst dort stellte sich heraus, daß alle Tiere weiß waren. Gegen die Proteste seines Teams und der Delfter Einwohner ließ er die »Statisten« grau färben. Auch seiner Hauptdarstellerin waren die »Partner« nicht geheuer. Werner Herzog: »Natürlich hatte die Adjani Angst – aber sie hat sich nie beklagt. Von einem Profi muß ich das erwarten können; schließlich mußten wir uns alle an die Ratten gewöhnen. Ich selber bin so oft in die Hand gebissen worden, daß ich es nicht mehr zählen kann.«[33]

Darstellerisch legte Herzog dem französischen Filmstar, so ihr Biograph Meinolf Zurhorst, ein »Korsett« an. »Ihr Haar glatt zu einem Knoten gebunden, die Augen schwarz umrandet und aufgerissen, das blasse Gesicht zur stummen Leidensmiene verzogen, manchmal übertrieben ihre ansonsten beinahe zu statische Bewegungslosigkeit überwindend, erscheint Isabelle Adjani wie aus einem expressionistischen Stummfilm, in dem das Spiel vor allem durch weitausholende Bewegungen charakterisiert war. Herzog, der sie in Interviews als ›das einzige weibliche Genie, das ich kenne‹ bezeichnete, wußte mit ihrer Kraft recht wenig anzufangen.«[34] Lediglich »in einer der erregendsten Szenen durchlebt sie mit Dracula eine blutsaugerische Nacht voll tödlicher Erotik. Die sonst den ganzen Film hindurch sehr fade Isabelle Adjani spielt hier mit sexueller Hingabe und zärtlichster Verzückung.«[35] *(Der Spiegel)*

Im übrigen kursierte der Genie-Begriff unter den Beteiligten recht inflationär: Kinski über Herzog: »Das einzige Genie, mit dem ich je zusammengearbeitet habe.« – Herzog über Kinski: »Das einzige Genie, das ich kenne. Wenn der Kinski das nicht gemacht hätte, hätt' ich den Film nicht gedreht. Er war bei den Dreharbeiten sehr lieb, sehr handsam und hat mich immer verteidigt.«[36)]

Zur Einschätzung seines Films war von Herzog zu lesen: »Dieser neue *Nosferatu* kann in den kommenden 50 Jahren vielleicht erreicht, nicht aber übertroffen werden.«[37)] »In den kommenden fünfzig Jahren wird es unmöglich sein, einen Vampirfilm zu machen, der sich nicht auf meinen *Nosferatu* bezieht.«[38)]

Der Film, der gleichzeitig in deutsch und englisch gedreht und von einem amerikanischen Verleih mitproduziert wurde, kam in den USA nie in die Kinos, weil er schon bei Testvorführungen gnadenlos durchfiel. Auch während der deutschen Erstaufführung bei den Internationalen Filmfestspielen in Berlin am 23.2.1979 »kugelte sich das Publikum vor Lachen«.[39)]

Dabei hat sich Herzog so optimistisch geäußert: »Natürlich ist klar, dieser *Nosferatu* aus dem Jahr 1921 ist für meine Begriffe der größte und bedeutsamste Film, der jemals im deutschen Film gemacht worden ist. Wie kann man also sozusagen einen Hamlet schreiben, wo der Shakespeare doch schon einen Hamlet geschrieben hat! Ich habe mir dann gedacht, meine Version ist so eigenständig und weicht auch so stark davon ab, daß ich also gar nicht in Konkurrenz zu treten brauche. Jeder wird natürlich versuchen, die beiden Filme aneinander zu messen und eine Konkurrenz aufzubauen. Das finde ich albern. Ich kann mich übrigens, nachdem ich den Film fertig gesehen habe, glaube ich, sehen lassen. Der ist doch so eigentümlich und so neuartig und hat auch das Genre weiterentwickelt, so daß ich mich doch sehen lassen kann – und auch ganz ruhigen Gewissens ... er respektiert die Gesetzmäßigkeiten des Genres.«[40)]

Ein anderes Urteil (Kraft Wetzel): »In *Nosferatu* ist es unabweislich: Herzog kann eine Geschichte dramaturgisch nicht aufbauen. Was bislang eine Schwäche war, wird hier zum Debakel. Denn die Vorlage verlangt nach einer durchgehaltenen Spannungskurve; Lucys Entschluß hätte als ein langsam reifender gezeigt werden müssen, wenn er plausibel sein sollte ... Wo es mit Vorzeigen von Erfundenem und Gefundenem nicht getan ist, wo die Handlung etwa durch Gespräche vorangebracht werden soll, erlahmt Herzogs Kraft: *Nosferatu* enthält Spiel- und Dialogszenen von geradezu schaurigem Dilettantismus.«[41)]

Doch es gab nicht nur Schelte: »Diese Lust am Untergang, die im europäischen Kino zuerst in den sechziger Jahren im Trivialfilm im klassischen Italowestern manifest wurde, hat mit Fellini, Bresson und nun Herzog auch Einzug in das im weitesten Sinne europäische ›Kunstkino‹ gehalten. Und Herzog findet und erfindet Bilder des Untergangs, die in ihrer Brillanz durchaus faszinieren können.«[42]

Jetzt kann man wie Dr. Rolf Giesen in seinem *Lexikon des phantastischen Films* immer noch »Forget it« sagen oder nach den benannten 50 Jahren noch einmal eine Einschätzung vornehmen. Aber den Herzog-Film mit zwei Worten abzuqualifizieren, während drittklassige Effektschinken auch zu Recht seitenweise hochinteressant abgehandelt werden, mutet ungerecht an.

Dr. Giesen, der auch in seinem fesselnden Werk *Sagenhafte Welten – Der phantastische Film* zum *Nosferatu*-Remake nur lakonisch vermerkt: »Werner Herzog wäre gern ein zweiter F. W. Murnau geworden – zeigte mit seiner Neuverfilmung von *Nosferatu* (1979) aber lediglich, daß sein Vampirdarsteller Klaus Kinski körperlich kleiner war als Max Schreck.«[43], läßt hier seltsamerweise jegliche Objektivität vermissen, die er hierzulande zum Teil total unbekannten Angestellten der Hollywood-Industrie auch völlig zu Recht zugesteht.

*Orientierung an Bram Stokers Romanensemble:*

| | |
|---|---|
| Graf Dracula (Nosferatu) | – Graf Dracula |
| Jonathan Harker | – Jonathan Harker |
| Mina Harker | – Mina Harker |
| Makler Renfield | – zunächst Peter Hawkins (Anwalt) dann Renfield (Irrer) |
| Kapitän der *Contamana* | – Kapitän der *Demeter* |
| Dr. van Helsing | – Professor van Helsing (Van Helsing wird allerdings als tatenloser Zauderer dargestellt. Das Stoker-Zitat vom Bild des Bauern, der seinen Weizen nicht ausgräbt, um nachzusehen, ob er wächst, wird hier mißbraucht, um van Helsings Verharren im Nichtstun zu erklären. Im *Dracula*-Roman steht das Zitat kurz vor einem der Höhepunkte, wo van Helsing un- |

mittelbar davor steht, seinen Mit-
streitern seine grausige Vampirtheorie zu unterbreiten. Hier
macht es aus einem auch darstellerisch mumienhaften van Helsing eine selten dämliche Flasche.)

Wie schon bei Murnau, verzichtet Herzog auf Stokers Motiv der
Vampirjagd und das dazugehörende Ensemble. Der Vampirum-
zug wird erneut an die Nordsee verlegt, wo Dracula schließlich
auch vernichtet wird. Die Pest jedoch setzt sich in Gestalt von
Renfield und schließlich auch Jonathan Harker weiter fort. In
blinder Ohnmacht feiern die Menschen den Untergang der Zivi-
lisation.

*Regisseur Werner Herzog während der Dreharbeiten zu ›Nosferatu –
Phantom der Nacht‹.*

111

*Literatur zu Nosferatu – Phantom der Nacht:*
Werner Herzog: *Stroszek. Nosferatu.* Zwei Filmerzählungen, München,
  Wien 1979
Cinema 3/79 – 5/79: *Nosferatu als Photo-Roman*

## Regisseur: Werner Herzog

Kurzbiographie: Geboren als Werner Stipetic am 5.9.1942 in
München. Bis zum elften Lebensjahr auf einem entlegenen ober-
bayrischen Bauernhof, nach der Scheidung seiner Eltern bei sei-
ner Mutter in München aufgewachsen. Ab dem 14. Lebensjahr:
Weltreisender; zuerst Jugoslawien und Griechenland. Mit 17
Jahren verschiedene Jobs, auch im Ausland, 1961 Abitur. Erster
Kurzfilm: *Herakles* (1962), 1963 Gründung seiner eigenen Film-
produktionsfirma; Studium der Geschichte, Literatur- und
Theaterwissenschaften in München, diverse Tätigkeiten im In-
und Ausland. 1967 erster Spielfilm: *Lebenszeichen* (Bundesfilmpreis, bester Debütfilm bei der Berlinale 1968). Weitere Filme:
*Aguirre, der Zorn Gottes* (1972), *Jeder für sich und Gott gegen alle* (1974), *Stroszek* (1976/77), *Woyzeck* (1978), *Fitzcarraldo*
(1979), *Wo die grünen Ameisen träumen* (1983), *Cobra Verde*
(1987), u. a. Drehorte: rund um die Welt. Besondere Kennzei-
chen: Besessenheit, denn er würde, »wenn es dem Film nützt,
auch zur Hölle fahren und dort drehen«.[44]
Herzog ist verheiratet, hat einen Sohn und lebt in München-
Pasing.

*Literatur zu Werner Herzog:*
Jansen, Peter W. und Wolfram Schütte in Zusammenarbeit mit der Stiftung
  Deutsche Kinemathek (Hg.): *Werner Herzog,* München 1979

## Der Nosferatu-Darsteller: Klaus Kinski

Nikolaus Gunther Nakszynski wurde am 18.10.1926 in Zoppot
im ehemaligen Ostpreußen (heute: Sopot in Polen) als Sohn eines Apothekers und einer Pfarrerstochter geboren. 1931 Umzug
nach Berlin. Kinski besuchte das Gymnasium bis zur Unterse-
kunda. Im Zweiten Weltkrieg kam er in ein englisches Kriegsge-
fangenenlager, wo Kinski »vor seinen Bewachern derart überzeugend den Irren markierte, daß diese ihn postwendend heim-
schickten«.[45] 1946 engagierte ihn Boleslaw Barlog ans
Schloßpark-Theater in Berlin, wo er aber – wie zeitlebens – kein
Ensembleschauspieler wurde, sondern er spielte von Stück zu

*Enfant terrible der Filmbranche. Klaus Kinski in ›Dracula im Schloß des Schreckens‹ (1971).*

Stück an verschiedenen Theatern. Berühmt-berüchtigt wurden ab 1953 seine Rezitationsabende mit Gedichten von Villon, Rimbaud und Schiller.

Ab 1948 wirkte Kinski in Spielfilmen mit. Zuerst in *Morituri* von Eugen York. 1950 wird er für die amerikanische Produktion *Entscheidung vor Morgengrauen/Decision Before Dawn* engagiert, 1954 für Roberto Rossellinis *Angst/La paura*. Im selben Jahr spielt er unter Helmut Käutners Regie in *Ludwig II. – Glanz und Ende eines Königs* den geisteskranken Prinz Otto. Damit zeigte er auch im Film eine schauspielerische Facette, die ihm fortan häufig abverlangt wurde: »Der Irre vom Dienst«.[46)]

In seiner ersten Hauptrolle (*Der rote Rausch,* 1962) verkörpert er dann auch einen irren Mörder. Mit *Die toten Augen von London* (1960/61) beginnt eine lange Reihe von Edgar-Wallace-Verfilmungen, in denen Kinski meist undurchsichtige, diabolische Figuren darstellt, die auch noch psychisch derangiert zu sein scheinen. 1965 spielt er in David Leans Großproduktion *Doktor Schiwago/Doctor Zhivago.*

Es folgen zahlreiche Filme aus den verschiedensten Genres. »Die Legende sagt jedenfalls, daß sich Klaus Kinski die Drehbücher zu seinen Filmen grundsätzlich erst am Drehort vorlegen läßt. Fragen Filmproduzenten den Star, wohin sie das Buch schicken sollen, antwortet Kinski angeblich: ›Schicken Sie kein Drehbuch, schicken Sie die Gage.‹«[47]

1969 spielte Kinski bereits in einer Dracula-Verfilmung mit: *Nachts, wenn Dracula erwacht/El conde Drácula/Il conte Dracula/Count Dracula* von Jess Franco (= Jesús Franco Manera). Kinski spielte den Irren Renfield (»der wahrscheinlich beste Renfield, den das Kino bisher hervorgebracht hat«)[48]. Im Film *Dracula im Schloß des Schreckens/Nella stretta morsa del ragno/Prisonnier de l'araignée* (BRD/Italien/Frankreich 1971) spielte Kinski den Schriftsteller Edgar Allan Poe. In diesem Film gibt es, obwohl der deutsche Verleihtitel es ankündigt, keine Dracula-Figur.

1972 begann mit *Aguirre, der Zorn Gottes* die erste Zusammenarbeit mit Werner Herzog. Es folgten *Nosferatu – Phantom der Nacht* und *Woyzek,* beide 1978, *Fitzcarraldo* (1981) und *Cobra Verde* (1987). Beim letztgenannten hat es zwischen den beiden Exzentrikern die wohl unerfreulichsten Streitereien (»Wünschte Herzog mehr denn je die Pest auf den Hals ...«) während ihrer nur selten problemlosen gemeinsamen Arbeit gegeben.

1987 schließlich schlüpfte Kinski noch einmal in das Nosferatu-Kostüm, um in dem faden Film *Nosferatu in Venedig/Nosferatu à Venezia* mitzuwirken.

Auf die Frage nach seiner Auffassung von »Nosferatu« antwortete Kinski:

»Das bin ich. Ich war nie ein Schauspieler, der eine Rolle nur eben spielte. Das, was ich darstelle, ist auch in mir. Es ist ein Schrei nach Liebe, der Ausdruck der Verzweiflung oder der Hoffnung. Gefühle also, die jeder hat, bringe ich konzentriert zum Ausdruck. Insofern bin ich selbst *Nosferatu* ... Dieser Graf

Dracula ist mir eine vertraute und sympathische Figur. Er hat keinen freien Willen, ist ein Getriebener. In ihm spiegelt sich das Böse, aber auch unsere ganze Hoffnung nach Liebe.

Werner Herzog rief mich irgendwann einmal nachts um zwei Uhr an und fragte mich, ob ich einen Vampir spielen könne. Ich hatte Murnaus Film nie angesehen und war daher nicht im geringsten vorbelastet, also sagte ich ja. Mich hat die Magie, also das Unerklärbare, das Märchenhafte an diesem Stoff interessiert. Da habe ich eben zugesagt.«[49]

Klaus Kinski wurde 1979 für seine Leistung in *Nosferatu – Phantom der Nacht* mit dem Bundesfilmpreis geehrt.

Er starb am 23.11.1991 in Labunita bei San Francisco.

*Literatur zu Klaus Kinski:*
Klaus Kinski: *Ich bin so wild nach deinem Erdbeermund,* München 1975 (Autobiographie)
Klaus Kinski: *Crever pour vivre,* Editions Belfond 1976
Jean-Marie Sabatier: *Kinski,* München 1979
Philippe Setbon: *Klaus Kinski – Seine Filme – sein Leben,* München 1983
Klaus Kinski: *Ich brauche Liebe,* München 1989


## Dracula

(USA 1979) *Regie:* John Badham, *Buch:* W. D. Richter, basierend auf dem Theaterstück von Hamilton Deane und John L. Balderstone nach dem Roman *Dracula* von Bram Stoker; *Kamera:* Gilbert Taylor; *Musik:* John Williams; *Make-up:* Peter Robb-King; *Ausstattung:* Peter Murton; *Bauten:* Brian Ackland Snow; *Schnitt:* John Bloom; *Spezialeffekte:* Albert Whitlock; *Kostüme:* Julie Harris; *Darsteller:* Frank Langella (Graf Dracula), Laurence Olivier (Abraham van Helsing), Donald Pleasance (Dr. Jack Seward), Kate Nelligan (Lucy Seward), Trevor Eve (Jonathan Harker), Jan Francis (Mina van Helsing), Janine Ouvitski (Annie), Tony Haygarth (Renfield), Teddy Turner (Swayles), Sylveste McCoy (Walter), Kristine Howarth (Mrs. Galloway), Joe Belcher (Tom Hindley), Ted Carroll (Matrose auf der *Scarborough*), Frank Birch (Hafenmeister), Gabor Vernon (Kapitän der *Demeter*), Frank Henson (Matrose auf der *Demeter*), Peter Wallis (Priester); *Produktion:* Universal/Mirish Corporation/Marvin Mirish/Tom Pevsner; *Länge:* 110 Min.; *Farbe; deutsche Synchronschauspieler:* Norbert Langer (Frank Langella), Siegfried Schürenberg (Laurence Olivier), Wolfgang

Spier (Donald Pleasance), Arne Elsholtz (Trevor Eve), Michael Chevalier (Tony Haygarth).

*Inhalt:* Ein heftiges Unwetter spielt auf hoher See mit dem Frachtschiff *Demeter,* das mit mehreren Holzkisten beladen vom bulgarischen Warna aus gestartet ist. Die Besatzung versucht verzweifelt, eine Kiste mit der Aufschrift »Count Dracula, Whitby, Yorkshire, England« über die Reling zu schmeißen. Da greift eine Hand aus der Kiste und reißt einem Matrosen die Kehle auf, ein anderer wird über Bord gespült. Als Wolf mit rotglühenden Augen fällt Dracula schließlich über den Kapitän her, der sich ans Steuer gebunden hat. Das Schiff zerschellt an den Klippen der Küste von Whitby. Der Wolf springt an Land.

In Dr. Sewards Irrenanstalt findet zur selben Stunde ein Aufruhr statt. Seward und seine Pfleger haben alle Hände voll zu tun. Sogar die Tochter Sewards, die angesehene Juristin Lucy, muß helfen und deshalb ihre kränkelnde Freundin Mina van Helsing in ihrem Zimmer alleine lassen.

Doch Mina fühlt sich hinausgezogen in die Nacht. Sie entdeckt den Wolf, aus dessen Fell plötzlich eine Hand kommt, die Minas Hand ergreift.

Am nächsten Tag werden die Überreste des Schiffes unter Polizeibewachung geborgen. Jonathan Harker, Rechtsanwalt des Grafen und Verlobter von Lucy Seward, ist aus London angereist, um sich um den gräflichen Besitz zu kümmern. Er hat dem Grafen auf postalischem Wege sein neues Domizil, die baufällige Carfax Abbey, gegen den Willen des Vorbesitzers Renfield verkauft. Renfield erklärt sich bereit, die verbliebenen Kisten nach Carfax Abbey zu transportieren.

Dort schleppt er die Kisten nach innen. Plötzlich erscheint Graf Dracula an der obersten Treppenstufe, verwandelt sich in eine Fledermaus und beißt den überraschten Renfield in den Hals. Wenig später besucht er seine neuen Nachbarn in Sewards Anstalt. Seine Erscheinung ist elegant und nobel. Er ist attraktiv und wirkt sehr jugendlich. Unter seinem langen, weiten, schwarzen Umhang trägt er einen weißen Stehkragen und ein schwarzes Halstuch sowie einen schwarzen Anzug. Seine dunklen Augen blicken sehr eindringlich, während sein Mund zu einem ständigen Lächeln geformt zu sein scheint und keine Fangzähne aufweist. Er begrüßt im Salon besonders galant die Da-

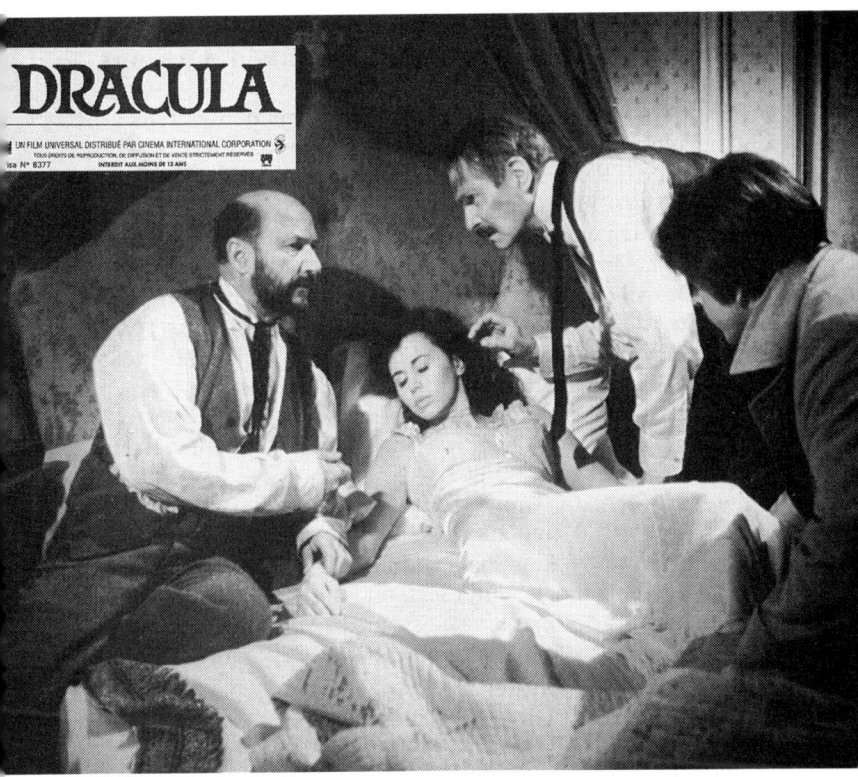

*Donald Pleasance, Kate Nelligan, Laurence Olivier und Trevor Eve in*
*›Dracula‹ (1979).*

men Mina und Lucy und wird von ihnen mit großem Interesse
angestarrt. Seinen Einzug in das baufällige Gemäuer erklärt er
damit, daß er aus einer alten Familie stamme und nie in ein neues Haus ziehen könne.

An der Essenstafel lehnt er Wein ab (»Ich trinke niemals Wein«)
und läßt die Suppe unangetastet. Als über die letzte Log-
bucheintragung des Kapitäns der *Demeter,* das Wort »Nosferatu«, gesprochen wird, verletzt sich der Hausdiener beim Braten-
anschneiden den Finger und blutet. Der Graf kann seinen gieri-
gen Blick kaum davon abwenden.

Nachdem die Bedeutung von »Nosferatu« nun nicht geklärt
wird, sagt Mina »Tot oder untod, das ist mir egal. Für mich ist das

117

alles unheimlich.« Lucy hingegen erwidert: »Das Schaudern hat etwas Reizvolles.« Und der Graf fragt sie erstaunt: »Ach, wirklich?« Die Frage ist ernst gemeint, denn darauf konnte Dracula nicht hoffen. Nun aber scheint er seine Verbündete bereits gefunden zu haben. Auf Dr. Sewards Frage, ob sich Graf Dracula in England zur Ruhe setzen wolle, antwortet dieser, er wolle im Gegenteil hier sein »inmitten des Wirbels und des Gedränges der Menschheit. Ich will teilhaben an ihrem Dasein und ihrem Tod.« Mina: »Sie haben ein großes Verlangen nach Leben, nicht wahr, Graf?« Dracula bestätigt dies, und Mina wird durch seinen Blick ohnmächtig.

Dr. Seward will ihr Laudanum verabreichen, doch Dracula wehrt ab. »Nein, das verunreinigt ihr Blut!« Er hypnotisiert Mina und macht sie willenlos. Bald geht es ihr besser, und Lucy verführt den Grafen zu einem Walzer, was ihr Verlobter Jonathan mit eifersüchtigen Blicken verfolgt.

In der Nacht schlafen Mina und Lucy in einem Bett. Doch Lucy sucht Jonathan auf, und auf dessen Frage, ob er ihr nicht mehr gut genug sei, sie verkehre ja jetzt mit dem Hochadel, vertragen sich die beiden wieder. Unterdessen klettert Graf Dracula von einer Brüstung kopfüber die Hauswand herunter und klettert zu Mina ins Zimmer, die willig ihr Nachthemd aufknöpft. Als Lucy zurückkommt, schläft Mina wieder.

In Carfax Abbey nötigt Dracula Renfield, der sich inzwischen von Fliegen und Kakerlaken ernährt, mit der Versprechung »Ich kann dich mit einem langen, fruchtbaren Leben belohnen!« einen Treueschwur ab.

Am nächsten Morgen leidet Mina unter fürchterlichen Atembeschwerden und Halsschmerzen. Lucy ruft ihren Vater Dr. Seward herbei. Mina bekommt keine Luft mehr und stirbt. Seward stellt zwei Wunden an ihrem Hals fest und konstatiert: »Das sieht nicht sehr gut aus.«

Die tief erschütterte Lucy erwidert wütend: »Nicht sehr gut! Was redest du denn da?« Sie macht sich Vorwürfe, Mina in der Nacht alleine gelassen zu haben. Seward schickt ein Telegramm an van Helsing.

Jonathan Harker sucht Carfax Abbey auf. Als ihm nicht geöffnet wird, geht er durch den Keller hinein. Dracula taucht plötzlich auf. Harker erklärt seinen Besuch mit den noch zu erledigenden Formalitäten. So muß er für den Zoll auch erfahren, was in den

Holzkisten war. Draculas Antwort: »Transsylvanische Erde. Ich habe ein großes Interesse an Botanik.« Dracula lädt Harker, Lucy und ihren Vater ein, nach der Beerdigung Minas nach Carfax Abbey zu kommen. Er weiß jedoch, daß Harker wieder zurück nach London muß.

Auf der Rückfahrt zu Sewards Anstalt mit seinem Auto wird Harker von Renfield überrascht, der ihn plötzlich vom Rücksitz aus anfleht: »Helfen Sie mir, retten Sie meine Seele!« Er wird gleich in eine Zelle gesteckt. Nach der Beerdigung will Lucy nicht mit Jonathan nach London fahren, sondern Draculas Einladung annehmen, wobei ihr klar ist, daß sie alleine hingehen muß, da Seward zur selben Zeit van Helsing erwartet. Er holt seinen Freund vom Bahnhof ab.

Auf Carfax Abbey hat Dracula Hunderte von Kerzen aufgestellt. Er erklärt der faszinierten, aber noch von Minas Tod betroffenen Lucy: »Es gibt Schlimmeres als den Tod, das müssen Sie mir glauben.« Und er macht ihr deutlich: »Ich pflege nur sehr selten, meine Bekanntschaft aufzudrängen, aber davon loszukommen ist schwer.« Später auf der Balustrade kommentiert er das Wolfsgeheul: »Dies sind die Kinder der Nacht, welch traurige Musik sie machen. So voller Einsamkeit, wie ein Wehklagen.« Lucy hingegen empfindet es als »wundervolle Laute. Ich liebe die Nacht. Sie ist einfach so erregend. Die Nacht ist für das Vergnügen da.« Dracula: »Sie ist gemacht für das Genießen und die Liebe.« Die beiden küssen einander ...

In Sewards Anstalt ist ein Baby geraubt worden. Die verstörte Mutter beteuert, daß Mina es getan habe. Van Helsing liest im Lexikon über Vampire nach. Am Grab seiner Tochter erklärt er Lucy seine Vampirtheorie und gibt ihr ein Halsband mit Kruzifix. Sie solle es immer tragen. Sie legt es jedoch schon am Abend wieder ab. Dr. Seward (»Es gibt einfach keine Vampire«) und van Helsing lassen einen Schimmel frei. Das Pferd soll den Vampir finden. Es läuft zu Minas Grab. Unterdessen sucht der Graf Lucy in ihrem Zimmer auf. Er hebt sie aufs Bett. »Ich brauche dein Blut so sehr.«

Sie lieben sich vor dem offenen Kamin. Dracula ritzt sich mit dem Fingernagel seine behaarte Brust auf und hebt Lucys Gesicht an die Wunde. Seward und van Helsing heben Minas Grab aus. Ihr Sarg ist leer, doch darunter gelangt van Helsing in einen alten Erzminen-Stollen. Zwischen Ratten und Fledermäusen kommt ihm die halbverweste Mina entgegen. Sie wirft sich ihm an den Hals und versucht, ihn mit ihrem blutverschmierten Mund zu beißen. Seward kommt mit einem Kruzifix herbei und brennt es ihr auf die Stirn. Sie läuft direkt in den Pfahl hinein, den van Helsing ihr entgegenstreckt. Der Professor hält seine tote Tochter in seinen Armen und weint herzerweichend.

Unterdessen kehrt Jonathan Harker zurück und findet Lucy halb tot vor. Die beiden Ärzte stellen ihren hohen Blutverlust fest. »Bete zu Gott, daß einer von uns ihre Blutgruppe hat«, sagt Seward. Harker spendet sein Blut. Van Helsing geht ins Nebenzimmer mit einem großen Spiegel. Dracula tritt ein, ohne im Spiegel reflektiert zu werden. Er zerschmeißt den Spiegel: »Ich hasse Spiegel. Sie sind das Spielzeug menschlicher Eitelkeit.« Van Helsing ist nun klar, mit wem er es zu tun hat. Der Graf droht: »In den vergangenen 500 Jahren sind alle gestorben, die meinen Pfad gekreuzt haben, alle, und einige von ihnen auf nicht angenehme Weise.« Er versucht, van Helsing zu hypnotisieren, doch dieser kann ihn per Kruzifix vertreiben.

Van Helsing nimmt Minas Herz heraus. Lucy flieht mit einer Kutsche zum Grafen. Unterwegs kann sie aber abgefangen werden. Harker und van Helsing wollen Dracula in seinem Domizil unschädlich machen, doch sein Sarg ist leer. Als er auftaucht, hält Harker ihm ein Holzkreuz entgegen. Dracula faßt es an, und es fängt Feuer. »Ihr verfluchten Narren, glaubt ihr denn, mit euren Kreuzen und Hostien könnt ihr mich zerstören?« Zu Harker gewandt, erklärt er, daß Lucy ihm gehöre. Er verwandelt sich in eine Fledermaus und greift Harker an. Im letzten Moment kann van Helsing ein Fenster aufbrechen, und der Lichtstrahl sengt die Fledermaus an, bevor sie verschwindet.

In der Anstalt fragt die in einer Zelle einsitzende Lucy Harker: »Kannst du mich denn jetzt noch lieben?« Er antwortet: »Ich liebe dich.« Sie umarmen sich. Lucy will ihm in den Hals beißen. Van Helsing kann gerade noch ein Kreuz dazwischen halten.

Renfield ahnt in seiner Zelle das Nahen Draculas, der durch das Fenster kommt und ihm das Genick bricht. In der Anstalt gibt es wieder einen Aufruhr. Dracula entführt Lucy. Er will England verlassen. Mit ihr zusammen im Sarg bringt ihn eine Kutsche zum Hafen. Die Verfolger van Helsing, Seward und Harker erfahren dort, daß der Sarg bereits an Bord der ausgelaufenen *Cherina Katharina* in Richtung Rumänien unterwegs ist.

Ein Boot bringt van Helsing und Harker zum Schiff. Unter Deck
öffnen sie den Sarg. Als van Helsing den Pfahl an Draculas Brust
setzt, reißt dieser ihm das Holz aus der Hand und rammt es dem
Professor in den Bauch. Harker schießt auf den Grafen, wobei
ihn Lucy heftig bedrängt.

Im Sterben wirft van Helsing einen Lasthaken in Draculas
Kreuz. Harker hievt ihn in die Höhe. Das Sonnenlicht tötet den
Vampir, der sich zu einem verwesten, grauhaarigen, alten Mann
verwandelt. Sein Cape flattert, vom Wind getrieben, wie eine
Fledermaus durch die Lüfte. Lucy sieht das Cape davonfliegen,
Wolfsgeheul ertönt, Lucy lächelt.

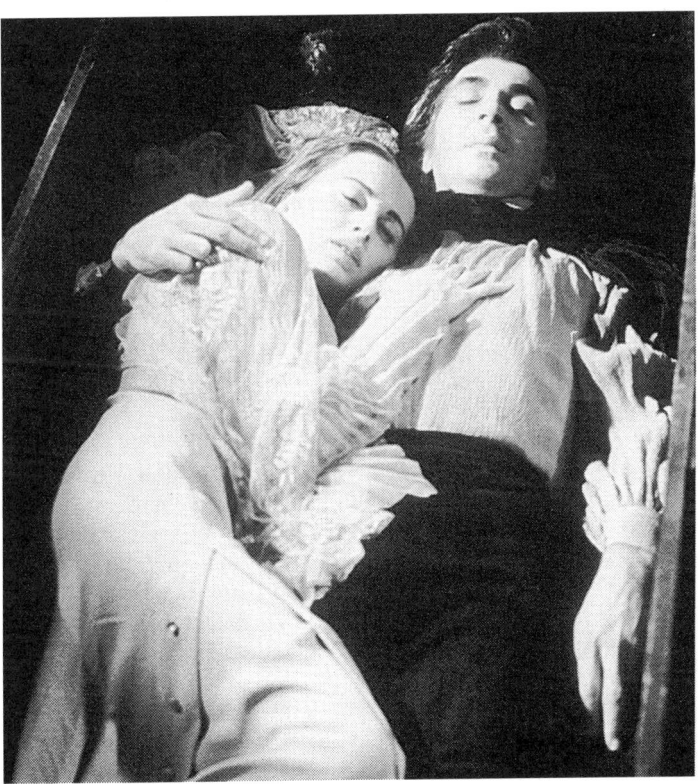

*Lucy Westenra hat sich in den smarten Grafen verliebt. Sie schläft mit ihm*
*im Sarg. Kate Nelligan und Frank Langella in ›Dracula‹ (1979).*

121

*Orientierung an Bram Stokers Romanensemble:*

| | |
|---|---|
| Graf Dracula | – Graf Dracula |
| Jonathan Harker | – Jonathan Harker |
| (Lucys Verlobter) | |
| Mina van Helsing | – Mina Murray |
| Dr. Jack Seward | – Dr. John Seward |
| (Lucys Vater) | |
| Lucy Seward | – Lucy Westenra |
| Professor Abraham van | – Professor van Helsing |
| Helsing (MinasVater) | |
| Renfield | – Renfield |
| Kapitän der *Demeter* | – Kapitän der *Demeter* |

*Zum Film:* Einige Startdaten für die BR Deutschland:
*Assault – Anschlag bei Nacht/Assault on Precinct 13:* 9.3.79
*Nosferatu – Phantom der Nacht:* 12.4.79
*Hügel der blutigen Augen/The Hills Have Eyes:* 1.6.1979
*Halloween – Die Nacht des Grauens/Halloween:* 6.7.79
*Zombie – Die Rückkehr der Toten/Dawn of the Dead:* 2.8.79
*Dracula:* 27.9.79
*Graf Dracula (beißt jetzt) in Oberbayern:* 12.10.79
*Alien – Das unheimliche Wesen aus einer fremden Welt/Alien:* 25.10.79
*Liebe auf den ersten Biß/Love at first Bite:* 8.11.79
*Woodoo – Die Schreckensinsel der Zombies/Zombie II:* 23.11.79

Diese Starttermine zeigen, in welcher Gesellschaft sich John Badhams *Dracula*-Film 1979 befand. Die Leinwand wurde blutdurchtränkt. Die Gewaltdarstellungen nahmen ein ungewohntes Maß an Kraßheit an, gezeigt wurde nicht mehr die Gespaltenheit der Seele, sondern die Gespaltenheit des Schädels. Und 1979 war erst der Anfang eines Booms von grauenhaften Brutalfilmen, der durch die gleichzeitig einsetzende Vermarktungsmöglichkeit per Videokassette gerade unter Jugendlichen zu einem schier unstillbaren Horror-Konsum führte.

Kein Wunder also, daß Bodo Fründt im *Stern* Badhams Remake als »blutarm, blaß und unzeitgemäß«[50] bezeichnete. Als »schlichte Unterhaltung«[51] (*filmdienst*) und »nicht ganz überflüssig«[52] (*filmbeobachter*) wurde er von bundesdeutschen Rezensenten abgetan. »So erforderlich wie ein Loch im Hals«[53] hieß es gar.

*Frank Langella agiert wesentlich dezenter als sein Vorgänger Bela Lugosi.*

Aus der zeitlichen Distanz heraus läßt sich der Film jedoch ganz anders einordnen. Zunächst gibt es die verblüffende Parallele zu Tod Brownings *Dracula* von 1931. Beide entstanden nach einer überaus erfolgreichen Broadway-Theaterversion von Hamilton Deane und John L. Balderston und wurden von Universal Pictures produziert. Nachdem Lugosi Ende der 20er Jahre in der Titelrolle eine eigene Darstellungsform für die Bühne gefunden hatte, gelang dies 1978 Frank Langella am Broadway erneut. Die *New York Times* skizzierte ihn als »eine atemberaubende Figur: groß, bleich, ein Byron mit gelegentlich prosaischem Reflex«.[54] *Time* schrieb: »In Frank Langellas Darstellung einer dämonischen Kraft aus der Unterwelt schwingt auch eine verzweifelte, lyrische Romantik mit.«[55]
Diese neue Interpretation des Dracula als einsamem Mann, der

sehr charmant, sexy und erotisch, aber auch sehr brutal und berechnend ist, zeigt einen größeren Facettenreichtum, als bei bisherigen Dracula-Figuren zu erkennen war. Langella spielt auch im Film alle Facetten souverän aus. Mit dem schnöden Vorstadtmacho-Image eines John Travolta, mit dem John Badham zuvor 1978 *Nur Samstag nacht/Saturday Night Fever* drehte, hat diese Schauspielerleistung nichts gemein, auch wenn mehrfach solches behauptet wurde.[56]

Frank Langella spielt den Dracula als erotischen Verführer, der sich nicht über die weiblichen Opfer hermacht, sondern subtile hypnotische Mittel anwendet oder um ihre Gunst wirbt. Er ist damit als Filmfigur seltsamerweise nicht so einprägsam wie echte Bösewichter, deren niedere Motive sie zu ihrem Handeln treiben. Langellas Dracula handelt hier tatsächlich aus Liebe. Daß sich auch sein äußeres Erscheinungsbild als völlig normal darstellt und die bis dahin für Dracula so typischen Fangzähne fehlen, läßt fast schon den Schluß zu, daß man es hier gar nicht mit einem »echten« Dracula zu tun hat.

Andererseits erfüllt Langella durch seine Attraktivität und Jugend (er war bei den Dreharbeiten 38, Lugosi 49) eher das Bild eines erotisch interessanten Mannes, der nicht nur durch Charme und Aufmerksamkeit die Frauen für sich gewinnt: sowohl die kränkelnde Professorentochter Mina als auch die selbstbewußte, starke Lucy. Jonathan, deren Verlobter, kann der Leidenschaft, mit der sich Lucy zum Grafen hingezogen fühlt, nichts entgegensetzen. In einer Zeit, in der allerdings die Filmleinwände zunehmend überfüllt wurden mit den fürchterlichsten Horrorgestalten, die sich menschliche Phantasie nur erdenken läßt, konnte solch ein Dracula den Zombie-Scharen kaum Paroli bieten.

Sicherlich kann ein 1979 produzierter *Dracula*-Film sich den Luxus leisten, davon auszugehen, daß Zuschauern wenn schon nicht der Roman, dann aber sicher eine Verfilmung geläufig sein müßte. Daher scheint es völlig legitim, einmal auf die überstrapazierten Fangzähne und die blutunterlaufenen Augen zu verzichten. Doch nicht nur das. Die gesamte Vorgeschichte von Jonathan Harkers Reise nach Transsylvanien wurde verkürzt zu einem Briefwechsel. Sicherlich weniger abenteuerlich, aber durchaus logisch.

Überhaupt scheint Drehbuchautor W. D. Richter die Geschichte noch einmal auf ihre Logik hin überprüft zu haben. Nur so ist es zu erklären, daß Dr. Seward angesichts des großen Blutverlustes von Lucy eine naheliegende Hoffnung äußert: »Bete zu Gott, daß einer von uns ihre Blutgruppe hat.« Das war in Stokers Roman überhaupt keine Frage. Vier Männer spenden dort problemlos ihr Blut, obwohl »es bei Bluttransfusionen zu schweren Kreislaufschädigungen mit Todesfolge kommen«[57] kann.

Auf Dr. Sewards Bitte, ein Buch in ungarischer Sprache zu übersetzen, muß Dracula passen, da er Szekler ist und nicht Madjar. (Eine eng am Roman orientierte Tatsache, da dort nahegelegt wird, daß Dracula ein Szekler ist, wenngleich er in nahezu perfektem Englisch spricht. Obgleich die Rumänen ihn als Volksheld feiern, gehörte Transsylvanien zu Lebzeiten des historischen Fürsten Vlad Tepes allerdings zu Ungarn.)

Als Professor van Helsing seiner zur Vampirin gewordenen Tochter Mina gegenübersteht, redet diese niederländisch mit ihm: »Kom met mij. Wij moeten samen rusten, Papa. Kom, Papa.« (Komm mit mir. Wir müssen zusammen ruhen.) Der Vater erwidert: »Laat mij, laat mij met rust!« (Laß mich, laß mich in Ruhe!) Da der Gelehrte aus Amsterdam stammt, eine völlig korrekte Entscheidung. Diese ergreifende Szene war nur möglich dank einer ganz neuen Figurenkonstellation. Mina war ja in Tod Brownings Fassung Dr. Sewards Tochter. Dessen Tochter ist nun Lucy.

Weil Mina hier die Tochter von van Helsing ist, entsteht für den Professor eine viel stärkere Betroffenheit, denn er will somit den Mörder seiner Tochter vernichten. Das Pfählen der untoten Mina und das Herausschneiden ihres Herzens ist um so leidvoller. Der Vampir hat durch das Trinken von Minas Blut praktisch auch das Blut seines Widersachers in sich. (In dem zugrundeliegenden Theaterstück kommt übrigens Mina überhaupt nicht vor.)

Laurence Olivier spielt den Professor van Helsing völlig anders als z. B. der energische Peter Cushing. Olivier zeigt die Trauer und Verletztheit eines betroffenen Vaters und auch die Schwäche eines Wissenschaftlers, der in der Theorie genau weiß, was zu tun ist, doch in der Praxis scheitert. Insofern entspricht er dem van Helsing im Roman, der durch seine wohlgemeinten Maßnahmen im Grunde erst die Tragödie herbeiführt.

Bemerkenswert ist auch Donald Pleasances Darstellung der

Hilflosigkeit des Irrenarztes Dr. Seward, der kaum einen Satz korrekt zu Ende spricht und heilfroh ist, daß sein Freund »Abby« alias Abraham van Helsing sich der merkwürdigen Geschehnisse in seinem Hause annimmt. Die beiden profilierten Schauspieler (Olivier wurde 1978 mit seinem zweiten Ehren-»Oscar« ausgezeichnet) gestalteten ihre Väterrollen sehr zurückhaltend und unheroisch, was die Position der Dracula-Figur natürlich erheblich stärkt.

*Regisseur John Badham*

Kurzbiographie: John Badham wurde 1944 in Großbritannien als Sohn der Schauspielerin Mary Hewitt und des US-Generals Henry Badham geboren. Er zog mit seinem Vater und seiner Schwester zurück nach Amerika. Seine Schwester Mary spielte als Zehnjährige 1962 neben Gregory Peck in *Wer die Nachtigall stört/To Kill a Mockingbird* und wurde prompt für den »Oscar« nominiert. 1965 stand sie neben Robert Redford und Natalie Wood für *Dieses Mädchen ist für alle/This Property Is Condamned* vor der Kamera. (Am Drehbuch hatte Francis Ford Coppola mitgewirkt.) Es folgte der Horror-Film *Let's Kill Uncle.* Der Erfolg seiner Schwester im Filmgeschäft lockte Badham, der zwischenzeitlich Philosophie studiert und an der Yale School of Drama bereits Klassiker inszeniert hatte, an die Westküste. In den Universal-Studios kletterte er langsam die Jobleiter empor und lernte so die verschiedenen Bereiche des Filmemachens von der Besetzung bis zum Schnitt kennen.

Schließlich inszenierte er Folgen von TV-Serien wie *Kung Fu* oder *Die Straßen von San Francisco.* Nach erfolgreichen Fernsehfilmen gab er mit dem stimmungsvollen Baseball-Film *Bingo Long/The Bingo Long Travelling All Stars and Motor Kings* (1976) sein Spielfilmdebüt. Mit *Nur Samstag nacht/Saturday Night Fever* sorgte er 1977 für einen Riesenhit (Einspielergebnis in Nordamerika fast 75 Millionen Dollar) und John Travoltas Durchbruch.

1979 folgten die Verfilmungen der Bühnenstücke *Ist das nicht mein Leben/Whose Life Is it Anyway?* von Brian Clark und *Dracula* von Hamilton Deane und John L. Balderston. 1983 waren *Wargames – Kriegsspiele/Wargames* und *Das fliegende Auge/Blue Thunder* erfolgreich. Weitere Filme: *Die Sieger – American Flyers/American Flyers* mit Kevin Costner (1985),

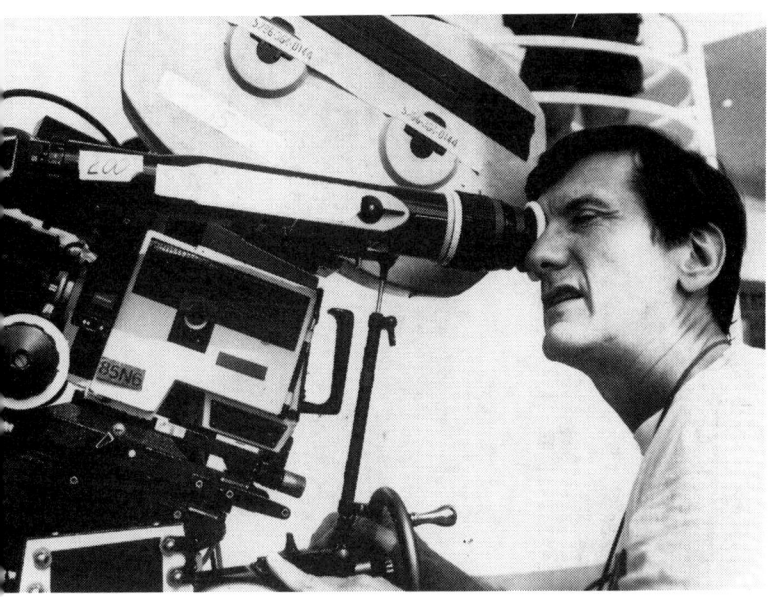

*Regisseur John Badham bei der Arbeit.*

*Nummer 5 lebt/Short Circuit* (1985), *Die Nacht hat viele Augen/Stake out* (1986), *Ein Vogel auf dem Drahtseil/Bird on a Wire* (1990), *Auf die harte Tour/The Hard Way* (1991).

*Der Dracula-Darsteller: Frank Langella*

Frank Langella wurde am 1. Januar 1940 in Bayonne/New Jersey in den USA geboren. Er studierte an der Seton Hall und der University of Syracuse. In seinem Abschlußjahr wurde er zum besten Theaterdarsteller gewählt. Das Theater blieb auch Langellas Hauptbetätigungsfeld. Er spielte am Broadway, aber auch in Kleinstädten, an Repertoire-Bühnen und in Tournee-Ensembles. 1970 erhielt er sein erstes Filmengagement in *Tagebuch eines Ehebruchs/Diary of a Mad Housewife.* In Frank Perrys Verfilmung des Romans von Sue Kaufman spielte er den Liebhaber einer vernachlässigten Ehefrau. Es folgte im selben Jahr die Hauptrolle in Mel Brooks' *Zwölf Stühle/The Twelve Chairs,* der US-Variante einer russischen Satire über die Suche nach einer in einem Stuhl eingenähten Erbschaft. Heinz Rühmann hatte diese Rolle bereits 1938 *(Dreizehn Stühle)* gespielt.

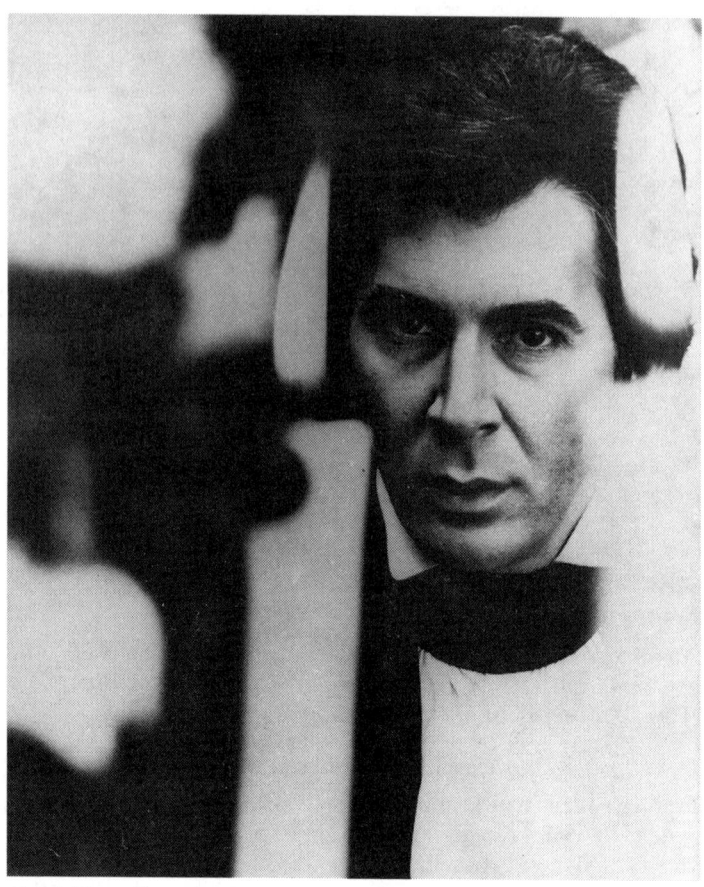

*Frank Langella in der Titelrolle von ›Dracula‹ (1979).*

Nach zwei weiteren Spielfilmen und einem Fernsehfilm (*The Mark of Zorro*, 1974) kehrte er wieder zur Bühne zurück, wo er nach der Verkörperung der Titelrolle in Heinrich von Kleists *Prinz Friedrich von Homburg* schließlich auch als Dracula in dem Bühnenstück von Hamilton Deane und John L. Balderstone zu sehen war, das ja bereits der Verfilmung von 1930 zugrunde lag.

John Badham engagierte Langella schließlich auch für die Titelrolle seines Films, wie seinerzeit auch schon Bela Lugosi die Rolle zunächst auf der Bühne, dann im Film gespielt hatte. Doch anders als bei Lugosi oder Lee, die ihr Horror-Image immer weiter ausbauten und sich als Gruseldarsteller einen Namen machten, blieb es Langella versagt, sich ein Image aufbauen zu können oder zu attraktiveren Engagements zu gelangen.

Nicht einmal ein halbes Dutzend relativ unbedeutender Filme schloß sich an, darunter *Masters of the Universe* (1987), in dem er 105 Minuten lang hinter einer Maske versteckt als »Skeletor« gegen »He-Man« zu kämpfen hat.

Nach *Adams kesse Rippe/And God Created Woman* von 1988 wirkte er 1992 in Ridley Scotts Columbus-Film *1492: Die Eroberung des Paradieses/1492: Conquest of Paradise* mit und unter Ivan Reitmans Regie neben Sigourney Weaver und Kevin Kline in *Dave.*

*Frank Langella (rechts) in der New Yorker Aufführung von ›Dracula‹ mit Ann Sachs und Alan Coates.*

## Bram Stoker's Dracula

(USA 1992) *Regie:* Francis Ford Coppola; *Buch:* James V. Hart nach dem Roman *Dracula* von Bram Stoker; *Kamera:* Michael Ballhaus; *Ausstattung:* Dante Feretti; *Kostüme:* Eiko Ishioka; *Make-up:* Gregg Cannom; *Spezialeffekte:* Michael Lantieri, Alison Savitch; *Darsteller:* Gary Oldman (Dracula), Anthony Hopkins (van Helsing), Wynona Ryder (Mina Murray), Cary Elwes (Arthur Holmwood), Sadie Frost (Lucy Westenra), Keanu Reaves (Jonathan Harker), Richard Grant (Dr. Seward), Bill Campbell (Mr. Quincy Morris), Tom Waits (Renfield); *Produktion:* Columbia/Susan Landau; *Länge:* 130 Min.; Farbe.

Francis Ford Coppola verfilmte den Roman von Bram Stoker am originalgetreuesten. Sein Budget betrug etwas mehr als 40 Mil-

*Endlich wie im Roman – die vier Männer, die Lucy (Sadie Frost) liebten, an ihrem Sarg vereint: Quincey P. Morris (Bill Campbell), Arthur Holmwood (Cary Elwes), Prof. Van Helsing (Anthony Hopkins), Dr. Jack Seward (Richard E. Grant) – v. l. n. r.*

*Wynona Ryder als Mina, die Draculas Herz erobert. Die 19jährige mach-*
*te Coppola auf Jim Harts Script aufmerksam, ohne sie wäre ein Kabel-*
*fernsehfilm daraus geworden.*

lionen Dollar. Das Projekt war zunächst von Michael Apteds Firma fürs Kabelfernsehen entwickelt worden, dann wurde es mehreren Regisseuren angeboten, darunter John Carpenter. Über
Wynona Ryder gelangte es schließlich in Coppolas Hände. (Wy-

nona Ryder konnte in Coppolas *Der Pate III/The Godfather – Part III* aus Krankheitsgründen eine ihr fest zugesagte Rolle nicht spielen, worauf ihr Coppola eine Rolle in seinem nächsten Film versprach.)

Jim V. Hart, der schon das Drehbuch zu Steven Spielbergs *Hook* (1991) verfaßt hatte, war über die Lektüre des 1976 erschienenen Romans *Confessions of a Vampire* von Anne Rice, den Stephen Frears inzwischen verfilmt hat, zur Welt des Vampirismus gestoßen. Danach las er Stokers *Dracula*-Roman.

»Als ich das Buch zum erstenmal las, war ich von seiner literarischen Kraft beeindruckt. Ich konnte nicht verstehen, warum die Filmindustrie dieses Monument der Schreibkunst nie adäquat umgesetzt hat. Es ist ein wunderbares Buch, atemberaubend, erotisch, extrem visuell, sehr filmisch. Beim Lesen hat man den Genuß des Beobachtens, des Mitdenkens und des Hörens. Die Szenen, die Stoker sich ausgedacht hat, sind auch heute noch eindrucksvoll und mitreißend. Sein *Dracula* enthält mehr Action als drei Indiana-Jones-Filme zusammen, Romantik, die das Herz jeder Frau bezaubert, und, nicht zu vergessen, die außergewöhnliche Eleganz des Monsters.«[58]

Auch Regisseur Coppola beklagt: »Das Buch kursiert seit fast 100 Jahren, aber es ist immer verstümmelt worden. Kein Film hat Respekt vor Bram Stokers Vorlage gezeigt. Die meisten Filme sind mehr von dem Theaterstück beeinflußt, ... das versucht, die Handlung so weit zu reduzieren, daß so wenige Schauplätze wie möglich dabei herauskommen. *Dracula* von Bram Stoker ist aber im Gegensatz dazu ein viktorianischer Abenteuerroman, der eine sehr differenzierte und gut konstruierte Geschichte erzählt.«[59]

Jim V. Hart beschäftigte sich darüber hinaus mit den Büchern von Professor Leonard Wolfe, *A Dream of Dracula* und *The Annotated Dracula,* die die Persönlichkeit des Grafen unter psychologischen, pathologischen und soziologischen Gesichtspunkten untersuchen. Danach ist Dracula z. B. das Opfer einer vererbten Blutkrankheit. Außerdem ist es wichtig, seine androgyne Erscheinung zu beachten. Jim Hart: »Die Männer haben Angst vor ihm, empfinden aber auch Neid. Die Frauen haben auch Angst, aber sie fasziniert etwas, das ihnen sonst kein Mann bieten kann – Dracula verheißt die Unsterblichkeit. Die Adaptation wäre ohne einen präzisen, feministischen Blickwinkel nicht möglich gewesen. Bram Stoker schrieb zwar wunderbare Frauenrollen, doch in der viktorianischen Zeit blieben die Männer die Helden. Ich habe das für mein Drehbuch verändert ... Die Frauen verstehen Dracula besser. Die Männer schreien auch

*Dracula (Gary Oldman) mit dem Objekt seiner Begierde: Mina (Wynona Ryder)*

133

nach 90 Jahren noch: ›Bringt das Monster um!‹ so wie schon die Protagonisten bei Bram Stoker. Ich habe Hausfrauen, Schulmädchen und Geschäftsfrauen bezüglich Dracula befragt, und alle haben mir geantwortet: ›Der kann in mein Bett steigen, so oft er will.‹«[60]

Kennzeichnend für Coppolas *Dracula*-Film ist die Entscheidung der Produktionsfirma Columbia, den Film aus finanziellen Erwägungen heraus ausschließlich im hauseigenen Studio in Los Angeles zu drehen. Coppola, der für die immense Überziehung seiner Budgets und Drehpläne bekannt und berüchtigt ist, sollte hier anscheinend an der kurzen Leine gehalten werden, denn Columbia akzeptierte nicht einmal den Vorschlag, in ein Londoner Studio zu gehen, wo die besten Voraussetzungen zu finden sind, einen epischen und von der Ausstattung her aufwendigen Film zu realisieren.

Außerdem wurde dem bekanntermaßen für technische Innovationen immer offenen Regisseur auch kein Geld zugebilligt für neueste Errungenschaften auf dem Sektor der Spezialeffekte, wie sie zum Beispiel in *Terminator 2* zu sehen waren. Aber Coppola machte aus dieser Not eine Tugend. Er beauftragte seinen Sohn Roman, herauszufinden, wie in den klassischen Stummfilmen eines Murnau oder den bezaubernden Filmen eines Jean Cocteau (*Die Schöne und das Biest/La belle et la bête*, 1946; *Das Testament des Orpheus/Le testament d'Orphée*, 1960) Effekte hergestellt wurden. Roman Coppola fertigte eine relativ kurze Liste an, denn in erster Linie wurde mit der Veränderung der Laufgeschwindigkeit der Kamera gearbeitet, die auch schräg oder auf den Kopf gestellt wurde, mit Spiegeln und mit der Manipulation von Perspektiven.

Diese Effekte wurden bei laufender Kamera aufgenommen, also nicht durch irgendwelche Verfahren im Anschluß an die Aufnahme am Filmmaterial vorgenommen, was heute gang und gäbe ist. (Häufig wird erst in der Phase der »Post-Production« der eigentliche, effektreiche Film hergestellt.)

Coppola mußte sich also an den europäischen Vorbildern orientieren, wenngleich er anderen natürlich nicht nacheifern konnte.

»Die Entscheidung, einen Film gänzlich in den Studios von Columbia in Los Angeles zu drehen, steht im völligen Gegensatz zur Wahl eines Werner Herzog, der sich entschied, für die Außenaufnahmen seines *Nosferatu* ganz Osteuropa zu bereisen«, sagt

*Gary Oldman in der Maske des alten Dracula, der von Jonathan Harker (Keanu Reeves) aufgesucht wird.*

Coppola. »Das sind ganz andere Voraussetzungen, denn die Geschichte spielt an 70 bis 80 verschiedenen Schauplätzen quer durch England. Und eine Verfolgungsjagd wie in einem John-Ford-Western kommt vor. Wie soll man das im Studio drehen? Das war die Herausforderung: die Möglichkeiten der ›Soundstage‹ voll auszunutzen und gleichzeitig die Geschichte voll auszuschöpfen.«[61]

Dank der Experten für die Effekte konnten wirklich beeindruckende Szenen gedreht werden, so etwa wie Dracula ohne große Anstrengung und nur durch eine Armbewegung den weiter entfernt stehenden Jonathan Harker in seine Kutsche hebt. Oder wie Jonathan Harker eine Treppe heruntersteigt und an einem Balken im Bild Ratten kopfüber laufen.

Viel Aufwand wurde für das Make-up getrieben. Das führte sogar so weit, daß das Anlegen der Maske für Dracula-Darsteller

*Graf Dracula (Gary Oldman) und seine geliebte Frau Elizabetha (Wynona Ryder), die sich umbringt, als ihr die (absichtlich falsche) Nachricht vom Schlachtentod ihres Gatten zuteil wird.*

Gary Oldman so lange dauerte, daß es sich nicht mehr gelohnt hätte zu drehen und man den Drehtag abbrach. Für Coppola eine lehrreiche Erfahrung, denn bislang hatte er noch nie mit solch umfangreichem Make-up gearbeitet.

Besondere Feinarbeit wurde bei den Kostümen geleistet, die unter der Leitung der Japanerin Eiko Ishioka hergestellt wurden und z. T. bis zu 20.000 Dollar kosteten, darunter ein an Gustav Klimt orientierter Goldkaftan im Stile byzantinischer Mosaike. Dracula ist aber auch in einer knallroten Ritterrüstung zu sehen in Szenen, die zu Beginn des Films zurückführen in die Zeit, als Dracula als Feldherr gegen die Türken kämpfte. Man erlebt mit, wie seine erste Frau stirbt und er der katholischen Religion abschwört. So wird Draculas Leidenschaft für Mina 400 Jahre später erklärbar, die eine Reinkarnation seiner verstorbenen Frau zu sein scheint. (*Dracula* von Dan Curtis stellte bereits 1974 diese Prämisse her.) Man kann ihn auch als Wolf bestaunen, als mannshohe Fledermaus und als silbergraue Nebelwolke.

Man bekommt den Eindruck, als ob Coppola wegen der ihm auferlegten Einschränkungen aus den verbleibenden Möglichkeiten wirklich alles herausholen wollte. 13 Jahre zuvor hatte Werner Herzog noch getönt: »In den kommenden 50 Jahren wird es unmöglich sein, einen Vampirfilm zu machen, der sich nicht auf meinen Nosferatu bezieht.«[62] Coppola hat das Gegenteil bewiesen – und bleibt dabei bescheidener: »Als ich das Projekt angenommen hatte, fragte ich mich zuerst, warum will ich noch einen *Dracula*-Film drehen? Aber wenn der Film herauskommt, wird, glaube ich, keiner behaupten, daß ich noch einmal dieselbe alte Brühe auftische. Man wird Kritik üben, mit Sicherheit, aber wegen anderer Gründe. Ich glaube, es wurde eine Originalvision des Romans zum Ausdruck gebracht durch einen Cineasten, der versucht, ein wenig seines Innersten zu zeigen.«[63]

## Regisseur: Francis Ford Coppola

Kurzbiographie: Francis Ford Coppola wurde am 7.4.1939 in Detroit/Michigan in den USA geboren und wuchs in einem New Yorker Vorort auf. Er studierte am Hofstra College und an der University of California in Los Angeles. Er arbeitete zunächst für Roger Corman, den Regisseur und Produzenten von billigen Horror- und Action-Filmen, in verschiedenen Sparten und drehte für dessen Firma AIP 1963 seinen ersten Spielfilm: *Dementia 13*, einen Horror-Film. Neben seiner Filmregie (*Big Boy, jetzt wirst du ein Mann/You're a Big Boy Now*, 1966; *Der goldene Regenbogen/Finian's Rainbow*, 1967; *Liebe niemals einen Fremden/The Rain People*, 1968; etc.) schrieb er auch Drehbücher

(*Brennt Paris?/Is Paris Burning?/Paris brûle-t-il?*, 1967; *Patton*, 1971; *Der große Gatsby/The Great Gatsby,* 1979; etc.) und produzierte Filme (*THX 1138*, 1969; *American Graffiti*, 1974; *Hammett*, 1982; *Mishima*, 1985; *Barfly*, 1987; etc.). Sein erster großer Erfolg, *Der Pate/The Godfather* (1971), wurde noch übertroffen durch die Fortsetzung *Der Pate II/The Godfather, Part II* (1974). Der dritte Teil entstand 1991.

*Regisseur Francis Ford Coppola bei der Arbeit.*

Nach den finanziellen Fiaskos *Apocalypse Now* (1976–79) und *Einer mit Herz/One From the Heart* (1981) folgten zwei »Jugendfilme«, *Die Outsider/The Outsiders* (1982) und *Rumble Fish* (1983) nach Romanen von S. E. Hinton. 1984 entstand *Cotton Club/The Cotton Club,* ein Gangstermusical aus den 20er Jahren. *Peggy Sue hat geheiratet/Peggy Got Married* (1986) spielt Anfang der 60er Jahre, *Der steinerne Garten/Gardens of Stone* (1987) Ende der 60er Jahre, *Tucker/Tucker: A Man and His Dream* (1988) in den 40er Jahren. Seine Devise: »Ich frage niemanden, ob ich einen Film machen darf. Ich konfrontiere sie einfach mit der Tatsache, daß ich einen Film drehen werde und daß sie klug beraten seien, sich zu beteiligen.«[64]
Coppola wurde bei den Filmfestspielen in Venedig 1992 für sein Lebenswerk mit dem »Goldenen Löwen« ausgezeichnet.

*Literatur zu Francis Ford Coppola:*
Chaillet, Jean-Paul und Elizabeth Vincent: *Francis Ford Coppola,* Paris 1984
Cowie, Peter: *Coppola,* London, Boston 1990
Jansen, Peter W. und Wolfram Schütte (Hg.) in Zusammenarbeit mit der Stiftung Deutsche Kinemathek: *Francis Ford Coppola,* München, Wien 1985
Johnson, Robert K.: *Francis Ford Coppola,* Boston 1977
Zuker, Joel S.: *Francis Ford Coppola. A Guide to References and Resources,* Boston 1984
Zagarrio, Vito: *Coppola,* Florenz 1980

## Der Dracula-Darsteller: Gary Oldman

Gary Oldman wurde 1959 in Bermondsay, Süd-London, geboren. Er wurde während der Schauspielausbildung an das »Theatre Royal« in York engagiert. Anschließend spielte er in einem Tourneetheater, gehörte dann zum Ensemble des »Glasgower Citizen Theatre« und reiste mit einer Proust-Inszenierung durch Europa und Lateinamerika. 1985 wurde er in London Mitglied der Royal Shakespeare Company und als bester Schauspieler mit dem »Times Out's Fringe«-Preis ausgezeichnet. Mit Anthony Hopkins teilte er sich den »Drama Magazine's Best Actor Award«.
1986 folgte dann nach einigen Fernsehrollen die erste Spielfilmhauptrolle in *Sid & Nancy* von Alex Cox. Oldman spielte darin den Part des Punk-Rockers Sid Vicious. Dafür wurde er mit dem »London Evening Standard's Award« als bester Newcomer ausgezeichnet. Unter Stephen Frears' Regie verkörperte er an-

*Gary Oldman in der Titelrolle von ›Bram Stoker's Dracula‹*

schließend in *Prick up Your Ears* den homosexuellen Schriftsteller Joe Orton. 1988 war er wieder in einer exzentrischen Rolle zu sehen: *Track 29 – Ein gefährliches Spiel/Track 29* von Nicolas Roeg. Dabei hat Oldman privat eine völlig entgegengesetzte
Einstellung: »Ich lebe lieber unauffällig.«

Seine Filmkarriere fand nach weiteren Stationen einen erneuten Höhepunkt in Tom Stoppards *Rosenkranz und Güldenstern/Rosenkrantz and Guildenstern are Dead*, der 1990 zum besten Film beim Filmfestival in Venedig gewählt wurde. Besonders eindrucksvoll war auch seine Darstellung des angeblichen Kennedy-Mörders Lee Harvey Oswald in *JFK – Tatort Dallas/JFK* (USA 1991) von Oliver Stone.

Oldman versteht es wie kaum ein anderer Darsteller, Charaktere zu verkörpern, die auf den ersten Blick sensibel und unscheinbar erscheinen, sich aber in einer bestimmten Eigenart als besonders extrem herausstellen. Insofern ist seine Wahl als Dracula-Darsteller gut nachzuvollziehen. Der vorher u. a. in Betracht gezogene Jeremy Irons hätte wohl kaum den diabolischen Teil der Dracula-Rolle voll ausspielen können. Gary Oldman nimmt man ihn ohne weiteres ab. Mit 33 Jahren ist er der jüngste Dracula-Darsteller, der auch Konkurrenten um die Dracula-Rolle wie Gabriel Byrne und Antonio Banderas aus dem Feld schlagen konnte.

Anmerkungen:

[1] Pirie, David: *Vampir-Filmkult,* a.a.O., S. 36
[2] Pirie, David: *Vampir-Filmkult,* a.a.O., S. 39.
[3] Wunderbar formuliert von: Limmer, Wolfgang: *Der Spiegel,* 3/1979.
[4] Riess, Curt: *Das gab's nur einmal – Die große Zeit des deutschen Films;* Bd. 1, Wien, München 1977, S. 189.
[5] Balász, Béla: Rezension zu *Nosferatu,* in: *DER TAG,* zit. nach Diederichs, Helmut H., Wolfgang Gersch und Magda Nagy (Hg.): *Balász, Béla: Schriften zum Film,* Bd. I, Budapest 1982, S. 175.
[6] Eisner, Lotte H.: *Die dämonische Leinwand,* Frankfurt/M. 1975, S. 99.
[7] Eisner, Lotte H.: *Die dämonische Leinwand,* a.a.O., S. 96.
[8] Ebd.
[9] Roll, Evelyn: *Nosferatu – Ein Stummfilm wird getönt,* in: *Kultur Chronik* 2/87, S. 14.
[10] Pirie, David: *Vampir-Filmkult,* a.a.O., S. 52.
[11] Bela Lugosi, in: Cremer, Robert: *Lugosi. The Man Behind the Cape,* Chicago 1976, zit. aus: Giesen, Rolf: *Lexikon des phantastischen Films, Band 2,* Frankfurt/M., Berlin, Wien 1984, S. 58 f.
[12] Pirie, David: *Vampir-Filmkult,* a.a.O., S. 148.
[13] Giesen, Rolf: *Lexikon des phantastischen Films, Band 2,* a.a.O., a.a.O., S. 53 f. Interviewt von Gladys Hall (*Memoes of a madman,* Juli 1941), zit. nach *Famous Monsters of Filmland,* No. 116, 1975.
[14] Carol Borland, Lugosis Partnerin in *Das Zeichen des Vampirs/Mark of the*

*Vampire* (1935), laut Dr. Rolf Giesen ein »Lugosi-Protegé« (Giesen, Rolf: *Lexikon des phantastischen Films, Band 2,* a.a.O., S. 58), zit. von Giesen aus: Cremer, Robert: *Lugosi. The Man Behind the Cape,* Chicago 1976.

[15] Kath. Filmkommission für Deutschland (Hg.): *6000 Filme – Kritische Notizen aus den Kinojahren 1945–58,* 4. Aufl., Köln 1980, S. 79.

[16] Kath. Filmkommission für Deutschland (Hg.): *6000 Filme – Kritische Notizen aus den Kinojahren 1945–58,* a.a.O., S. 8.

[17] Kath. Filmkommission für Deutschland (Hg.): *6000 Filme – Kritische Notizen aus den Kinojahren 1945–58,* a.a.O., S. 7.

[18] *Film,* 11/1967.

[19] Jung, Fernand, Claudius Weil u. Georg Seeßlen: *Der Horror-Film,* München 1977, S. 121.

[20] Pirie, David: *Vampir-Filmkult,* a.a.O., S. 74.

[21] *Film,* 11/67.

[22] Linda J. Obalil über Terence Fisher, in: Lyon, Christopher (Hg.): *The International Dictionary of Films and Filmmakers: Volume 2 – Directors/Filmmakers,* London 1986, S. 182.

[23] Giesen, Rolf: *Lexikon des phantastischen Films, Band 2,* a.a.O., S. 19.

[24] Hengesbach, Susanne: *Leute in Köln,* in: *Kölner Stadt-Anzeiger* v. 12.11.1987.

[25] Giesen, Rolf: *Lexikon des phantastischen Films, Band 2,* a.a.O., S. 20.

[26] Giesen, Rolf: *Lexikon des phantastischen Films, Band 2,* a.a.O., S. 23.

[27] *Expreß,* 11.11.1987.

[28] Giesen, Rolf: *Lexikon des phantastischen Films, Band 2,* S. 123.

[29] *Cinema,* 5/1979.

[30] Setbon, Philippe: *Klaus Kinski – Seine Filme – sein Leben,* München 1983, S. 107 f.

[31] Hembus, Benjamin: *Nosferatu,* in: Brennicke, Ilona und Joe Hembus: *Klassiker des deutschen Stummfilms 1910–1930,* München 1983, S. 83.

[32] Wolfgang Limmer, in: *Der Spiegel,* 3/1979.

[33] *Gong,* 12/1983.

[34] Zurhorst, Meinolf: *Isabelle Adjani – Ihre Filme – ihr Leben,* München 1992, S. 102 f.

[35] *Der Spiegel,* 3/1979.

[36] *Gong,* 12/1983.

[37] *Cinema,* 3/1979.

[38] *Gong,* 12/1983.

[39] Manthey, Dirk und Jörg Altendorf: *Der Horrorfilm II,* Hamburg 1991, S. 129.

[40] Jansen, Peter W. u. Wolfram Schütte in Zusammenarbeit mit der Stiftung Deutsche Kinemathek (Hg.): *Werner Herzog,* München 1979, S. 84 f.

[41] Kraft Wetzel, in: Jansen, Peter W. und Wolfram Schütte in Zusammenarbeit mit der Stiftung Deutsche Kinemathek (Hg.): *Werner Herzog,* a.a.O., S. 137.

[42] *film-dienst,* 5/79.

43) Giesen, Rolf: *Sagenhafte Welten – Der phantastische Film*, München 1990, S. 57.
44) *Der Spiegel*, 47/1975.
45) *Videoplay*, 5/1983.
46) Ebd.
47) Ebd.
48) Pirie, David: *Vampir-Filmkult*, a.a.O., S. 154.
49) *Cinema*, 4/1979.
50) *Stern*, 45/1979.
51) *film-dienst*, 21/1979.
52) *filmbeobachter*, 19/1979.
53) Bergan, Ronald: *A–Z of Movie Directors*, New York, London 1982, S. 12.
54) *New York Times*, zit. nach: *Cinema* 10/1979.
55) *Time*, 31.10.1977.
56) *filmbeobachter*, 19/79; Dr. Rolf Giesen: *Lexikon des phantastischen Films* Bd. I., a.a.O., S. 57.
57) Bertelsmann Lexikon-Redaktion (Hg.): *Bertelsmann Volkslexikon*, 6. Aufl., Gütersloh 1957, S. 222.
58) Biodrowski, Steve: *Blut für Blut: Dracula*, in: *Le Cinephage. Le Magazine des Mordus de l'image*, Nr. 8, 1992.
59) Biodrowski, Steve: *Blut für Blut: Dracula*, in: *Le Cinephage. Le Magazine des Mordus de l'image*, Nr. 8, 1992.
60) Toullec, Marc: *Vampirama*, in: *Ciné Fantastique – Mad Movies*, Nr. 79, S. 14.
61) Biodrowski, Steve: *Blut für Blut: Dracula*, in: *Le Cinephage. Le Magazine des Mordus de l'image*, Nr. 8, 1992.
62) *Gong*, 12/1983.
63) Biodrowski, Steve: *Blut für Blut: Dracula*, in: *Le Cinephage. Le Magazine des Mordus de l'image*, Nr. 8, 1992.
64) Jansen, Peter W. und Wolfram Schütte (Hg.) in Zusammenarbeit mit der Stiftung Deutsche Kinemathek: *Francis Ford Coppola*, München, Wien 1985, S. 12

# Weitere Verfilmungen des Romans

**Nachts, wenn Dracula erwacht / Bram Stoker's Count Dracula / El Conde Dracula / Dracula**
(BRD/Spanien/Italien/Liechtenstein 1970) *Regie:* Jesus Franco Manera (= Jess Franco, Clifford Brown, Robert Griffin, Frank Hollmann, J. P. Johnson, David Khunne, David Kuhne); *Buch:* Peter Welbeck, Erich Krähnke, Jess Franco, Augusto Finocchi nach dem Roman *Dracula* von Bram Stoker; *Kamera:* Manuel Merino; *Musik:* Bruno Nicolai; *Ausstattung:* George O'Brown; *Schnitt:* Derek Parsons; *Darsteller:* Christopher Lee (Graf Dracula), Herbert Lom (Professor van Helsing), Klaus Kinski (Renfield), Fred Williams (Jonathan Harker), Soledad Miranda (Lucy Westenra), Maria Rohm (Mina Murray), Jack Taylor (Quincey Morris), Paul Muller (Dr. Seward, Teresa Gimpera; *Produktion:* Towers of London/Harry Alan Towers/Corona/Fenix/Filmar/Etablissement Sargon, Vaduz; *Länge:* 93 Min.; Farbe. Gedreht in Spanien.

»Vor über 50 Jahren schrieb Bram Stoker die größte aller Horrorgeschichten. Jetzt erzählen wir sie zum ersten Mal ganz genauso, wie er sie geschrieben hat, eine der ersten und immer noch der besten Erzählungen des Makabren.«
Dieses Versprechen als Einblendung im Vorspann macht den Mund wäßrig auf das, was den Freunden des Stoker-Romans immer vorenthalten wurde. Doch erstens garantiert der Name Jesus Franco Manera auf jeden Fall keine Werktreue, und zweitens wird schon in den verwackelten, unscharfen Anfangsbildern einer Burg deutlich, daß wir vom filmischen Niveau her mit einem »Fast Film« bedient werden, der nicht im Traum an den literarischen Reichtum des Stoker-Romans heranreichen wird.
Dieser Film zählt »zu den besten, die Jess Franco je gemacht hat«.[1] Doch der hat eigentlich nur Müll gedreht, und selbst der beste Müll ist immer noch Müll. Die Darstellerriege liest sich zwar sehr imposant, aber wir schreiben das Jahr 1970, und da waren wirklich gute Aufgaben im europäischen Film für Schauspieler rar. Das beweist auch dieser Film, der die Romanfiguren Arthur Holmwood, Mrs. Westenra, Kapitän der *Demeter* u. a. gnadenlos eliminiert.

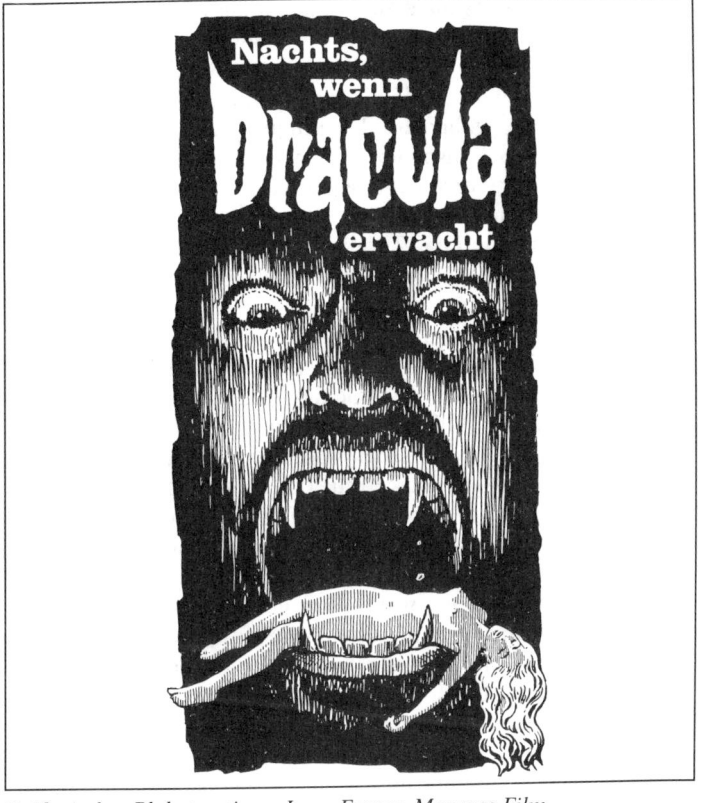

*Reißerisches Plakatmotiv zu Jesus Franco Maneras Film.*

Billig wirkt der Film von Anfang an, und billig bleibt sein gesamtes Erscheinungsbild. Das, was den Film eigentlich nur erträglich und sogar interessant macht, sind die Schauspieler Christopher Lee, Herbert Lom und Klaus Kinski, die zu sehen man sich freut, weil ihre darstellerische Qualität außer Frage steht, die man aber gleichzeitig bedauert, weil sie dieses Niveau nicht verdient haben. Man merkt ihnen an, daß sie sich unter Wert verkaufen, aber daß sie als Profis ihrer Rolle gemäß agieren, auch wenn ihnen wahrscheinlich spätestens am ersten Drehtag schmerzlich bewußt wurde, auf was sie sich eingelassen hatten. Selbst wenn in ihrem Vertrag gestanden haben mag: »Die erste authentische Romanverfilmung.«

Fred Williams als erstmals auch sehr gutaussehender Jonathan Harker ist den abstrusen Regieanweisungen erlegen. Er ist bemüht, einen britischen Anwalt zu mimen, der die Hölle durchlebt, doch ein Regisseur, dem für die filmische Umsetzung nur Zooms auf die Augenpartie des Schauspielers einfallen, ließe auch den besten Schauspieler blaß aussehen. Jesus Franco Manera scheint die universell entwickelte Filmsprache einen Dreck zu interessieren. Ihm sind die billigsten und primitivsten Effekte gerade gut genug, und das Zoom-Objektiv der Kamera ist seine Lieblingswaffe gegen seit Jahrzehnten gültige filmische Konventionen.

Dabei fängt alles noch ganz ansehnlich an und erinnert tatsächlich an Stokers Roman. Harker fährt per Zug nach Bistritz, wo er in seinem Hotel den Brief Draculas erhält. Die junge Wirtin warnt ihn gegen den Willen ihres Gatten vor der bevorstehenden St.-George's-Nacht, in der alles Böse der Welt um Mitternacht zusammenkäme. Doch Harker kutschiert am nächsten Tag zum Borgo-Paß, wo ihn in der Dämmerung ein vermummter Kutscher (die Augen verraten Christopher Lee) abholt. Die Tür des Schlosses öffnet Graf Dracula, ein hochgewachsener alter Mann mit weißem Schnurrbart (wie im Roman beschrieben, aber keine zusammengewachsenen Augenbrauen, keine spitzen Ohren, kein breites Kinn und keine erstaunlich roten Lippen, wie auch im Roman beschrieben).

Dracula, der in einem großen Spiegel nicht zu erkennen ist, freut sich über das alte Haus, das ihm Harker anbietet, und findet zufällig ein Foto von Mina und Lucy zwischen den Unterlagen. Kurz danach hält er eine pathetische Rede über seine grandiosen Vorfahren in Nahaufnahme direkt in die Kamera. Jonathan Harker führt er auf sein Zimmer.

Am nächsten Morgen beklagt eine Frau vor dem Schloßtor ihr gestohlenes Baby. Innen verlassen drei Vampirinnen im Dunkeln ihre Särge. Plötzlich wird es hell, weil der Beleuchter der Szene die Steckdose gefunden hat. Man sieht, wie die drei Frauen sich auf den am Boden liegenden Harker stürzen wollen, doch da kommt Dracula herein und betont: »Er gehört mir.« Er weist den drei Vampirinnen den Sack mit dem Baby darin zu und verharrt dann einfach im Anblick des vor ihm liegenden Harker.

Harker erwacht am nächsten Morgen, entdeckt die beiden Bißwunden an seinem Hals und klettert aus dem Fenster über

Drähte in ein anderes Fenster, wonach er den Weg in Draculas
Gruft findet. Er öffnet Draculas Sarg und stürzt sich nach dessen
Anblick entsetzt aus dem Fenster.

»Ich bin Dr. Seward in Professor van Helsings Privatklinik«, begrüßt ihn nach seiner Ohnmacht der Mediziner in England. Sein
Körper sei in einem von Budapest 200 Kilometer entfernten Fluß
gefunden worden, erklärt der Arzt dem Anstaltsleiter van Helsing.

In der weißen Gummizelle schreit Renfield (laut Roman 59 Jahre alt, hier Klaus Kinski als 44jähriger), schmeißt sein Essen an
die Wand, verreibt es und ißt eine Fliege. Aus seinem Fenster erblickt er Draculas neues Domizil. Die wackelige Handkamera
wuselt um ihn herum, wobei der Kameramann seine Schatten
unbemerkt (?) auf Darsteller und Dekors wirft.

Mina und Lucy kommen in die Anstalt, um Harker zu besuchen.
Sie bleiben gleich da, weil Lucy bei Renfields Geschrei ohnmächtig wird. Nachts erwacht sie. Etwas Fledermausähnliches

*Auch Christopher Lee konnte in ›Nachts, wenn Dracula erwacht‹ nicht
über seinen Schatten springen.*

zappelt vor dem Fenster. Eine Stimme flüstert »Lucy«. Sie verläßt die Anstalt und geht zu Draculas Haus. Es soll zwar Nacht sein, doch draußen ist es taghell, und die Darsteller werfen deutliche Schatten. Der Kameramann muß die Verdunklungslinse vergessen haben. Lucy folgt Mina unsicher. Als Dracula sie bemerkt, löst er sich in Nichts auf. Lucy hat viel Blut verloren. Ihr Verlobter, der amerikanische Baron Quincey Morris, also nicht Arthur Holmwood, reist an, und spendet ihr sein Blut.

In der nächsten Nacht sucht Dracula Lucy durch ihr Fenster in ihrem Zimmer auf. Seine Haare sind nicht mehr so grau wie zu Beginn des Films. (Die Darstellung der Verjüngung ist eine gute Idee.) Diesmal spendet niemand Lucy Blut. Trotzdem kommt Dracula auch in der nächsten Nacht, saugt die verzückte Lucy aus, wird aber von Mina überrascht. Er flieht. Lucy ist tot.

Renfield ist kurz vorher aus dem Fenster im zweiten Stock gefallen. Dracula hat ihn vom Hause gegenüber aus seiner Gummizelle gelockt. Renfield, so erklärt der Professor, habe seine wunderschöne Tochter bei einem Ferienaufenthalt in Bistritz in Transsylvanien durch andauernden, unerklärlichen Blutverlust verloren. Dann erst sei er verrückt geworden. Van Helsing erklärt Harker, Morris, Dr. Seward und Lucy seine Vampirtheorien. »Ich bin dem Grafen nie begegnet, aber ich kenne seine Seele besser als meine.«

Lucy wird beerdigt, taucht aber bald wieder als Vampirin auf und tötet Kinder. Harker, Morris und van Helsing warten in der Gruft auf Lucy, der Professor pfählt sie, und Morris sticht ihr mit einem Spaten den Kopf ab.

In seinem Arbeitszimmer erleidet der Professor einen Herzanfall. Harker, Morris und Dr. Seward suchen Draculas Haus auf. Sein Sarg scheint weggeräumt worden zu sein. Es gibt ein Gewitter. Die vielen ausgestopften Tiere wackeln, dazu ertönt ein unerträgliches Gekreische. Die Männer starren entsetzt in die Kamera. (Kaum erträglich ist diese total lächerliche Szene mit primitiven Zooms auf die Tierköpfe, die teilweise völlig unscharf und total unmotiviert im Bild sind. Jeder Amateurvideofilmer wird das besser machen.) Dann ist plötzlich – völlig schwarzhaarig – Dracula da.

Das Kruzifix, das Harker ihm entgegenhält, vertreibt den Grafen. Renfield, den Mina in seiner Zelle besucht hat, versucht, parallel dazu seine Besucherin zu erwürgen, läßt aber im selben

Moment verwundert davon ab, als Dracula das Kruzifix erblickt. Mina besucht kurz darauf im Opernhaus ein Chorkonzert. Dracula sucht sie in ihrer Loge auf und saugt sie aus. Unterdessen besuchen Harker, Morris und van Helsing (im Rollstuhl) einen Staatssekretär, brechen ihren Besuch aber gleich wieder ab, als Harker eine Einladung von Mina ins Opernhaus zugesteckt wird. Sie finden die Ohnmächtige, und Morris brüllt mitten in die Vorstellung: »Ist ein Arzt im Haus?«

Dracula sucht die russische Besatzung der *Zarina Katharina* auf und erteilt dem Kapitän den Auftrag, ihn und sein Gepäck nach Warna zu bringen. Renfield haucht in seiner Zelle Dr. Seward »Warna« zu, dann stirbt er. Harker und Morris wollen vor dem Grafen auf dem Landweg nach Schloß Dracula gelangen, denn der Graf wird mindestens drei Wochen benötigen.

Professor van Helsing sitzt lesend am Kamin. Plötzlich kommt Dracula, um Mina zu holen, die auf der Couch liegt. Van Helsing kann auf einmal wundersamerweise wieder laufen. Mit dem glühenden Schürhaken ritzt er ein brennendes Kreuz in den Holzfußboden. Das vertreibt den Grafen, rettet Mina, ruiniert aber das Parkett.

Singende Zigeuner bringen mit einem Pferdewagen die Holzkiste, in der Dracula liegt, zum Schloß. Dort sind Harker und Morris damit beschäftigt, die drei Vampirinnen mit Pfählen unschädlich zu machen. Das Blut spritzt Morris ins Gesicht. Von den Schloßzinnen lassen die beiden große Felsblöcke (die deutlich erkennbar aus Pappe sind) auf die Zigeuner fallen, die sofort davonlaufen. Die Männer öffnen die Kiste, Dracula blickt sie an, doch er wird gleich in Brand gesteckt. Er altert in den Flammen in mehreren holprig überblendeten Stadien und wird schließlich samt brennender Holzkiste von der Schloßmauer geworfen.

Dieses Ende steht nun schon gar nicht im Roman. Aber es ist wenigstens endlich da.

*Orientierung an Bram Stokers Romanensemble:*

| | | |
|---|---|---|
| Graf Dracula | – | Graf Dracula |
| Jonathan Harker | – | Jonathan Harker |
| (Minas Verlobter) | | (Minas Verlobter) |
| Mina Murray | – | Mina Murray |
| Lucy Westenra (Quincey | – | Lucy Westenra |
| Morris' Verlobte) | | (Arthur Holmwoods Verlobte) |

| | | |
|---|---|---|
| Professor van Helsing (Leiter der Irrenanstalt) | – | Professor van Helsing |
| Renfield | – | R. M. Renfield |
| Baron Quincey Morris (Lucys Verlobter, Amerikaner) | – | Quincey P. Morris |
| Dr. Seward (nur Assistenzarzt von Prof. van Helsing) | – | Dr. Seward |

»Francos *El Conde Dracula (Nachts wenn Dracula erwacht)* schadete der Draculafigur wahrscheinlich mehr als sein billigster ›sexploitation film‹. Der erhob wenigstens keinen Endgültigkeitsanspruch.«[2]

## Dracula

(USA 1972, Fernsehfilm) *Regie:* Dan Curtis; *Buch:* Richard Matheson nach dem Roman von Bram Stoker; *Kamera:* Oswald Morris; *Musik:* Robert Cobert; *Schnitt:* Richard A. Harris; *Ausstattung:* Trevor Williams; *Kostüme:* Ruth Myers; *Make-up:* Paul Rabiger; *Kostüme:* Brian Owen Smith; *Spezialeffekte:* Kit West; *Darsteller:* Jack Palance (Graf Dracula), Nigel Davenport (Dr. van Helsing), Simon Ward (Arthur Holmwood), Murray Brown (Jonathan Harker), Pamela Brown (Mrs. Westenra), Fiona Lewis (Lucy Rebecca Westenra), Penelope Horner (Mina Murray), Hanna-Maria Pravda (Wirtin), George Pravda (Wirt), Roy Spencer (Barkeeper), Virginia Wetherell (Vampirin), Sarah Douglas (Vampirin), Barbara Lindley (Vampirin), John Challis (Stockton-on-Tees-Spedition-Buchhalter), Sandra Caron (Kellnerin), Reg Lye (Zoowächter), Nigel Gregory (Midvale-Spedition-Buchhalter), Fred Stone (Priester), John Pennington (Richmond-Spedition-Buchhalter), Martin Read (Küstenwachenangestellter), Gita Denise (Madam Kristoff); *Produktion:* Dan Curtis Productions; *Länge:* 96 Min.; Farbe. Gedreht in Großbritannien und Jugoslawien.

Regisseur und Produzent Dan Curtis hatte mit der TV-Horror-Serie *Dark Shadows,* die von 1966 bis 1970 täglich vom amerikanischen Fernsehen ausgestrahlt wurde, einen enormen Erfolg. Romanautor Richard Matheson hatte für Roger Corman u. a. bereits einige Drehbücher verfaßt. Gemeinsam entwickelten

Curtis und Matheson diese Fernsehversion von *Dracula,* die als überdurchschnittlich gilt, nicht zuletzt dank der außerordentlich stilvollen Kameraarbeit des mehrfach preisgekrönten Oswald Morris, der alleine mit Regisseur John Huston sieben Filme drehte.

Dieser Film ist stark an den Roman angelehnt, wenngleich er in einigen Details eigene Variationen und Interpretationen aufweist und das Ensemble radikal reduziert. Dr. Seward, Renfield, Lord Godalming, Morris u. a. wurden weggelassen, dafür wurde aber erstmals Mrs. Westenra, Lucys Mutter, aufgenommen, die allerdings, anders als im Roman, überlebt und auf die man eigentlich auch hätte verzichten können, denn ihr kommt im Gegensatz zur Romanfigur keine wichtige dramaturgische Bedeutung zu. Der Film läßt aber eine intensive Auseinandersetzung mit der Romanvorlage erkennen, was gewisse Details im Drehbuch legitimiert.

Dank eines Kunstgriffs gewinnt der Film eine neue Dimension hinzu: So ist Graf Dracula von einer Fotografie, auf der Lucy Westenra zu sehen ist, angetan, denn Lucy gleicht exakt seiner Frau aus seinen heldenhaften Tagen als Feldherr im Mittelalter. Seine frühere Frau ist zusammen mit ihm auf einem riesigen Gemälde zu sehen, an dem ein Schild erklärt: *Vlad Tepes, Prince of Wallachia 1475* – der Name des historischen Fürsten Dracula. Das Bild hängt direkt über Draculas Sarg, der in seinem Arbeitszimmer steht.

Dort befindet sich auch ein Plattenspieler und eine angebrochene Flasche Wein. (Bislang trank Dracula ja niemals – Wein.) In einer Rückblende wird man sogar Zeuge des intensiven und harmonischen Verhältnisses zwischen dem Grafen und seiner hübschen Frau, die sich innig küssen und umarmen. Deshalb ist Graf Dracula an dem Haus, das in der Nähe von Lucys Heim liegt, interessiert: Carfax Estate. Jonathan Harker bleibt auf Schloß Dracula zurück und wird von den Vampirfrauen überwältigt.

Zu den Handlungsträgern werden fortan Arthur Holmwood, Lucys Verlobter, und Doktor van Helsing, »ein lieber Freund von Arthurs Familie«. Lucy schlafwandelt, fühlt sich schwach und hat Alpträume: »Etwas Dunkles legt sich um mich. Etwas Süßes, das auch bitter ist.« Van Helsing hat seine Theorie: »Wenn die Ursache des Leidens Ihrer Verlobten die ist, die ich vermute, wird die Wirkung des Bisses der gefährlichsten Schlange der Welt zu einer banalen Unpäßlichkeit.« (Was für ein Satz!) Arthur schläft während seiner Nachtwache ein. Lucy sucht den wartenden Grafen im Garten auf. Mit den Worten »Meine Lucy« küßt er die Verlobte des Schlafenden innig und beißt sie schließlich in den Hals, wozu Lucy lustvoll stöhnt und romantische Musik ertönt. Die Blutspende der Hausmagd, die in anderen Filmen lediglich als van Helsings Assistentin während der Transfusion danebenstand, rettet Lucys Leben.

Dracula entführt aus dem Zoo einen Wolf, hetzt ihn zunächst auf den Zoowächter und schließlich auf Arthur, der erneut an Lucys Bett wacht. Wieder kann Arthur nicht verhindern, daß der Graf Lucy aussaugt – diesmal stirbt sie. Als Vampirin taucht sie wieder auf, will ihn beißen und kann im letzten Moment von Dr. van Helsing davon abgehalten werden. Er treibt ihr im Grab den Holzpfahl ins Herz.

Als Dracula in die Gruft zu ihrem Sarg zurückkehrt und sie auffordert: »*Maria*, komm!«, muß er ihre Vernichtung feststellen. Ihm kommt das Bild seiner verstorbenen Frau im Totenbett ins Gedächtnis. Nur mit Mühe konnte er von seinen Soldaten von der Toten weggezerrt werden. Auch jetzt weint er bitterlich und verwüstet in seiner tiefen Verzweiflung die ganze Gruft.

Mina und Mrs. Westenra werden zur Sicherheit in ein entferntes Hotel gebracht. Doch auch dort wütet Dracula dermaßen, daß sie wieder heimfahren.

Unterdessen finden van Helsing und Holmwood heraus, wo Draculas Särge versteckt sind, und verbrennen sie. Doch als sie heimkommen, müssen sie mitansehen, wie Dracula sich mit den Fingernägeln seine behaarte Brust aufritzt und Minas Gesicht in die blutige Wunde preßt. »Nun wird sie Teil von meinem Blut sein, Teil meines Geschlechts und meine Gefährtin in der Nacht.« Doch schon erwartet den Grafen eine neue Enttäuschung: Die verbrannten Särge machen seine Pläne zunichte. Er schreit sich seine ganze Enttäuschung aus dem Leib.

Unter Hypnose kann Mina den Aufenthaltsort des Grafen mitteilen. Er ist mit dem Schiff *Zarin Katharina* nach Warna unterwegs. Van Helsing und Holmwood fahren zusammen mit Mina mit dem schnelleren Zug in Draculas Heimat, lassen sie jedoch vor dem Ziel in einer sicheren Pension zurück. Im Schloß pfählen sie die Vampirinnen und vernichten den zum Vampir gewordenen Jonathan Harker, der in eine Pfahlgrube stürzt.

Der Graf überrascht die beiden in seinem Arbeitszimmer: »Sie sind hier auf meinem Gebiet, Gentlemen, und verlassen werden Sie es nicht mehr.« Doch van Helsings entgegengestrecktes Kruzifix raubt ihm die Kraft. Schließlich kann er durch das Herabreißen der Gardinen vom gleißenden Sonnenlicht unschädlich gemacht werden. Van Helsing rammt ihm außerdem noch eine Lanze durch die Brust. Die Kamera nähert sich dem toten Grafen, der nicht altert oder zu Staub zerfällt wie gewohnt, sondern die Kamera bewegt sich weiter auf das kolossale Gemälde mit dem Bildnis Draculas in Kampfmontur und seiner Frau Maria. Schlachtengeräusche ertönen. Draculas Seele findet wieder zurück in die Zeit seiner real lebendigen Tage. Ein sehr tiefgründiges Ende, wenn man die anderen Verfilmungen als Vergleich sieht.

*Orientierung an Bram Stokers Romanensemble:*

| | |
|---|---|
| Graf Dracula | – Graf Dracula |
| Jonathan Harker | – Jonathan Harker |
| (Minas Verlobter, wird | |
| Vampir auf Schloß Dracula) | |
| Mina Murray | – Mina Murray |
| Lucy Rebecca Westenra | – Lucy Westenra |
| Dr. van Helsing | – Professor van Helsing |
| Mrs. Westenra | – Mrs. Westenra |
| (Lucys Mutter) | |
| Kapitän der *Demeter* | – Kapitän der *Demeter* |
| (nur als Leiche) | |

In ihrer Bemühung um historische Genauigkeit beweisen die Filmemacher gleich in der ersten Einblendung, daß sie sich mit der Historie beschäftigt haben: »Bistritz, Ungarn, May 1897«. Tatsächlich war das sich heute mitten in Rumänien befindende Transsylvanien seit 1868 ungarisch und erst ab 1919 rumänisch. Auch die Rückwendung ins Mittelalter, als das Vorbild für Graf Dracula Vlad Tepes tatsächlich gelebt hat, gibt der Geschichte erstmals die historische Dimension, die auch für Francis Ford Coppolas Version relevant wurde.
Der Verweis auf Draculas früh verstorbene Frau Maria wurde bei Coppola zum erstenmal zu einem eigenständigen Bestandteil der Geschichte ausgeweitet. Im Roman berichtet Harker, daß er

zu den Szeklern im Norden Transsylvaniens reise und diese
»stolz behaupten, von Attila und seinen Hunnen abzustammen«.
(Stoker, Bram: *Dracula*, a.a.O., S. 6)

Deshalb lag es nahe, den Schauspieler für die Dracula-Rolle zu
engagieren, der den Heiden Attila schon 1954 in *Attila, der Hun-
nenkönig/Sign of the Pagan* unter der Regie von Douglas Sirk
eindrucksvoll verkörpert hatte: Jack Palance. In Jack Palance
wurde auch ein Darsteller gefunden, der sowohl die bestialische
Seite des Vampirs mit seinen raubtierhaften Gebärden als auch
den entmachteten Heerführer ohne seine Gefolgschaft und die
innigst geliebte Frau glaubhaft darstellen konnte. Was Palance
allerdings nicht verkörpert, ist der unwiderstehliche Verführer,
gegen dessen Charme keine Frau gewappnet ist. Im Gegenteil:
durch die Darstellung seiner Verletztheit und der brutalen Besessenheit ist dieser Dracula eine leidende Kreatur, die ihr Leid
rücksichtslos anderen aufzwängt.

Jack Palance (geboren am 18.2.1919), der in Filmen wie *Maskierte Herzen/Sudden Fear* (1952), *Mein großer Freund
Shane/Shane* (1953), *Batman* (1989) etc. als Leinwandschurke
brillierte, vermag auch sanftmütigere Charaktere zu verkörpern,
wie z. B. in *Monte Walsh* (1970) oder *Out of Rosenheim/Bagdad
Café* (1987), und als Dracula deutet er zumindest an, daß dieser
trotz allem Jähzorn auch echte sentimentale Gefühle verspürt.
(Palance hatte vier Jahre zuvor bereits das »Vergnügen«, in dem
Billigfilm *Marquis de Sade: Justine/Justine ovverto le diaventura
della virtu/Les infortunes de la vertu* des Spaniers Jesus Franco
Manera alias Jess Franco mitzuwirken, der 1970 Christopher Lee
für seinen oben aufgeführten Film *Nachts, wenn Dracula erwacht*
als Dracula-Darsteller gewinnen konnte.)

Dennoch läßt Dan Curtis' Inszenierung einiges zu wünschen
übrig. Manche Szenen werden viel zu lange ausgespielt, die
Schauspieler wirken oft wie von der Regie im Stich gelassen, einfach in die Szenerie gestellt. Es hat den Anschein, als ob Curtis
seinen Bauten und deren wirkungsvoller Abfilmung die größere
Aufmerksamkeit gewidmet hat.

Anmerkungen:

[1] Hahn, Ronald M. und Volker Jansen: *Lexikon des Horrorfilms,* Bergisch
   Gladbach 1989, S. 317.
[2] Pirie, David: *Vampir-Filmkult,* a.a.O., S. 154

# Varianten des Dracula-Stoffes
# Graf Dracula in neuen Geschichten

**Andy Warhols Dracula** *(Dracula / Dracula vuole vivere: cera sangue di vergine / Blood for Dracula / Young Dracula)*
Italien 1974; *Regie* und *Buch:* Paul Morrissey; *Kamera:* Luigi Kuveillier; *Musik:* Claudio Gizzi; *Darsteller:* Udo Kier (Dracula), Arno Juerging (Anton), Vittorio De Sica (Graf De Viori), Maxime McEmory (= Maxine de la Falaise) (Gräfin Di Fiori), Joe Dallessandro (Mario), Dominique Barel (Saphiria), Stefanie Casini (Rubinia), Silvia Dioniso (Perla), Milena Vukotic (Esmeralda), Eleonora Zani (Draculas Schwester), Giorgio Dolfin (1. Kunde), Stefano Oppelisano (2. Kunde), Roman Polanski (Gast); *Produktion:* Champion/Andrew Braunsberg; *Länge:* 102 Min.; Farbe.

*Paul Morissey inszenierte ›Andy Warhols Dracula‹ (1973) mit Joe Dallesandro und Stefania Casini.*

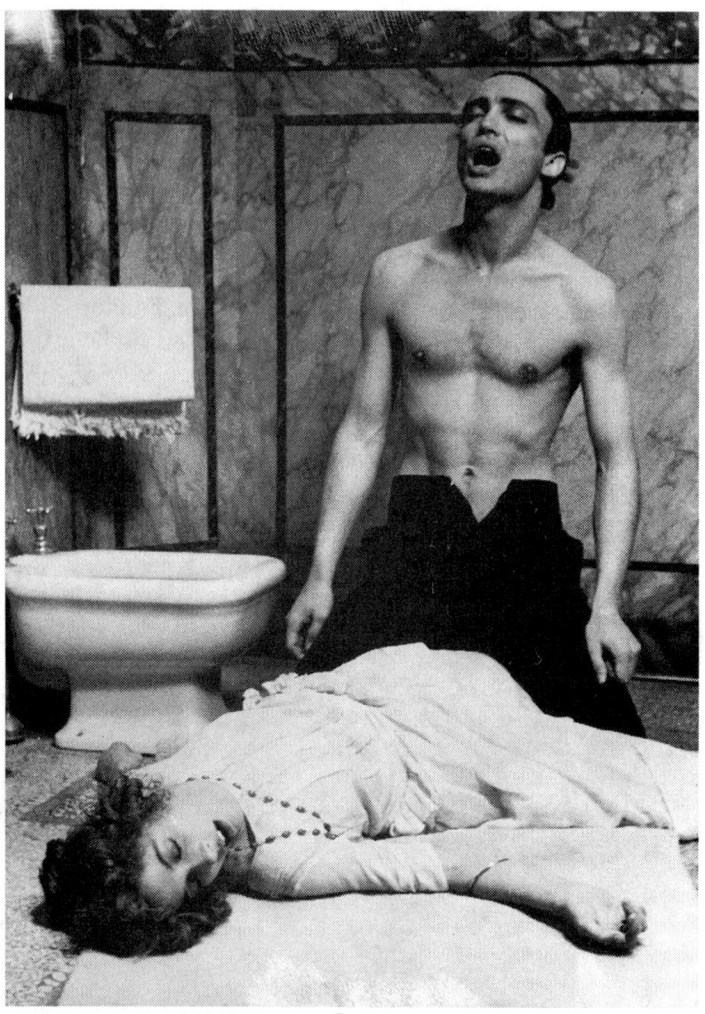

*Udo Kier als Dracula schlägt zu. Stefania Casini ist das Opfer. In ›Andy Warhols Dracula‹.*

Dracula findet in seiner Heimat Transsylvanien keine Jungfrauen zum Aussaugen mehr, das Blut anderer Opfer bekommt ihm nicht. So begibt er sich per Auto in das seiner Meinung nach konservative Italien, wo er ein Grafenpaar mit vier jungen Töchtern findet. Doch drei der vier Mädchen haben bereits dank des Gärtners ihre Jungfräulichkeit verloren, und Dracula wird von dem »unreinen« Blut speiübel. Er erbricht sich ausführlich auf der Toilette. Die vierte Tochter wird vom Gärtner gerettet, der Dracula mit einer Axt verfolgt und ihn in Einzelteile zerlegt, ehe der Rumpf von einem Pfahl durchbohrt wird. Das Ganze spielt in den 20er Jahren.

Andy Warhols New Yorker Pop-Art-Gruppe verweilte 1973 in Rom. Produzent Andrew Braunsberg hatte zuvor bei Roman Polanskis Film *Was?/Che?/What?* (1972) als ausführender Produzent gearbeitet, war von dessen kommerziellem Mißerfolg enttäuscht und ließ weitere Pläne mit Polanski fallen. Deshalb steckte er seinen ganzen Enthusiasmus in zwei Projekte mit dem Warhol-Clan.

Zuerst entstand *Andy Warhols Frankenstein/Carne per Franken-*

*Denise Nicholas vor Blaculas Sarg in ›Black Dracula‹, einem der ersten »schwarzen« Horror-Filme.*

157

*stein* (1973), eine Blut- und Sexorgie in 3-D und bislang nicht gekannten Ekelexzessen. Unmittelbar danach folgte dieser Film. Beide »sind eher Happenings mit Blut und Gedärmen als episch nachvollziehbare Filme des Genres«[1] und stehen am Beginn einer neuen Ära von Horror-Filmen, die in ihrer Tendenz eher gewalt- und ekelverherrlichend sind.

**Black Dracula** *(Blacula)*
USA 1972; *Regie:* William Crain; *Buch:* Joan Torres, Raymond Koenig; *Kamera:* John Stevens; *Musik:* Gene Page; *Darsteller:*

*Rassengleichheit auch im Horror. Der schwarze Vampir Blacula findet seine Opfer im modernen Los Angeles. William Marshall und Vonetta McGee in ›Black Dracula‹.*

William Marshall (Blacula), Vonetta McGee, Denise Nicholas, Gordon Pinsent, Charles Macaulay, Thalmus Rasulala, Elisha Cook jr., Ketty Lester; *Produktion:* Joseph T. Naar/AIP; *Länge:* 93 Min.; Farbe.

Als der afrikanische Fürst Mamuwalde angesichts des expandierenden Sklavenhandels in die Vereinigten Staaten 1815 Graf Dracula in Transsylvanien um Unterstützung ersucht, wird er von diesem nur ausgelacht und -gesaugt und in »Blacula« umbenannt. Im Los Angeles von 1972 wird der schwarze Vampir zufällig wiederbelebt und treibt schließlich sein Unwesen und die weiße Bevölkerung in Angst und Panik.
Ein schwacher Fortsetzungsfilm hieß *Scream, Blacula, Scream!* (1973).

### Blood of Dracula / Blood Is My Heritage
USA 1957; *Regie:* Herbert L. Strock; *Darsteller:* Sandra Harrison, Louise Lewis, Gail Ganley, Jerry Blaine; *Länge:* 69 Min.; schwarzweiß.

In diesem Film taucht Dracula nur im US-Verleihtitel auf. Es geht um einen Chemielehrer, der an einer Privatschule für Mädchen unterrichtet und aus Versehen eine Schülerin zur Vampirin verwandelt. Der Film entstand in einer Zeit, in der in der Wissenschaft große Fortschritte erzielt wurden, deren Ergebnisse aber von Science-fiction-Filmen häufig mit katastrophalen Auswirkungen in Verbindung gebracht wurden. Der billige B-Film ist in Deutschland nie gelaufen.

### Blut für Dracula *(Dracula, Prince of Darkness)*
Großbritannien 1965; *Regie:* Terence Fisher; *Buch:* John Sansom (= Jimmy Sangster) nach einer Idee von John Elder (= Anthony Hinds) und der Figur, die Bram Stoker schuf; *Kamera:* Michael Reed; *Musik:* James Bernard; *Schnitt:* James Needs, Chris Barnes; *Darsteller:* Christopher Lee (Dracula), Barbara Shelley (Helen Kent), Andrew Keir (Vater Shandor, Abt von Kleinberg), Francis Matthews (Charles Kent), Suzan Farmer (Diana Kent), Charles Tingwell (Alan Kent), Thorley Walters (Ludwig), Philip Latham (Gabor), Walter Brown (Mark), Jack Lambert (Peter), Philip Ray (Priester), Joyce Hemson (Mutter), John Maxin (Kutscher), George Woodbridge, Peter Cushing (Profes-

sor van Helsing in der Schlußsequenz von *Dracula* aus dem Jahr 1958); *Produktion:* Warner/Hammer/Anthony Nelson Keys; *Länge:* 90 Min.; Farbe; *deutsche Synchronschauspieler:* (Christopher Lee hat keinen Text) Jürgen Thormann (Francis Matthews), Marianne Lutz (Suzan Farmer), Paul Edwin Roth (Charles Tingwell), Margot Trooger (Barbara Shelley), Wolfgang Lukschy (Andrew Keir), Dietrich Frauboess (Philip Latham), Walter Bluhm (Thorley Walters).

»Von seinem Schloß in den Karpaten aus hatte der König der Schattenwesen Graf Dracula, der Vampir, seine grauenhafte Schreckensherrschaft mehr als ein Jahrhundert lang ausgeübt. Viele hatten versucht, ihn zu vernichten. Es war keinem gelungen. Endlich fand sich ein Mann, der dem Wesen des Vampirismus wissenschaftlich nachging. Und so wußte er, wie man das Ende und die Zerstörung eines Vampirs erreichen konnte. Das Schicksal von Dracula erfüllte sich. Tausende waren Sklaven des grausigen Vampirkults gewesen. Dieser erlosch mit der Vernichtung seines Ursprungs. Es blieb nur die Erinnerung, die Erinnerung an ein Wesen, das die ganze Welt mit Grauen erfüllt hatte.« (Einleitender Kommentar)

Zu Beginn des Films ist die Schlußszene des *Dracula* von 1958 zu sehen. Weil dieser Film in einem anderen Format gedreht wurde als der Vorgänger, wird die Szene in einem dampfenden, rautenförmigen Rahmen gezeigt. Damit wird Draculas Vernichtung noch einmal vorgeführt.

Zehn Jahre später soll in der Gegend einem verstorbenen Mädchen (»könnte Draculas Werk sein«) ein Holzpfahl unter priesterlicher Anleitung ins Herz getrieben werden. In letzter Sekunde kann der hinzukommende Abt vom Kloster Kleinberg das verhindern.

Später erklärt er zwei englischen Ehepaaren, den Brüdern Charles und Alan und deren Frauen Diana und Helen, wie abergläubisch die Menschen hier seien. Seit zehn Jahren gäbe es keinen Vampir mehr. Doch er erteilt den Reisenden den Rat, Carlsbad zu meiden. »Der Ort ist verflucht. Meiden Sie das Schloß. Betreten Sie es niemals!«

Natürlich tun sie aber genau das, als sie von ihrem Kutscher mitten auf der Reise aus der Kutsche geschmissen und von einer führerlosen Kutsche zu Draculas Schloß gebracht werden. Die Tü-

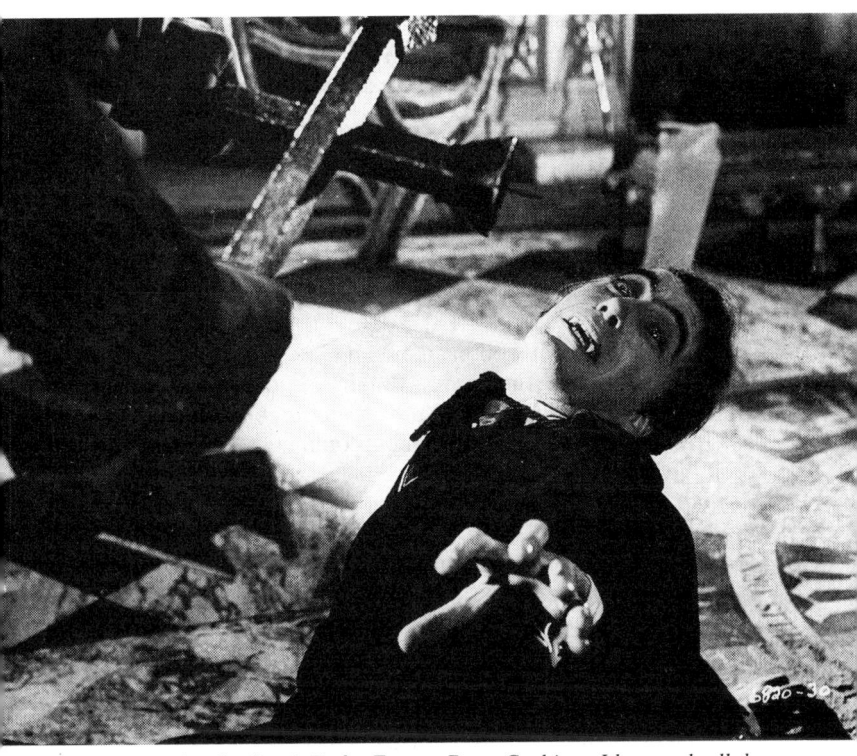

*Draculas (vorläufiges) Ende. Es war Peter Cushings Idee, nach all den Kreuzen einmal zwei übereinandergehaltene Kerzenständer zu benutzen. Die Szene, die aus ›Dracula‹ (1957) von Terence Fisher stammt, leitet auch ›Blut für Dracula‹ (1965) ein. Im Bild: Christopher Lee.*

re ist offen, der Tisch ist gedeckt, die Zimmer sind vorbereitet. Zwar sind die vier sehr verunsichert, aber »man will schließlich auf Reisen was erleben, was einem zu Hause nicht jeden Tag passiert«. Endlich erscheint der Diener Gabor, eine finstere Gestalt, und erklärt: »Mein Herr hat sich immer über Besuch gefreut.« »Wird Ihr Herr nicht mit uns essen?« »Nein, das Vergnügen werden Sie nicht haben.« »Ist er verhindert?« »Er ist tot.« Er hat auch keine Nachkommen, »jedenfalls Nachkommen im eigentlichen Sinne«, hat aber verfügt, nach seinem Tod Gäste freundlich zu empfangen.

Auf ihrem Zimmer erzählt Diana ihrem Mann Charles von einem Flirt aus der Schulzeit mit Teddy Siebenhühner. Im Zimmer von Helen und Allan ist die Stimmung weniger gelassen. Helen fühlt das Böse, Grausame des Hauses. »Es gibt für uns kein Morgen mehr.«

Alan läßt sie im Zimmer zurück, um in der Nacht die Ursache für seltsame Geräusche zu suchen. Gabor ermordet ihn hinterrücks. Er schüttet die Asche Draculas in einen Sarg und hängt Alans Leiche kopfüber zum Ausbluten darüber. Dracula aufersteht. Gabor schickt Helen (»Es ist Ihrem Mann etwas passiert«) in Draculas Gruft, wo der Graf sie durch Aussaugen zur Vampirin macht.

Charles und Diana fliehen nach einem Gefecht mit den beiden. Im Kloster Kleinberg finden sie Aufnahme. Dort ist auch der geistesschwache, fliegenessende Ludwig untergebracht, ein Opfer des Grafen, das vor zwölf Jahren entkommen konnte. Der Abt kennt die Regeln des Vampirismus.

Als Gabor die Särge mit Dracula und Helen in der Kutsche vor dem Kloster abstellt, ist es Ludwig, der ihnen Einlaß verschafft. Helen gelangt in Dianas Zimmer und beißt sie in den Arm. Der Abt und Charles verhindern Schlimmeres. Die Bißwunde wird vom Abt sofort ausgebrannt. Helen kann gefangen werden. Sie wird von vier Mönchen auf einem Tisch festgehalten und vom Abt gepfählt.

Ludwig führt Diana zu Dracula, der sie hypnotisiert und sich mit dem Fingernagel die Brust aufritzt. Doch bevor Diana seine Wunde berührt, brechen der Abt und Charles die Türe auf. Dracula und Diana liegen in den Särgen, die Gabor zurück zum Schloß fährt. Die beiden Männer nehmen zu Pferd die Verfolgung auf.

Als sie das Schloß erreichen, kann Diana gerettet werden. Draculas Sarg ist auf das Eis des zugefrorenen Schloßgrabens gerutscht. Charles will den Grafen im Sarg vernichten, doch die Sonne ist schon untergegangen, und Dracula kann seinen Sarg verlassen und sich zur Wehr setzen. Doch das Eis gibt nach. Der Graf bricht ein und verbleibt unter dem Eis.

Sieben Jahre lang widerstand Christopher Lee dem Wunsch der Firma Hammer, Dracula noch einmal zu verkörpern. Doch schließlich zog er das Cape wieder an, da er sich inzwischen auch in anderen Rollen profilieren konnte und die befürchtete Festlegung auf das Dracula-Image ausgeschlossen zu sein schien. Er taucht in diesem Film allerdings erst in der zweiten Hälfte auf und hat überhaupt keinen Text. Daher hat er keine zwei Seiten, wie noch im ersten Film, sondern bleibt immer nur das gefährliche Ungeheuer.

*Die Schlußszene von ›Blut für Dracula‹. Jeden Moment muß das Eis des Schloßgrabens nachgeben und Graf Dracula darunter bis zum nächsten Film verschwinden. (Francis Matthews und Christopher Lee)*

Der Film konzentriert sich mehr darauf, die neuen Opfer Draculas ausführlich vorzustellen. Dabei werden die Unterschiede der beiden Brüder Charles und Alan, aber auch der beiden Paare deutlich herausgearbeitet.

Charles, der jüngere, ist trink- und spendierfreudig, unternehmungslustig und kontaktbereit. Seine Frau Diana versprüht ebenfalls Lebensfreude und Koketterie. Als Helen im Gasthof vorschlägt, ins Bett zu gehen, hält sie das für »eine ausgezeichnete Idee« und strahlt ihren jungen Mann verliebt und erwartungsfroh an ...

Alan hingegen ist eher ein Vernunftmensch, der alles rational einordnet und mit seiner Frau Helen gestraft ist, die nicht nur zugeknöpft wirkt, sondern auch unflexibel, nörgelnd und arrogant. Die beiden verkörpern das typische gehemmte viktorianische Paar, was sie zu den perfekten Opfern Draculas macht.

So ist es denn auch Helen, die das Schloß unheimlich findet und am liebsten gleich wieder verlassen würde. Alan fordert sie auf: »Mach dich nicht lächerlich!« Ihre scheinbar unbegründete Angst kann er sich nicht erklären, doch wird er selbst das erste Opfer. Daß er an den Füßen aufgehängt und aufgeschlitzt wird, damit sein Blut auf Draculas Asche fließt, kommt einem religiösen Ritual gleich. »Alans Blut gibt Dracula Leben, und so wird im mystischen Sinne Alan zu Dracula. Der leicht schwülstige Victorianer verwandelt sich zu einem wilden, sinnlichen, unersättlichen Anti-Helden, der sofort Alans Frau Helen als erstes Opfer beansprucht.«[2]

Als Vampire sind die beiden das genaue Gegenteil eines viktorianischen Ehepaars: Die Befriedigung ihrer Begierden ist ihr oberstes Gebot. Ihr Trieb ist so stark, daß sie sich gleich auf die engsten Verwandten stürzen.

Solch eine zerstörerische Energie muß vernichtet werden, und zwar von kompetenter Hand. Das Pfählen von Helen, die sich windet und um sich beißt, wird ebenso zum Ritual. Sie muß von vier starken Mönchen festgehalten werden, während der Abt persönlich ihr den Holzpfahl in die Brust hämmert. Zum Ausmerzen der fleischlichen Gelüste ist das Kloster der ideale Ort. (Es ist eine erstaunliche Leistung von Barbara Shelley, wie sie die steife Helen vom Anfang und die wilde, besessene Vampirin tatsächlich als zwei völlig gegensätzliche Figuren spielt.)

In *Dracula* von 1958 konnten viele Elemente der Romanvorlage

*Graf Dracula (Christopher Lee) hat vorübergehend Macht über Diana Kent (Suzan Farmer), die bald sein Blut aus seiner aufgeritzten Brust trinken soll. Aus: ›Blut für Dracula‹.*

nicht berücksichtigt werden. Das ließ sich in diesem Film nun nachholen. So spielt die Vampirregel, die besagt, daß ein Vampir ein Haus nur zum ersten Mal betreten kann, wenn er von jemandem im Haus dazu eingeladen wird, hier eine Rolle. Sie rechtfertigt die Figur des Ludwig, der eine Renfield-Variante ist. Auch, daß sich Dracula selbst die Brust aufritzt, wird hier gezeigt, freilich ohne daß es Konsequenzen für die Geschichte hat. Der Film zählt zu den besten Dracula-Filmen, nicht zuletzt, weil Terence Fisher ein großes Gespür für die Schaffung von Atmosphäre beweist. So fährt einmal die Kamera ganz langsam durch die leeren Gänge des Schlosses. Nichts geschieht, doch man vermeint den Geist Draculas zu spüren. Fisher hat leider danach keinen Dracula-Film mehr gedreht, was der Qualität der Nachfolger aus dem Hause Hammer deutlichen Abbruch tat.

Mußte 1960 in *Dracula und seine Bräute/The Brides of Dracula* Peter Cushing ohne Christopher Lee auskommen, so spielt diesmal Christopher Lee ohne Peter Cushing, der wegen anderer Engagements verhindert war. In seinem zweiten Memoirenbuch, *Past Forgetting – Memoirs of the Hammer Years,* berichtet er vom Anruf des Produzenten Anthony Hinds, der ihn um Erlaubnis bat, die Schlußsequenz als Prolog für den neuen Film verwenden zu dürfen, wogegen Cushing keine Einwände hatte. Zwischenzeitlich hatte er zusammen mit seiner Frau Helen ein Haus gekauft, das eine sehr kostspielige Dachstuhlrenovierung erforderte.

»Einige Wochen nach Beendigung der Bauarbeiten erhielt ich eine Quittung des Bauunternehmens. Ich hatte sie aber noch gar nicht bezahlt, da mir noch keine Rechnung vorlag. Auf meine Nachfrage hin erfuhr ich, daß die Hammer Company sämtliche Kosten übernommen hatte als Gage für die Wiederverwendung von Draculas (vorläufiger) Todesszene, für die ich ja schon – beim ersten Film – meine Gage erhalten hatte: eine unerwartete, großzügige Geste.«[3]

### Die blutig ernste Geschichte des Grafen Dracula, erzählt von Vincent Price

(Dokumentarfilm) Kanada 1984; *Regie:* John Muller; *Buch:* Kate und Ted Lonsdale; *Kamera:* Alar Kivilo, Jerry Fijalkoski; *Musik:* Drew King, Peter Jermyn; *Schnitt:* Seaton McLean; *Darsteller:* Vincent Price (synchronisiert von Friedrich Schönfelder); *Produktion:* M&M Film Productions Ltd./Atlantis Film Ltd.; *Länge:* 48 Min.; Farbe.

Vincent Price, selbst ein berühmter Horror-Film-Darsteller (allerdings nie als Dracula), erklärt in süffisanter, charmanter Art die Hintergründe der berühmten Dracula-Legende. Dabei kommen sowohl der historische Fürst Vlad Tepes und seine überlieferte Geschichte zur Geltung, wie auch die heutige Situation in Transsylvanien, wo die Bewohner, wie auch filmisch dokumentiert, rituelle Feste und traditionelle Maßnahmen zur Vertreibung von Vampiren durchführen.

Selbstverständlich erwähnt Price auch die Verfilmungen, von denen einige in Ausschnittform zu sehen sind, darunter *Nosferatu*

*– Eine Symphonie des Grauens* (1922), *Vampyr – Der Traum des Allan Grey* (1931), *Das Zeichen des Vampirs/Mark of the Vampire* (1935), *Dracula* (1958), *Nosferatu – Phantom der Nacht* (1979). Zur Bebilderung der historischen Fakten werden beeindruckende Ausschnitte aus dem 1978 entstandenen rumänischen Kolossalfilm *Vlad Tepes* verwendet, der besonders die historischen Schlachten des Karpatenfürsten aufwendig nachgestaltet. (Diese Dokumentation wurde vom ZDF als *Filmforum* ausgestrahlt.)

**Brennen muß Salem** *(Salem's Lot)*
Im TV: *Schrecken im Marsten Haus* (2 Teile)
USA 1979; *Regie:* Tobe Hooper; *Buch:* Paul Monash nach dem gleichnamigen Roman von Stephen King; *Kamera:* Jules Brenner; *Musik:* Harry Sukman; *Schnitt:* Carroll Sax, Tom Pryor; *Ausstattung:* Mort Rabinowitz; *Bauten:* Jerry Adams; *Spezialeffekte:* Frank Torro; *Make-up:* Jack Young; *Darsteller:* David Soul (Ben Mears), James Mason (Richard K. Straker), Lance Kerwin (Mark Petrie), Bonnie Bedelia (Susan Norton), Lew Ayres (Jason Burke), Reggie Nalder (Barlow), Julie Cobb (Bonnie Sawyer), Elisha Cook jr. (Weasel), George Dzundza (Cullie Sawyer), Ed Flanders (Dr. Norton), Clarissa Kaye (Marjorie Glick), Brad Savage (Danny Glick); *Produktion:* Warner Brothers/Richard Kobritz; *Längen:* Original-TV-Version: 200 Min.; gekürzte TV-Version: 150 Min.; US-Videoversion: 113 Min.; deutsche TV-Version: 2 mal 85 Min. = 170 Min.; deutsche Videoversion: 106 Min.; Farbe.

Salem's Lot ist ein verschlafenes Nest in Maine. Der Schriftsteller Ben Mears, der hier aufwuchs, kommt nach dem Tod seiner Frau in dieses Städtchen zurück. Dort freundet er sich mit der Lehrerin Susan Norton an.
In seiner Kindheit hatte Ben beim Besuch des als Geisterhaus verschrienen Marsten-Hauses eine grauenhafte Vision. Jetzt will er hinter das Geheimnis des Hauses und seines neuen Bewohners Mr. Straker gelangen. Der gibt sich als Antiquitätenhändler aus und läßt sich eine große Holzkiste anliefern.
Plötzlich verschwinden Personen. Mit vampirisierten Kindern fängt das Verhängnis an. Bald sterben auch Erwachsene, die dann selbst Vampire werden. Ihr Anführer ist Barlow, der »Kö-

nig der Vampire«, ein gräßlicher, glatzköpfiger Hüne mit strahlenden Augen und zwei spitzen Schneidezähnen. (Die anderen Vampire haben die üblichen langen Eckzähne.)

Straker erweist sich als dessen treu ergebener Diener.

Ben weiß, wie man Vampire vernichtet. Mit Weihwasser und Holzpflöcken ausgerüstet, betritt er zusammen mit einem Arzt das Marsten-Haus. Straker tötet den Arzt, wird aber von Ben niedergeschossen. Zu dessen Unterstützung kommt noch ein Jugendlicher in das Haus, der sich mit mystischen Dingen beschäftigt.

Nachdem Ben dem Obervampir im Keller einen Holzpflock in den Leib gerammt und dieser sich zum Skelett umgewandelt hat, nähern sich die anderen Vampire. Sie können gerade noch eingeschlossen werden. Dann brennen die beiden von draußen das ganze Haus, in dem sich scheinbar auch noch Susan befindet, ab. Am Schluß sieht man den Vollmond, der die Gestalt eines Totenkopfes annimmt. (Grundlage dieses Textes ist die gekürzte deutsche Videofassung.)

Der für das US-Fernsehen gedrehte Film zeigt große Schwächen in der Inszenierung. Die Hauptfigur wird von David Soul gespielt, der in der Krimi-Serie *Starsky und Hutch* hauptsächlich in Verfolgungsjagden und Schießereien verwickelt war. Hier spielt er hingegen wie in Trance. Auch andere Darsteller bleiben hölzern und leblos. Lediglich der Engländer James Mason kann in der für ihn typischen weltmännischen Art mit Charme und Würde aufspielen. Durch ihn bekommt der Film etwas Stil. Der Obervampir ist nur selten und dann nur kurz im Bild. Er ist einfach nur eine Horrorgestalt, ganz auf den Effekt ausgerichtet. Er ist keine dramaturgisch durchgestaltete Rolle und kann insofern nicht mit Dracula verglichen werden. Dennoch hat sich Horror-Autor Stephen King an dieser Figur beim Schreiben orientiert. Er hätte daher lieber James Mason in der Rolle des Vampirs gesehen.

»*Salem's Lot* wurde natürlich von dem großen Klassiker des Genres, Bram Stokers *Dracula,* beeinflußt, und es weist eine ganz bewußte Ähnlichkeit damit auf. Daraus habe ich nie ein Geheimnis gemacht.«[4]

Die sexuellen Aspekte, die Stokers Roman prägen, wurden von King allerdings völlig weggelassen, »weil ich der Meinung war, daß in einer Gesellschaft, in der Homosexualität, Gruppensex,

*James Mason als williger Gehilfe des Vampirs in ›Brennen muß Salem‹ nach Stephen King.*

oraler Sex und sogar, Gott schütze uns, Wassersport Themen öffentlicher Diskussion geworden sind ..., den sexuellen Motoren, die einen Großteil von Stokers Roman angetrieben haben, der Treibstoff ausgegangen sein könnte.«[5]

Interessanterweise war *Brennen muß Salem* der erste phantastische Roman, den King schrieb, wenngleich *Carrie* noch davor veröffentlicht wurde. Auf die Frage, was er empfand, als er die Verfilmung sah, antwortete Stephen King: »Mein hauptsächliches Gefühl war Erleichterung, weil das Fernsehen dieses magische Medium ist, das fast alles, was es anfaßt, in Scheiße verwandelt, und ich finde, das ist *Salem's Lot* weitgehend erspart geblieben. Sehen Sie, ich bin emotional überhaupt nicht in dieses Projekt verwickelt. Warner Brothers haben die Rechte gekauft und versucht, das Ding als Kinofilm zu realisieren, aber das hat nicht geklappt. Wenn Sie etwas wirklich Schreckliches sehen wollen, dann müssen Sie sich einige der frühen Drehbuchentwürfe ansehen. Sie müssen sich Silliphant (Sterling Silliphant, ausführender Produzent dieses Films, der als Drehbuchautor einen großen Namen hatte; Anm. d. A.) ansehen, schlimmer als das, was er für *The Swarm* (dt. *Der tödliche Schwarm*) gemacht hat. Wenn Sie das tun, wird Ihnen klar, wie gut ich davongekommen bin.

Es gefällt mir nicht besonders, daß sie aus Barlow einen Nosferatu gemacht haben, der überhaupt nichts sagt und im Vergleich fast nebensächlich wird ... das ist ein völlig anderes Konzept als meins, und ich finde, es ist eines, das ziemlich leer ist.«[6]

1987 entstand eine Kino-Fortsetzung, die mit Stephen Kings Roman nichts mehr zu tun hatte: *Salem II – Die Rückkehr/A Return to Salem's Lot,* TV-Titel: *Stadt der Vampire. Regie:* Larry Cohen.

**Dracula braucht frisches Blut** *(The Satanic Rites of Dracula / Dracula Is Dead: But Alive and Well and Living in London)*
Großbritannien 1973; *Regie:* Alan Gibson; *Buch:* Don Houghton; *Kamera:* Brian Probyn; *Musik:* John Cacavas; *Schnitt:* Chris Barnes; *Spezialeffekte:* Les Bowie; *Make-up:* George Blackler; *Kostüme:* Rebecca Breed; *Ausstattung:* Lionel Couch; *Darsteller:* Christopher Lee (D. D. Denham/Graf Dracula), Peter Cushing (Professor Lorrimer van Helsing), Michael Coles (Inspektor Murray), Barbara Yu-Ling (Chin Yang), Patrick Barr (Lord Carradine), Lockwood West (General Freeborne), Freddie Jones (Professor Julian Keeley), Joanna Lumley (Jessica van Helsing), William Franklyn (Torrence), Richard Vernon (Colonel Matthews), Richard Mathews (John Porter), Valerie van Ost (Jane), Peter Adair (Arzt), Maurice O'Connell (Hanson), John

Harvey (Kommissar), Maggie Fitzgerald (Vampirin), Mia Martin (Vampirin), Pauline Peart (Vampirin), Finnuala O'Shannon (Vampirin), Marc Zuber (1. Wächter), Paul Weston (2. Wächter), Ian Dewar (3. Wächter), Graham Rees (4. Wächter); *Produktion:* Hammer/Roy Skeggs; *Länge:* 87 Min.; Farbe; *deutsche Synchronschauspieler:* Helmo Kindermann (Christopher Lee), Christian Marschall (Peter Cushing), Thomas Danneberg (Michael Coles), Dagmar Altrichter (Barbara Yu-Ling), Klaus Sonnenschein (Freddie Jones), Dietrich Frauboess (Patrick Barr), Wolfgang Lukschy (Richard Vernon), Marianne Lutz (Valerie van Ost), Michael Chevalier (Maurice O'Connell), Heinz Petruo (John Harvey).

Was kann Dracula im Jahre 1973 noch anstreben – persönliche Rache, ewiges Leben, die Weltherrschaft? Wenn er das will, darf er aber keinen Denkfehler begehen. Er denkt ganz richtig, daß die Welt korrupt und voller Bösem ist. Deshalb mag er sie ja so. Und deshalb wählt er sich aus den korruptesten Kreisen, nämlich dem Militär, der Polizei, dem Immobilienwesen und der Wissenschaft, die herausragendsten Kräfte Großbritanniens aus, um mit ihrer Hilfe sein tödliches Imperium aufzubauen.
Aber er begeht zwei Fehler: Er sucht den tödlichen Pestvirus, den »Schwarzen Tod«, als Kampfmittel zur Menschenvernichtung aus, und er unterschätzt Professor van Helsing, der ihn deshalb am Schluß mit dem »Weißdorn, dessen Krone aus Dornen Jesus Christus schützte«, aufhält und mit einer Latte aus einem Gartenzaun wieder in die Hölle schickt.
In der logischen Weiterführung der Filmreihe der Hammer-Studios knüpft der Film an den Vorgänger *Dracula jagt Mini-Mädchen/Dracula A. D. 1972* an. Van Helsing und Inspector Murray tauchen hier ebenso wieder auf wie van Helsings Enkelin Jessica. Van Helsing wird wieder von Peter Cushing verkörpert, Murray wieder von Michael Coles. Nur van Helsings Enkelin Jessica wurde mit der später zum Star avancierenden Joanna Lumley umbesetzt.
Dracula wurde wiederbelebt. Wie bleibt unklar. Aber exakt auf seinem Grab steht nun ein großes Bürohochhaus des Unternehmers D. D. Denham. Dracula ist D. D. Denham, und er residiert in seinem Büro wie J. R. Ewing, der 1973 noch in den geistigen Windeln seiner Erschaffer lag (vielleicht haben die sich ja diesen

*Dracula meets 007. Christopher Lee kehrte 1974 als Gangster Scaramanga in ›James Bond – Der Mann mit dem goldenen Colt‹ seinem Blutsauger-Image den Rücken. Rechts Roger Moore.*

Film zum Vorbild genommen?). Die machthabenden alten Herren konsultieren seine von einer Chinesin zelebrierten schwarzen Messen, die von einem bewaffneten Sicherheitswachdienst abgeschirmt werden.

Der tödliche Pesterreger, den Dracula auf die Menschheit loslassen will, würde niemanden hinterlassen, über den Dracula herrschen könnte. Das hatte er in seiner Machtgier völlig vergessen. Van Helsing schlägt mit Hilfe von Scotland Yard zu. Dracula wird erneut vernichtet und zerfällt zu Staub, doch diesmal für die Firma Hammer endgültig. Die Dracula-Serie fand ihr endgültiges Ende.

Der dialogreiche Film knüpft auch eher an die Muster der erfolgreichen James-Bond-Filme an als an altbewährte Hammer-Traditionen. Die Weltherrschaft und der Aufbau eines gigantischen Imperiums, gegen das Polizei und Geheimdienst machtlos erscheinen, zu verhindern, das erfordert einen Spezialisten, der über geheime Waffen verfügt. Van Helsing im Dienste ihrer Majestät – ein Ausverkauf des Dracula-Mythos, der nur noch dank der gealterten Stars aufrechterhalten werden kann.

Christopher Lee verdankt wahrscheinlich diesem Film sein Engagement für den im Folgejahr gedrehten James-Bond-Film *James Bond – Der Mann mit dem goldenen Colt/The Man with the Golden Colt* (Großbritannien 1974), in dem er den Oberbösewicht Scaramanga verkörperte. Die Rolle im Bond-Film war wichtig für Christopher Lee, »der damit von seinen Blutsaugern endgültig wegkam, sich in Los Angeles niederließ und heute in Amerika alles Erdenkliche spielt«.[7]

Peter Cushing allerdings signalisierte ironisch: »Ich hoffe, Hammer hat bereits weitere Drehbücher für zukünftige *Dracula*- und *Frankenstein*-Filme, in denen ich dann im Rollstuhl spiele ... Aufhören, den van Helsing in den *Draculas* zu spielen? Nur über meine Leiche!«[8]


**Dracula im Schloß des Schreckens** *(Satan der Rache / Nella stretta morsa del ragno / Edgar Poe chez les morts-vivants / Les fantômes de Hurlevent)*
Italien/Frankreich/BRD 1971; *Regie:* Anthony M. Dawson (= Antonio Margheriti); *Buch:* Antonio Margheriti, Giovanni Adessi, Bruno Corbucci, Giovanni Grimaldi nach einer Erzählung von Edgar Allan Poe; *Kamera:* Sandro Mancori, Manno Mancori, Silvano Spagnoli; *Musik:* Riz Ortolani; *Darsteller:* Anthony Franciosa (Alan Forster), Michèle Mercier (Elisabeth), Klaus Kinski (Edgar Allan Poe), Karin Field (Jilia), Peter Carsten (Dr. Carmus), Irina Malewa (Elsie), Heinz Ostermann (Lord Thomas Blackwood), Silvano Tranquilli (William), Raf Baldassare (Herbert), Marco Bonetti (Maurice), Paolo Goslino; *Produktion:* Terra (Berlin)/D. C. 7 (Rom)/Paris-Cannes (Paris); *Länge:* 97 Min.; Farbe.

Dracula ist wieder einmal nur Werbeträger im deutschen Verleihtitel. Es geht um einen amerikanischen Journalisten, der den Gruselschriftsteller Edgar Allan Poe interviewt und eine Wette eingeht, aufgrund derer er eine Spukvilla aufsucht. Dort hausen lebende Tote, die dem Besucher die Sinne rauben. Tags darauf hängt der Amerikaner tot überm Zaun – aufgespießt. Edgar Allan Poe wird gespielt von Klaus Kinski. »Kinski ist ausgezeichnet in der Rolle, der Film ist es weniger.«[9]

## Dracula jagt Frankenstein 1970
*(El hombre quel vine dela ummo / Los monstros del terror)*
BRD/Italien/Spanien 1970; *Regie:* Tulio Demicheli; *Buch:* Jacinto Molina Alvarez; *Kamera:* Godofredo Pacheco; *Musik:* Rafael Ferrer; *Darsteller:* Michael Rennie (Dr. Varnoff), Karin Dor (Maleva), Craig Hill (Kirian), Angel del Pozo (Dracula), Paul Naschy (Mumie/Werwolf), Ella Gessler, Jacinto Molino, Patty

*Der Schriftsteller Edgar Allan Poe wird in Anthony M. Dawsons ›Dracula im Schloß des Schreckens‹ von Klaus Kinski (rechts) verkörpert. Daneben Heinz Ostermann.*

*Karin Dor und Michael Rennie als Wissenschaftler in Tulio Demichelis ›Dracula jagt Frankenstein‹.*

Sheppard, Manuel de Blas, Peter Damon, Diana Sorel, Ferdinando Murolo; *Produktion:* Eichberg/Jaime Prades/Jaguar; *Länge:* 85 Min.; Farbe.

Die Menschheit soll ausgerottet werden, weil Außerirdische das so wollen. Damit wird der besessene Wissenschaftler Dr. Varnoff à la Frankenstein beauftragt. Der kommt auf die Idee, dies von »Profis« machen zu lassen. So wiederbelebt er Dracula, die Mumie Pharaos und den Werwolf. Nachdem diese ihren ersten Bluthunger gestillt haben, fallen sie als Konkurrenten übereinander her und vernichten sich so selbst. Eigentlich als Satire gedacht, verliert sich der Film in der sinnlosen Aneinanderreihung von bluttriefenden Gewaltdarstellungen.

**Dracula jagt Mini-Mädchen** *(Dracula A. D. 1972)*
Großbritannien 1972; *Regie:* Alan Gibson; *Buch:* Don
Houghton; *Kamera:* Dick Bush; *Musik:* Michael Vikkers; *Schnitt:*
James Needs; *Spezialeffekte:* Les Bowie; *Ausstattung:* Don Min-
gaye; *Make-up:* Jill Carpenter; *Darsteller:* Christopher Lee (Graf
Dracula), Peter Cushing (Lawrence van Helsing/Professor Lor-
rimar van Helsing), Stephanie Beacham (Jessica van Helsing),
Michael Coles (Inspektor Murray), Marsha Hunt (Gaynor Kea-
ting), Christopher Neame (Johnny Alucard), William Ellis (Joe
Mitcham), Philip Miller (Robert »Bob« Tarent), Michael Kit-
chen (Gregory »Greg« Puller), David Andrews (Sergeant Pear-
son), Caroline Munro (Laura Jane Bellows), Janet Key (Anna
Bryant), Lally Bowers (Matrone), Constance Luttrell (Mrs.
Donnally), Michael Daly (Chanes), Artro Morris (Polizeiarzt),
Jo Richardson (weinende Partybesucherin), Penny Brahms
(Hippie-Mädchen), Brian John Smith (Hippie-Junge), The
Stoneground (Rockband); *Produktion:* Hammer/Warner Bro-
thers/Josephine Douglas; *Länge:* 96 Min.; Farbe; *deutsche Syn-
chronschauspieler:* Herbert Weicker (Christopher Lee),
Friedrich Schönfelder (Peter Cushing), Dagmar Heller (Stepha-
nie Beacham), Erich Ebert (Michael Coles), Manfred Seipold
(Christopher Neame), Jürgen Clausen (William Ellis), Horst
Raspe (David Andrews).


Nachdem der vorangegangene Film *Dracula – Nächte des Ent-
setzens/Scars of Dracula* trotz reichlicher Gewalt- und Sexeinla-
gen nicht die finanziellen Erwartungen des Hammer-Studios erfüllte, entschloß man sich, das Konzept zu verändern und Dracula in die Jetztzeit zu transponieren.
Die Ära der Rückwendung war auch im Hinblick auf das Publikum, das sich immer mehr aus jüngeren Zuschauern zusammen-
setzte, vorbei.
Die Jugendlichen brachen mit den traditionellen Werten und
hörten Popmusik, liefen als Hippies durch die Gegend, die
Mädchen trugen Miniröcke und Hot pants, die Jungen lange
Haare und Koteletten, es wurden Drogen konsumiert. Der Film
sprach genau diese Jugendlichen an. Mit dem Kanadier Alan
Gibson wurde ein 34jähriger Regisseur engagiert, der eine ganze
Generation jünger war als die bisherigen Hammer-Regisseure.
Damit wandelte sich natürlich auch die Ästhetik der Bildspra-

che. Wilde Schwenks, rasante Schnitte, schräge Kameraperspektiven erinnern an die *Beat Club*-Sendungen.

Für Bewunderer des »Gothic Horror« und die Stoker-Fan-Gemeinde war das natürlich eine Frechheit. Christopher Lee und der frühere *Dracula*-Regisseur Terence Fisher waren von der Idee auch nicht sonderlich angetan. Doch im Prinzip war die Überlegung gar nicht so abwegig. Stoker hatte den Roman in der Zeit angesiedelt, zu der er ihn auch geschrieben hat. Er hat somit die Dracula-Figur in die Gesellschaft gebracht, die er kannte und die ihn umgab, aber auch seine Leser.

1972 einen Film mit der Dracula-Figur im London von 1972 zu konzipieren, scheint durchaus legitim. Die Puristen konnten ihren Trost darin finden, daß die beiden großen Hammer-Widersacher Peter Cushing und Christopher Lee seit 1958 zum erstenmal wieder gemeinsam in einem *Dracula*-Film in ihren klassischen, von Bram Stoker geschaffenen Rollen agierten.

Der Film beginnt mit einer Rückblende, die 1872 spielt, also genau 100 Jahre vor der eigentlichen Handlung. Sie zeigt in düsteren Bildern den Todeskampf zwischen Lawrence van Helsing (Cushing) und Dracula. Van Helsing pfählt Dracula mit einer hölzernen Kutschenrad-Speiche, so daß dieser zu Asche zerfällt. Van Helsing erliegt aber auch seinen schweren Verletzungen und wird auf dem Friedhof St. Bartolph in Chelsea beigesetzt. Ein Unbekannter sammelt etwas von Draculas Asche und den Pfahl auf und vergräbt beides neben dem Friedhof in ungeweihtem Boden.

Ein Schwenk in den Himmel, ein Düsenjäger rast durchs Bild. Wir sind im modernen London. Eine Gruppe von Jugendlichen macht sich einen Sport daraus, auf einer Party zu randalieren, bis die Polizei kommt. Doch ihr Anführer Johnny Alucard verspricht ihnen noch etwas Aufregenderes: »Ein Rendezvous mit dem Teufel, ein Bacchanal mit Beelzebub.« Und so feiern sie in einer entweihten Kirche auf dem oben genannten Friedhof eine schwarze Messe. Plötzlich wird es ernst. Johnny schneidet sich den Arm auf und läßt sein Blut in eine Schale mit Draculas Asche laufen. Mit dem Blut überschüttet er ein Mädchen aus der Runde. Die anderen laufen davon. Johnny zieht den Pfahl aus der Erde neben dem Friedhof. Dracula aufersteht aus seinem Grab und saugt das Mädchen aus.

Weitere ausgesaugte Tote sind in London zu beklagen. Der zuständige Polizeiinspektor wendet sich an Professor van Helsing von der Universität London, einen Fachmann für Okkultes und Dämonisches. Er ist ein Nachfahre des Vampirtöters und der Großvater von Jessica van Helsing, die bei ihm lebt und auch zu der Gruppe von Jugendlichen gehört. Van Helsing erklärt seine Vampirismustheorie. Nach anfänglicher Skepsis läßt der Inspektor den Professor gewähren.

Dracula fordert Jessica als Opfer, um Rache an der Familie van Helsing zu nehmen und den Namen auszulöschen. Johnny Alucard will als Belohnung dafür auch unsterblich werden. Dracula beißt ihn, und er wird zum Vampir. Van Helsing erkennt sofort, daß Alucard rückwärts Dracula heißt, stellt den Gehilfen des Grafen zur Rede und vernichtet ihn in dessen Wohnung. Er weiß nun, wo er seine Enkelin und Dracula finden kann, und wappnet sich. Im großen Finale kann er den Widersacher in einer vorher angefertigten Pfahlgrube vernichten. Dracula zerfällt wieder zu Staub. Seine unverletzte Enkelin ist gerettet.

Besonders in diesem Finale im Inneren der baufälligen Kirche und auf dem Friedhof kehrt der Film wieder zu Ästhetik und Inszenierung der frühen *Dracula*-Filme der Hammer-Studios zurück. Die Stimmung ist düster, Dracula ist fast unbesiegbar, doch van Helsing ist zu allem entschlossen, und dank seiner gewissenhaften Vorbereitungen und seines Wissens schafft er es.

Peter Cushing, mager und grau, spielt den Vampirjäger wieder mit einer unerschütterlichen Ernsthaftigkeit. Sein hageres Gesicht mit den hohlen Wangen und den hohen Backenknochen wirkt nach zwölf Jahren Dracula-Abstinenz noch ausgezehrter. Aber Cushing (damals fast 60) spielt immer noch mit vollem Körpereinsatz. Und er benutzt einen kleinen Trick, um den Zuschauer noch stärker in Bann zu ziehen.

Besonders bei markanten Sätzen neigt er dazu, mit suchendem Blick den Kopf zu wenden und auf diese Weise auch den Standort der Kamera kurz zu streifen. Dabei schaut er für den Bruchteil einer Sekunde direkt in das Objektiv, so als ob er den Zuschauer in die Szene miteinbeziehen möchte. Mit der Einzelbildschaltung eines modernen Videorecorders kann man das gut überprüfen. Vielleicht ist auch das ein Grund, warum Cushing so überzeugend ist, selbst wenn die Filme noch so abstrus sind.

Christopher Lee spielt den Dracula als herrischen Gebieter, der voller Haß ist, also auch keinerlei Zärtlichkeit seinen Opfern ge-

*Christopher Lee einmal mehr als unerbittlich blutdurstiger Graf Dracula, der im neuzeitlichen London sein Unwesen treibt. Der Hals gehört Caroline Munro. Aus: ›Dracula jagt Mini-Mädchen‹ (1972).*

genüber zeigt. Mit Vehemenz haut er ihnen seine Reißzähne in die Hälse.

Auffällig ist, daß wir es nie mit Eltern zu tun haben. Das ist eine Gemeinsamkeit mit dem Roman von Bram Stoker, in dem Mrs. Westenra, Lord Godalming und Mr. Hawkins zwar die Elterngeneration verkörpern, aber recht bald sterben. Die Eltern gehören einfach nicht zum Dracula-Mythos dazu.

Wenn es in *Dracula*-Filmen einen Vater gibt, z. B. in *Dracula* von 1930 Dr. Seward oder im *Dracula* von 1979 Professor van Helsing, fehlt die Mutter dazu. Gibt es eine Mutter, wie in *Dracula und seine Bräute/The Brides of Dracula* oder *Draculas Rückkehr/Dracula Has Risen from the Grave,* dann fehlt der Vater.

Dieses Phänomen zeigt, daß Dracula anscheinend am erfolgreichsten ist, wenn die traditionellen Familienbindungen zerstört sind. In diesem Film geht es aber im Gegensatz zu den in viktorianischer Zeit angesiedelten Filmen auch um die bewußte Loslösung von elterlichen Werten und Moralvorstellungen, die für diese Zeit der 70er Jahre typisch ist. Der Film zeigt besonders die gelockerte Sexualmoral der Jugend von 1972. Draculas Auftauchen kann also nicht wie bisher als Einzug des Bösen in eine heile Welt gesehen werden, sondern eher als Strafe für die, denen diese sogenannte heile Welt kaum mehr etwas bedeutet.

**Dracula – Nächte des Entsetzens**
*(Draculas Blutrausch / Brutale Bisse / Scars of Dracula)*
Großbritannien 1970; *Regie:* Roy Ward Baker; *Buch:* John Elder (= Anthony Hinds) nach der Figur, die Bram Stoker schuf; *Kamera:* Moray Grant; *Musik:* James Bernard; *Schnitt:* James Needs; *Ausstattung:* Scott Macgregor; *Make-up:* Wally Schneiderman; *Spezialeffekte:* Roger Dicken; *Darsteller:* Christopher Lee (Graf Dracula), Dennis Waterman (Simon Karlsen), Jenny Hanley (Sarah Framsen), Christopher Matthews (Paul Karlsen), Patrick Troughton (Klove), Michael Gwynn (Pater), Wendy Hamilton (Julie), Anouska Hempel (Tania), Delia Lindsay (Alice), Bob Todd (Bürgermeister), Toke Townley (Älterer Fuhrmann), Michael Ripper (Wirt), David Lealand (1. Offizier), Richard Durden (2. Offizier), Morris Bush (Farmer), Margot Boht, Clive Barrie; *Produktion:* Hammer/EMI/Aida Young; *Länge:* 95 Min.; Farbe; *deutsche Synchronschauspieler:* Helmo Kindermann (Christopher Lee), Christopher Matthews (Arne Elsholtz), Reinhard Glemnitz (Michael Gwynn), Michael Ripper (Mogens von Gadow).

Die Hammer-»Fabrik« lief 1970 auf Hochtouren, sechs Horror-Filme wurden herausgebracht, darunter gleich drei Vampirfilme. Dieser Film konnte wie schon 1968 *Draculas Rückkehr/Dracula Has Risen from the Grave* erneut nicht von Terence Fisher inszeniert werden, weil dieser sich wieder einen Beinbruch zugezogen hatte. Also wurde Roy Ward Baker (Jahrgang 1916) die Regie übertragen.

Das Resultat ist, daß der Film kaum noch von der Atmosphäre lebt, die Fisher herzustellen vermochte, vielmehr lag das Hauptaugenmerk auf der ausführlichen Zurschaustellung von sadistischen Grausamkeiten, die keinerlei dramaturgische Bedeutung haben, sondern als purer Horror-Effekt Schrecken und Ekel einflößen sollen: glühendes Eisen auf blanker Haut, Abstechen einer Frau, Zerhacken ihrer Leiche, Tötung eines Pfarrers durch Fledermausangriffe etc.

Völlig entstellte Leichen werden z. T. in einer Drastik gezeigt, wie sie für sogenannte »Gore Movies« üblich ist. Für die Zeit, in der der Film entstand, ist die Zahl der Sexszenen noch relativ gering. Doch im Vergleich mit den Vorgängern wurde hier vieles direkter gezeigt, eine nackte Frau, ein Beischlaf, tiefe Dekolletés und pralle Brüste etc. Dies markiert auch eine neue Tendenz in den Filmen der Hammer-Studios, die, den Zeichen der Zeit folgend, auf hübsche, möglichst kaum bekleidete Girls setzte.

Die Story ist alles andere als geradlinig – schon der Anfang macht es schwer, auf dieser Grundlage eine neue Dracula-Geschichte zu akzeptieren. Draculas Cape existierte ja noch aus dem Vorgängerfilm *Wie schmeckt das Blut von Dracula/Taste the Blood of Dracula* (1970), jetzt liegt es in Schloß Dracula, und eine als Stofftier erkennbare Fledermaus spuckt Blut darauf. Ein Gewitter bricht los, und aus dem Nichts entsteht Dracula. Die Bewohner eines nahegelegenen Dorfes zünden das Schloß an. Als sie zu ihren Frauen in der schutzbietenden Kirche zurückkehren, finden sie nur noch von Fledermäusen gräßlich verstümmelte Leichen vor. »Der Teufel hat gewonnen«, resigniert der Pater.

In Kleinenberg kann sich die hübsche junge Sarah zwischen zwei ungleichen Brüdern nicht recht entscheiden: dem korrekten und ehrgeizigen Studenten Simon und seinem blaubärtigen Bruder Paul, einem Fotografen. Der muß nach einer Affäre mit der Bürgermeisterstochter das Weite suchen und gelangt zunächst in das oben genannte Dorf, das in der Nähe des Schlosses liegt. Die in einem Gasthof arbeitende junge Julie bietet ihm als Nachtlager ihr Bett an, doch der Wirt schmeißt den Charmeur hinaus. Auf Schloß Dracula läßt ihn die Vampirin Tania hinein und verbringt eine (konventionelle) Liebesnacht mit ihm. Als sie ihn am Morgen danach aussaugen will, kommt Dracula herbei und sticht sie bestialisch ab. Dann saugt er sie noch aus.

Paul, der bewußtlos war, läßt sich an zusammengeknoteten Vorhängen aus dem Fenster herab und steigt ausgerechnet in Draculas Schlafzimmer ein. Das bedeutet sein Ende, denn Draculas Knecht Klove macht den Rückweg zunichte, und Türen gibt es nicht.

Simon und Sarah machen sich auf die Suche nach dem Verschollenen. Aus dem Gasthof werden sie hinausgeworfen. Doch Graf Dracula empfängt sie freundlich, leugnet Pauls Besuch, aber bietet ihnen die Übernachtung an. Sarah soll in Tanias Bett schlafen. Als er sie in der Nacht dort aufsucht, hält ihn Sarahs Kruzifix an ihrer Kette von ihr fern. Klove, der Gefallen an Sarah gefunden hat, drängt die beiden am nächsten Morgen, das Schloß zu verlassen. Das bringt ihm die brutale Bestrafung ein, von Dracula mit einem glühendheißen Schwert auf dem nackten Rücken verbrannt zu werden, was ihm eine weitere Narbe beschert.

Im Gasthof will ihnen immer noch keiner helfen. Lediglich der Pater erkennt seine Mission. Er klärt die beiden über Dracula auf. Sarah bleibt in der Kirche, während Simon und der Pater zum Schloß aufbrechen. Doch auf halber Strecke macht der Pater kehrt und geht zurück in seine Kirche. Eine Fledermaus zerbeißt ihm sein Gesicht. Er stirbt. Sarah kann fliehen und eilt wieder zum Schloß. Dort will Simon Dracula im Sarg pfählen, doch dessen hypnotischer Blick hält ihn davon ab.

Dracula klettert die Schloßwand hoch (ein Detail aus dem Stoker-Roman) und macht sich über Sarah her, doch ihr Kruzifix schützt sie immer noch. Eine Fledermaus reißt es ihr auf dem Schloßdach ab. Im letzten Moment kommt Simon hinzu und schleudert Dracula eine Metallstange in den Bauch. Die zieht der Graf heraus und erhebt sie, um sie zurückzuwerfen. In dem Moment schlägt ein Blitz in die Metallstange ein und setzt Dracula in Brand. Schreiend und brennend stürzt Graf Dracula von den Schloßzinnen in die Tiefe.

Der Film zieht alle Register des Effektkinos, ohne sonderlichen Eindruck zu hinterlassen. Er wurde an der Kinokasse kein Erfolg und machte deutlich, daß die Zuschauer für Sex- und Gewaltdarstellungen nicht mehr den Umweg über eine Dracula-Geschichte wollten. Sie hatten bereits freien Zugriff auf eindeutigere Filme.

Die Eingriffe seitens der Zensur, wie 1957, waren nicht mehr zu

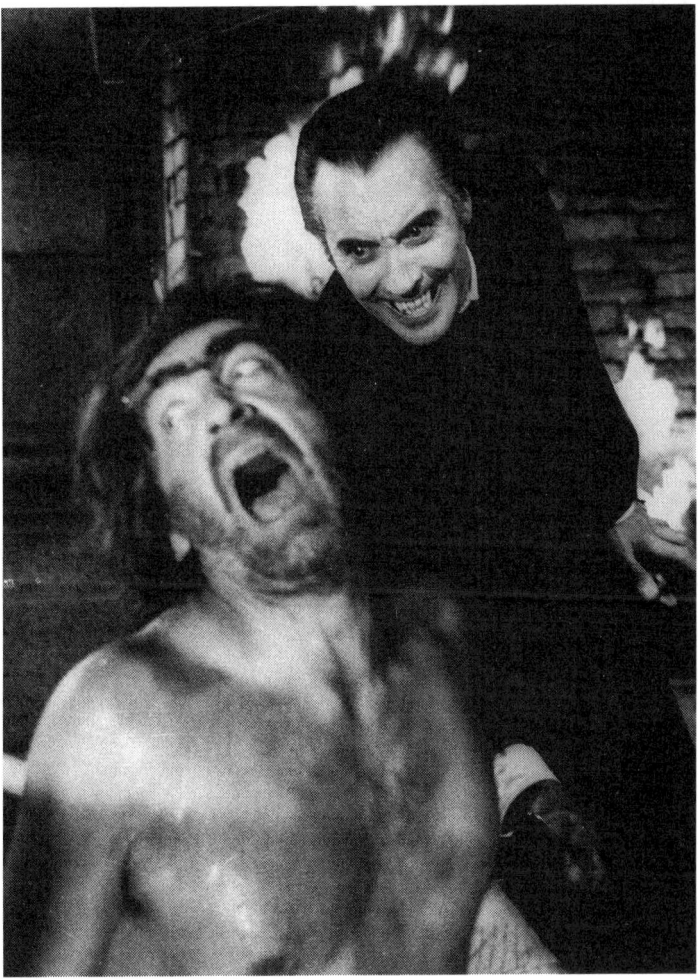

*Draculas Strafe ist barbarisch. Mit dem glühenden Feuerhaken malträtiert er seinen untreuen Diener Klove: Patrick Troughton (links) und Christopher Lee in ›Dracula – Nächte des Entsetzens‹.*

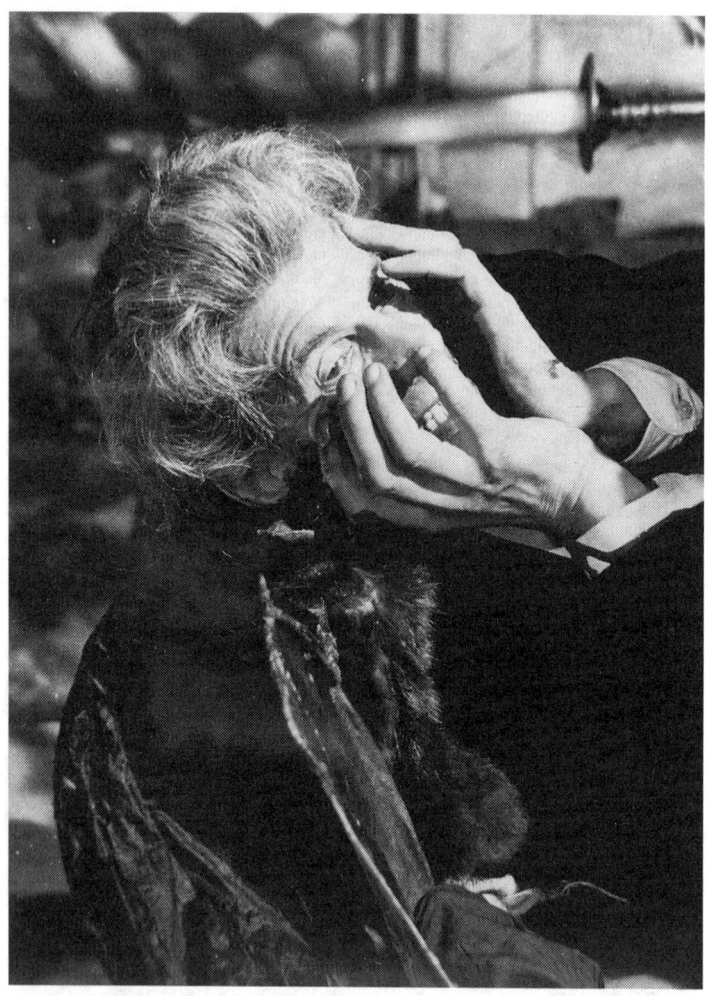

*Horror um seiner selbst willen – der Schock heiligt die Mittel. Der Priester (Michael Gwynn) wird in seiner Kirche von einer wilden Fledermaus totgebissen. Aus: ›Dracula – Nächte des Entsetzens‹.*

befürchten. Dadurch ging aber auch jene Faszination und Herausforderung verloren, die früher hinter den Bildern steckte und indirekt das wiedergab, was jetzt direkt auf der Leinwand zu sehen ist. Christopher Lee kann hier aber aus seiner Rolle etwas

mehr machen. Er ist wieder der charmante und zuvorkommen-
de Gastgeber, dem allerdings die dämonische Absicht schon im
Gesicht geschrieben steht. Er kann aber auch nach Herzenslust
toben und wüten, morden und quälen. Nicht, daß dies schauspielerisch eine große Herausforderung wäre, doch da er vorher
zum stummen, fauchenden Zähneblecker degradiert war, hat er
hier immerhin etwas mehr Facetten.

Die Konstellation der ungleichen Brüder bestärkt das viktorianische Wertegefüge: Der Lebemann wird getötet, und der treue
Student, der den Sieg davonträgt – nicht nur über den Vampir,
sondern auch über den Bruder –, gewinnt die Frau für sich.

Bemerkenswert ist noch, daß hier erstmals gezeigt wird, daß ein
Vampir auch unterhalb der Gürtellinie sexuelle Gelüste verspürt, denn Tania will Paul erst beißen, nachdem sie eine Liebesnacht mit ihm verbracht hat. Dracula hingegen kann anschließend nur mit einem Dolch und dann mit seinen Zähnen in
sie eindringen. Der Knecht nimmt sie danach dann noch metz-
gergerecht auseinander, Paul hängt später als blutige Trophäe an
einem Haken an der Wand. So kann das enden!

### Draculas Bluthochzeit mit Frankenstein
*(Dracula vs. Frankenstein)*
USA 1971; *Regie:* Al Adamson; *Buch:* William Pugsley, Samuel
M. Sherman; *Kamera:* Gary Graver, Paul Glickman; *Musik:* Wil-
liam Lava; *Darsteller:* J. Carroll Naish (Frankenstein), Lon Cha-
ney jr. (Groton), Zandor Vorkov (Dracula), Russ Tamblyn (Ri-
co), Jim Davis (Sgt. Martin), Anthony Eisley (Mike), Regina
Carrol (Judith), John Bloom (Monster), Shelley Weiss (Mon-
ster), Angelo Rossito (Grazbo), Forrest J. Ackerman (Dr.
Beaumont), Anne Morell (Samantha); *Produktion:* Independent
International; *Länge:* 91 Min.; Farbe.

Dr. Frankenstein wird von Dracula gezwungen, sein totes Monster wiederzubeleben, was aber nur mittels Mädchenblut möglich ist. Draculas Diener Grazbo und Groton beschaffen dies in
jeder Menge. Als die Schwester eines Opfers mit ihrem Freund
Nachforschungen anstellt, kann Frankenstein getötet werden.
Die junge Frau gerät jedoch in Draculas Hände. Das Monster
aber rettet sie. Es wird daraufhin vom Grafen zerlegt. Dracula
verpaßt dadurch den Sonnenaufgang und verbrennt.

Nichtssagende Blut- und Ekelanhäufung, ähnlich wie Regisseur Adamsons *Dracula und seine Opfer/The Blood of Dracula's Castle* (1969). »Einige Kritiker sahen sich wegen der Inkompetenz solcher Horror-Filme, wie Adamson sie herstellte, dazu veranlaßt, derartige Auswüchse als ›Horror-Comics‹ zu beschreiben; jedoch tut man den Comics damit im höchsten Grade unrecht.«[10]

Adamson verheizt hier nicht nur das Talent solch renommierter Alt-Stars wie J. Carroll Naish (*House of Frankenstein,* 1945) und Lon Chaney jr. (*Son of Dracula,* 1943; *House of Frankenstein,* 1945), die hier beide in ihrem letzten Film agierten und kurz danach starben, sondern er bemüht auch noch den Herausgeber des Horror-Fan-Magazins *Famous Monsters of Filmland,* Forrest J. Ackerman, in einer Nebenrolle vor die Kamera.

Ackerman gilt als vielleicht der größte Horrorfilmfan und Sammler der dazugehörenden Accessoires. Er besitzt ein Original-Dracula-Cape von Bela Lugosi. Über den tragischen Niedergang seines Filmpartners Lon Chaney jr. hat er sich gegenüber Dr. Rolf Giesen geäußert, der in seinem *Lexikon des phantastischen Films* und in seinem Buch *Sagenhafte Welten – Der phantastische Film* von Lon Chaney jr.'s Alkoholabhängigkeit berichtet und Ackerman zitiert, der wiederum Lon Chaney jr. zitiert: »Holt alles aus mir raus vor ein Uhr, danach kann ich für nichts mehr garantieren.«[11]

**Dracula's Daughter** siehe Seite 222.

**Draculas Hexenjagd** *(Twins of Evil)* siehe Seite 223.

**Draculas lüsterne Vampire**
*(Guess What Happened to Count Dracula)*
USA/Schweiz 1970; *Regie:* Laurence Malick, Mario d'Alcala (Sexszenen); *Buch:* Laurence Merrick; *Kamera:* Bob Caramico, Hans Jura (Sexszenen); *Musik:* Des Roberts; *Darsteller:* Des Roberts (Graf Dracula), Claudia Barron (Angelica), John Landon (Guy), Robert Branche (Dr. Harris), Frank Donato (Kobold), Sharon Beverly (Vamp), Damu King (Buckel), Jim Settler (Zwerg), Jeff Cady (Larry), John King III (Gil), *Sexszenen:* Ula Kopa, Ika Häußler, Eten Keresztes, Alon d'Armand u. a.; *Produktion:* Monarex; *Länge:* 76 Min.; Farbe.

Ein ziemlich stupider amerikanischer Vampirfilm um Dracula, der als Nachtclubbesitzer in Hollywood über die Freundin eines seiner Angestellten herfällt. Und unabhängig davon in der Schweiz gedrehte Gruppensexszenen werden damit zusammenmontiert. Dieser Streifen erreicht nicht einmal unterstes Bahnhofskinoniveau.

**Draculas Rückkehr** *(Dracula Has Risen from the Grave)*
Großbritannien 1968; *Regie:* Freddie Francis; *Buch:* John Elder (= Anthony Hinds) nach der Figur, die Bram Stoker schuf; *Kamera:* Arthur Grant; *Musik:* James Bernard; *Ausstattung:* Bernard Robinson; *Schnitt:* James Needs, Spencer Reeve; *Make-up:* Heather Nurse, Rosemarie McDonald-Peattle; *Spezialeffekte:* Frank George; *Darsteller:* Christopher Lee (Graf Dracula), Rupert Davies (Monsignore Ernst Müller), Veronica Carlson (Maria), Barbara Ewing (Zena), Barry Andrews (Paul), Ewan Hooper (Pater), Michael Ripper (Max), George A. Cooper (Gastwirt), Marion Mathie (Anna), John D. Collins (Student), Chris Cunningham (Farmer), Norman Bacon (Junge), Carrie Baker (Erstes Opfer); *Produktion:* Hammer Films/Aida Young; *Länge:* 92 Min.; Farbe; *deutsche Synchronschauspieler:* Gerd Martienzen (Christopher Lee), Conrad Wagner (Rupert Davies), Almuth Eggert (Veronica Carlson), Beate Hasenau (Barbara Ewing), Randolph Kronberg (Barry Andrews), Peter Schiff (Ewan Hooper), Hugo Schrader (Michael Ripper), Tilly Lauenstein (Marion Mathie).

Dracula mußte diesmal nur drei Jahre ruhen, ehe ihn die Firma Hammer 1968 wiederbelebte, doch leider konnte die Regie wegen eines Beinbruchs nicht mehr von Terence Fisher übernommen werden, sondern Freddie Francis (Jahrgang 1917) sprang ein. Er war als Kameramann 1960 mit dem »Oscar« für *Söhne und Liebhaber/Sons and Lovers* ausgezeichnet worden. Danach inszenierte er fast 20 Horror-Filme. Seine Regiearbeiten waren weniger ambitioniert, so daß er sich 1980 wieder der Kamera zuwandte und mit ihr grandiose Leistungen vollbrachte: *Der Elefantenmensch/The Elephant Man* (1980), *Die Geliebte des französischen Leutnants/The French Lieutenant's Woman* (1981), *Glory* (1990) u. a. Die Story dieses Films stammt aus der Feder von John Elder alias Anthony Hinds, der auch schon die Idee

*Schäferstündchen im Glockenturm. Ein gestelltes Bild für ›Draculas Rückkehr‹ (1969) mit Veronica Carlson und Christopher Lee, das allerhand Durchblick bietet.*

zum Vorgänger *Blut für Dracula/Dracula, Prince of Darkness* hatte. War dort bereits die dichte Verbindung von Vampirismus und Religion durch die Einführung des Klosters und des Abtes ausgiebig thematisiert, so werden hier diese Elemente noch krasser durchgespielt. Richtig ernst nehmen kann man das alles eigentlich nicht mehr.

Das zeigt schon gleich die Eingangsszene, in der in einer Kirche Blut am Glockenseil herunterläuft. Der Pater findet die spärlich bekleidete Leiche einer jungen Frau, die kopfüber in der Glocke hängt und zwei Bißwunden am Hals aufweist. Für den Pfarrer, aber auch für die Dorfbevölkerung ein tiefer Schlag, glaubten sie doch, der Vampir sei nach seiner Schreckensherrschaft endgültig im Eis der Berge vernichtet.

Selbst die mahnenden Worte des Monsignore Ernst Müller aus Keilenberg, der eine ganze Tagesreise per Kutsche auf sich genommen hat, um noch einmal an Draculas Vernichtung vor ei-

*Ein Publicityfoto für ›Draculas Rückkehr‹. Als die Glockenleiche (Carrie Baker) im Film auftaucht, liegt der Graf noch im Eis. Da war ein anderer am Werk.*

nem Jahr zu erinnern, fruchten nicht. »Im Schloß wohnt immer noch sein böser Geist«, gibt der Pater zu bedenken. Also beschließt der Kirchenmann, zusammen mit dem ungläubigen Pater in aller Herrgottsfrühe das hochgelegene Schloß, zu dem diesmal kein befahrbarer Weg führt, aufzusuchen und zu exorzieren.

Kurz vor dem Ziel rutscht dem labilen Pater das Herz in die Kutte. Er bleibt zurück, trinkt einen Flachmann leer und torkelt so unglücklich, daß er sich den Kopf aufschlägt. Er zerbricht das Eis genau an der Stelle, unter der Draculas gefrorene Leiche liegt. Sein Blut fließt auf diese Weise in den Mund des Grafen.

(So etwas passiert ja im Leben ständig. Seltsam ist nur, daß Dracula, der sich ja immer als Antialkoholiker ausgegeben hat, von diesem promillereichen Lebenssaft nicht völlig knülle ist. Andererseits ist es vielleicht das Hochprozentige, was dem kühlen Korpus die nötige Tautemperatur einflößt. Auf jeden Fall wird die frühe Glockenleiche damit zum Drehbuchvampir, denn wenn die erste Szene eines Films als Bluff entlarvt wird, saugt sie auch dem Rest des Films jedwede Glaubwürdigkeit aus. Daß der Graf nicht mehr im Eis des Schloßgrabens ruht, wie im Vorgängerfilm *Blut für Dracula/Dracula, Prince of Darkness* von 1965, sondern weit entfernt davon in einem Flüßchen, macht dem Kenner mindestens genausoviel Halsschmerzen.)

Unterdessen blockiert der wackere Monsignore mit einem großen Metallkreuz die Eingangstür von Schloß Dracula. Seine lateinischen Gebetsschwüre werden untermalt von heftigem Gewitter. Anschließend fährt er zu seiner Schwägerin und ihrer Tochter nach Keilenberg zurück, in der Annahme, der Pater sei bereits heimgegangen. Der wird jedoch zum Sklaven des Grafen und leert auf dem Friedhof für ihn einen Gebrauchtsarg aus.

Die Schwägerin bringt dem Monsignore die Pantoffeln. Er sagt: »Du bist wie eine Ehefrau zu mir.« – »Da fehlt aber noch was«, ist die kesse Antwort. (Der katholische *Filmdienst* registrierte so etwas als »grobe geschmackliche Entgleisung«.[12])

Maria hat Geburtstag und lädt ihren Freund, den Studenten Paul, zum Abendessen ein. Der hat allerdings schon schlechte Karten, weil sein schöner Anzug mit Bier bespritzt wurde und dementsprechend stinkt. Als er zugibt, Atheist zu sein, schmeißt der Monsignore ihn hinaus. In der Studentenkneipe wird er von dem Flittchen Zena betrunken gemacht und auf sein Zimmer im

*Entschlossen rammt Paul (Barry Andrews) dem Vampir (Christopher Lee) den Pfahl ins Herz, doch der Priester (Ewan Hooper) ist sich gar nicht so sicher, ob das erfolgreich ist. Aus: ›Draculas Rückkehr‹.*

selben Hause gebracht. Maria kommt gerade noch rechtzeitig, bevor Zena ihm an die Wäsche geht. Frustriert geht Zena den dunklen Waldweg heim. Der Pater taucht auf und treibt sie in Draculas Fänge. So tauscht sie doch noch mit jemandem Körperflüssigkeiten aus und wird sodann Draculas Verbündete. Aber haben will er Maria, und Zena soll sie ihm bringen. Sie schafft es auch, aber Paul kann im letzten Moment den Zubiß verhindern. Frustriert erwürgt Dracula die verschmähte Zena. Der Pater muß sie verbrennen.

Als Maria am nächsten Abend jedoch alleine ist, taucht Dracula bei ihr auf. Er hypnotisiert die wunderschöne Maria, die ihr Nachthemd öffnet. Dracula ist zärtlich wie nie zuvor. Und er beißt sie doch. Auch in der nächsten Nacht kommt er wieder durch ihr Fenster herein. Doch der Monsignore, der die Bißwunden entdeckt und nur auf ihn gewartet hat, hält ihm sein Kruzifix entgegen. Er will den Vampir verfolgen, doch der Pater schlägt seinen Amtsbruder nieder. Der Schwerverletzte bittet jetzt Paul in sein Haus. (Was ist schon ein Atheist gegen den Leibhaftigen?) Er gibt ihm ein lateinisches Buch, in dem erklärt wird, wie man Vampire vernichtet. Dann stirbt er.

Paul kann den im Lateinischen firmen Pater seltsamerweise wieder auf die andere Seite ziehen. Er steht schließlich vor Draculas Sarg und rammt dem Grafen den großen Holzpfahl ins Herz. Doch der Graf zieht sich die so oft schon erfolgreiche Vernichtungswaffe wieder aus dem Leib. Warum? Der Atheist hätte ein Gebet sprechen müssen.

Christopher Lee hatte sich zunächst geweigert, diese Szene zu spielen, denn damit wird die wichtigste Regel des Vampirismus auf den Kopf gestellt. Doch durch die Art seiner Darstellung und die Tatsache, daß man als Zuschauer einfach weiß, daß der Vampir durch den Pflock zerstört wird, insbesondere der von Christopher Lee gespielte Dracula, gewinnt diese Szene eine gewisse Einzigartigkeit. »Es kann nicht sein, was nicht sein darf.« Aber doch ist es so.

Das ist eigentlich das, was schon den Dracula-Mythos schlechthin ausmacht. Im Prinzip ist es dann auch nachvollziehbar, daß die Regeln des Vampirismus versagen, daß Dracula nicht mehr mitspielt. Wahrscheinlich war es den Filmemachern nicht bewußt, aber in Anbetracht der vielen Filme, die das Regelwerk einhalten, ist ein Foul (nicht das einzige in diesem Film) richtig revolutionär. Bisher wurde diese Szene in den Kritiken wie ein Sakrileg behandelt. Aber es liegt doch eigentlich viel näher, zu akzeptieren, daß es schlichtweg behämmert wäre, anzunehmen, daß ein so irrationales Wesen wie der Vampir sich durch rationale Regeln beeindrucken ließe.

Natürlich wird durch die Tatsache, daß ein Atheist keinen Vampir vernichten kann, auch unterstellt, daß erst der Glaube einen dazu befähigt, ein Wesen, das dem Aberglauben zuzurechnen ist, zu vernichten, also Glaube und Aberglaube vereint sein müssen.

Dracula flieht mit Maria und dem Pater zu seinem Schloß. Maria entfernt das große Kreuz von der Schloßtür. Paul verfolgt die drei, und es kommt zu einem Kampf mit dem Grafen. Dabei stürzt Dracula in die Tiefe und genau auf das Kreuz, das seinen Leib durchbohrt. Der Pater spricht ein Gebet, Paul umarmt Maria und – bekreuzigt sich.

Was übrig bleibt, ist Draculas Cape und ein schaler Nachgeschmack, der daher rührt, daß das Ende zwar happy, aber eigentlich nichts stimmig ist. Wieso wurde der Pater wieder normal? Wieso wußte der Monsignore nicht, daß Paul dem Grafen nicht gefährlich werden konnte? Wieso bekreuzigt sich Paul, obwohl er den ganzen Ärger doch den Kirchenmännern zu verdanken hat? Wieso wird 1968, dem Jahr der Studentenunruhen, ein atheistischer Student zum Filmhelden, der den gesellschaftlichen Status quo wiederherstellt und sich ihm am Ende selbst anpaßt?

### Draculas Tochter und Professor Satanas
*(La mujer Murcielago)*
Mexiko 1969; *Regie:* René Cardona; *Buch:* Alfredo Salazar; *Kamera:* Augustin Jimenez; *Musik:* Antonio Diaz Conde; *Darsteller:* Maura Monti, Hector Godoy, Roberto Canedo, David Silva, Crox Alvarado, Eric del Castillo, Armando Silvestre; *Produktion:* Calderon; *Länge:* 78 Min.; Farbe.

Die Geschichte eines Wissenschaftlers, der sich Männergehirne beschaffen läßt, um einen Fischmenschen zu erschaffen, hat mit Dracula nur so viel zu tun, daß eine Polizistin und die angebliche Tochter Draculas dem Wissenschaftler auf die Schliche kommen. Es hätte aber eher Frankensteins Tochter sein müssen, wenn schon. Aber vielleicht kannte sich der deutsche Verleih damit nicht so aus.

### Draculas Todesrennen *(Crash!)*
USA 1976; *Regie:* Charles Band; *Buch:* Marc Marais; *Kamera:* Tom Cecato; *Musik:* Andrew Balling; *Darsteller:* José Ferrer, Sue Lyon, John Ericson, Leslie Parish, John Carradine, Jerome Guardino; *Produktion:* Charles Band; *Länge:* 86 Min.; Farbe.

»Dracula« ist der Spitzname für ein Auto, das – von magischen Kräften getrieben – selbständig Amok fährt, wobei etliche Autowracks, Tote und Verletzte übrigbleiben.

Wer vom Titel her erwartet hat, daß Christopher Lee im Leichenwagen an der »Rallye Transsylvanien« teilnimmt, wird hier bitterlich enttäuscht.

**Dracula und seine Bräute** *(The Brides of Dracula)*
Großbritannien 1960; *Regie:* Terence Fisher; *Buch:* Jimmy Sangster, Peter Byran, Edward Percy; *Kamera:* Jack Asher; *Musik:* Malcolm Williamson; *Ausstattung:* Bernard Robinson; *Darsteller:* Peter Cushing (Dr. van Helsing), Martita Hunt (Baronin Meinster), David Peel (Baron Meinster), Yvonne Monlaur (Marianne Danielle), Freda Jackson (Greta), Mona Washbourne (Frau Lang), Henry Oscar (Herr Lang), Miles Malleson (Dr. Tobler), Michael Ripper (Kutscher), Fred Johnson (Geistlicher), Norman Pierce (Wirt), Vera Cook (seine Frau), Victor Brooks (Hans), Andree Melly (Gina), Marie Devereaux (Dorfmädchen), Harold Scott (Severin); *Produktion:* Hammer Films/Anthony Hinds; *Länge:* 82 Min.; Farbe; *deutsche Synchronschauspieler:* Paul Klinger (Peter Cushing), Franziska Liebing (Martita Hunt), Rosemarie Fendel (Yvonne Monlaur), Alice Franz (Freda Jackson), Wolfgang Kieling (David Peel), Walter Lieven (Miles Malleson), Maria Landrock (Andree Melly).

Strenggenommen gehört der zweite *Dracula*-Film der Hammer-Film-Produktion gar nicht hierher, denn es handelt sich um keinen Dracula-Film. Die Figur des Dracula taucht nicht auf. »Fürst Dracula, Herr und Gebieter über alle Vampire, ist tot. Aber seine Nachfolger treiben weiterhin ihr teuflisches Spiel und versetzen die Umwelt in Schrecken.« So erklärt ein Sprecher zu Beginn des Films die Ausgangssituation.
Außerdem siedelt er die Geschichte in »Transsylvanien, Land der dunklen Wälder, der drohenden Berge und der schwarzen, unergründlichen Seen« an. Doch die Aufschrift auf der Kutsche »Ingolstadt–Abensberg–Regensburg–Badstein« läßt erkennen, daß die Handlung im Bayerischen Wald spielt. Lediglich Peter Cushing als Dr. van Helsing stellt noch eine Verbindung zum *Dracula* von 1958 dar. (In einer Nebenrolle als pillen- und trunksüchtiger Arzt taucht hier auch noch Miles Malleson auf, der im Vorläufer den Bestattungsunternehmer Marx gespielt hat.)
Der Vampir ist diesmal der junge Baron Meinster, der, von sei-

**DRACULA UND SEINE BRÄUTE**

(THE BRIDES OF DRACULA)

EIN FARBFILM

ner Mutter angekettet, im Schloß Meinster festgehalten wird. Marianne Danielle, eine junge Pariser Lehrerin für Französisch und gutes Benehmen, wird auf der Reise zu ihrer ersten Anstellung in einem Töchterpensionat aufgehalten und übernachtet

195

*Die schöne, junge Französin Marianne ist Lehrerin für Französisch und gutes Benehmen. In Badstein im Bayerischen Wald will sie ihre erste Stelle antreten, doch ihre Reise wird unterbrochen ... Yvonne Monlaur in Terence Fishers ›Dracula und seine Bräute‹ (1960).*

auf dem Schloß. Dort befreit sie den Baron, ohne dessen wahre Identität zu erkennen. Der tötet seine Mutter und macht sich auch noch über das Dorfmädchen Gina her. Marianne entdeckt die Leiche der Baronin und flieht.

Im Wald wird sie von Dr. van Helsing gefunden, der sie zum Pensionat bringt. Dort taucht bald der Baron auf und macht Marianne einen Heiratsantrag. Anschließend saugt er noch Mariannes Kollegin Carla aus. Van Helsing gelingt es zwar, der Baronin einen Pfahl ins Herz zu treiben, aber die vampirisierte Gina kann entkommen. Zusammen mit ihr und Carla haust der Baron zum Schluß in einer alten Windmühle.

Es gelingt dem Baron dort sogar nach schwerem Kampf, van Helsing in den Hals zu beißen, doch mit einem glühenden Eisen und Weihwasser kann der Vampirjäger »in einem Augenblick ungeheurer, masochistischer Stärke«[13] den Biß unschädlich machen. Schließlich verbrennen die Vampirfrauen in der Mühle, während der Baron vom Schatten der Windmühlenflügel, die ein Kreuz bilden, vernichtet wird. Marianne ist gerettet.

Obwohl Leslie Halliwells *Film Guide* den Film als den besten der Hammer-*Draculas* bezeichnet, bleibt er doch hinter dem Vorgänger zurück. Er wirkt durch viel häufigere Schauplatzwechsel und eine größere Anzahl an Figuren uneinheitlich. Außerdem hat der engagiert und mit großem Körpereinsatz spielende Peter Cushing im blassen, blonden David Peel als Baron einen wirkungsarmen Gegenspieler, der Christopher Lee nicht das Wasser reichen kann. Zudem kann sich der Vampir im Gegensatz zum vorangegangenen Film in eine Fledermaus verwandeln, wovon er regen Gebrauch macht. Leider rauben einem dabei die deutlich sichtbaren schwarzen Fäden, an denen sie hängt, jegliche Illusion.

**Dracula und seine Opfer** *(Blood of Dracula's Castle)*
USA 1969; *Regie:* Al Adamson; *Buch:* Rex Carlton; *Kamera:* Leslie Kovacs; *Musik:* Lincoln Mayorg; *Schnitt:* Ewing Brown, Peter Perry; *Make-up:* Jean Hewitt; *Darsteller:* John Carradine (George), Paula Raymond (Gräfin Townsend), Alex D'Ardcy (Graf Townsend/Graf Dracula), Robert Dix (Johnny Desmore), Gene O'Shane (Glen Cannon), Barbara Bishop (Liz Arden), Vicki Volante (Ann), Ray Young (Hausmeister Mango), John Cardos, Ken Osborne; *Produktion:* Paragon/Al Adamson/Rex Carlton; *Länge:* 80 Min.; Farbe; *deutsche Synchronschauspieler:* Conrad Wagner (John Carradine), Ingrid van Bergen (Paula Raymond), Friedrich Schönfelder (Alex D'Ardcy), Michael Chevalier (Robert Dix), Christian Brückner (Gene O'Shane), Almuth Eggert (Barbara Bishop).

Graf Dracula lebt in der heutigen Zeit unter dem Pseudonym Townsend mit seiner Frau in einem abgeschiedenen, gepachteten Schlößchen in Kalifornien. Als Glen und Liz, die jungen Erben des verstorbenen Schloßbesitzers, die Hinterlassenschaft übernehmen wollen, werden die beiden von einem Freund der Townsends, dem Triebmörder Johnny, gefangengenommen. Der Graf will sie zwingen, eine Abtretungsurkunde zu unterschreiben. Sie werden außerdem dazu gezwungen, an der rituellen Verbrennung einer jungen Frau zu Ehren des Gottes Luna teilzunehmen. Letztendlich gelingt es ihnen aber doch noch mit Hilfe von Johnnys Revolver, alle Gegner auszuschalten und das Grafenpaar durch Tageslicht zu vernichten.

Von seiner ganzen Machart her ein billiger Film ohne Anspruch und Bedeutung. Zwar fragt man sich anfänglich noch, was denn das Vampirpaar ausgerechnet ins sonnige Kalifornien verschlagen haben mag. Doch die angeketteten Beach-Girls im Keller lassen eine Erklärung dafür erkennen. Neu ist, daß die Opfer nicht mehr ausgesaugt werden, sondern ihr Blut vom Diener George am Arm abgezapft und den Durstigen als edles Tröpfchen im Weinglas kredenzt wird. Das entspricht durchaus dem aristokratischen Getue des gräflichen Paares, doch die erotische Komponente geht dabei natürlich verloren, scheint aber auch für die durch das Blut jung bleibenden Townsends keine Rolle zu spielen: »Vielleicht erfindet man einmal synthetisches Blut. Dann müssen wir uns nicht mehr die Mühe machen, junge Mädchen zu beschaffen«, spekuliert die Gräfin.

John Carradine, selbst ein Dracula-Darsteller (*House of Frankenstein, House of Dracula,* beide 1945), spielt hier die Rolle des unterwürfigen Hausdieners George. Es ist traurig, den großartigen Schauspieler (z. B. *Früchte des Zorns/The Grapes of Wrath,* 1940) in solch einem unambitionierten Low-Budget-Streifen agieren sehen zu müssen.

**Draculin** *(El Pobrecito Draculin)* siehe Seite 237.

### Drakula
Ungarn 1921; *Regie:* Karoly Lajthay. Leider waren über diesen ersten *Dracula*-Film keine weiteren Informationen in Erfahrung zu bringen.

### Drakula Istanbula
Türkei 1953; *Regie:* Mehmet Muhtar; *Darsteller:* Atif Kaptan (Drakula). Leider waren über diesen ersten türkischen *Dracula*-Film keine weiteren Informationen in Erfahrung zu bringen.

### Dynastie Dracula *(Dynastie Dracula)*
Mexiko 1981; *Regie:* Alfredo B. Crevenna; *Darsteller:* Fabian Forte, Silvia Manriquez, Magda Guzman, Ruben Rojo, Robert Nelson, Erika Carlson; *Länge:* 90 Min.; Farbe.

Der Titelheld Dracula kommt nicht vor. Aber ein Graf Orloff, von der Inquisition vor 300 Jahren getötet, wird auferweckt und treibt in Mexiko sein blutrünstiges Unwesen.

**Die Herren Dracula** *(Dracula père et fils)* siehe Seite 243.

**House of Dracula**
USA 1945; *Regie:* Erle C. Kenton; *Buch:* Edward T. Lowe; *Kamera:* George Robinson; *Musik:* Edgar Fairchild; *Darsteller:* Onslow Stevens (Dr. Erdmann), John Carradine (Dracula), Lon Chaney jr. (Wolf Man), Glenn Strange (Frankensteins Monster), Lionel Atwill (Inspektor), Martha O'Driscoll, Jane Adams; *Produktion:* Universal International/Paul Malvern; *Länge:* 67 Min.; schwarzweiß. Der Film kam in Deutschland nicht heraus.

Dies ist eine Fortführung der Idee von *House of Frankenstein,* die größten Monster-Stars von Universal Studios gemeinsam in einem Film mitwirken zu lassen. Diesmal wird ein unbescholtener, sympathischer Arzt an einem Abend gleich von Graf Dracula, dem Wolf Man und Frankensteins Monster besucht, was ihn zum Wahnsinn treibt.

Mit wenig Aufwand gedrehte Farce, in der der Wolf Man von dem Arzt erhofft, von seiner asozialen Veranlagung kuriert zu werden, was diesem auch gelingt. Draculas bekanntes Problem löst er durch Strahlentherapie, indem er ihn den Sonnenstrahlen aussetzt. Doch der Arzt will nun auch noch Frankensteins Monster kurieren. Er erweckt es in einer nahegelegenen Höhle und holt es ins Haus. Doch der Arzt ist nun selbst ein Monster und ermordet seine bucklige Assistentin, bevor er und Frankensteins Monster in Flammen aufgehen.

»Kann man nur glauben, wenn man es sieht.« (Halliwells *Film Guide*)

**House of Frankenstein**
USA 1945; *Regie:* Erle C. Kenton; *Buch:* Edward T. Lowe, Curt Siodmak nach der Geschichte *The Devil's Brood* von Curt Siodmak; *Kamera:* George Robinson; *Musik:* Hans J. Salter; *Darsteller:* Boris Karloff (Dr. Niemann), John Carradine (Dracula), Lon Chaney jr. (Wolf Man), J. Carrol Naish (buckliger Assistent Dr. Niemanns), Elena Verdugo (Zigeunerin), Lionel Atwill (Inspektor), Glenn Strange (Frankensteins Monster), Anne Gwynne, Sig Rumann, Peter Coe, George Zucco; *Produktion;* Universal International/Paul Malvern; *Länge:* 71 Min.; schwarzweiß.

Der Film kam in Deutschland nicht heraus.

Universal Studios betrieb 1944 den Ausverkauf ihrer Monster- und Gruselfiguren. Der verrückte Wissenschaftler Dr. Niemann, gespielt von Horrordarsteller Boris Karloff, präsentiert in einer Jahrmarktnummer die verschiedenen Horror-Figuren.

**Jonathan**

Bundesrepublik Deutschland 1969/70; *Regie und Buch:* Hans W. Geissendörfer; *Kamera:* Robby Müller; *Musik:* Roland Kovacs; *Schnitt:* Wolfgang Hedinger; *Darsteller:* Jürgen Jung (Jonathan), Paul Albert Krumm (Graf), Ilse Künkele (Lenas Mutter), Eleonore Schminke (Lena), Oskar von Schab (Professor), Hans-Dieter Jendreyko (Joseph), Thomas Astan, Hertha von Walter, Ilona Grübel, Arthur Brauss, Alexander May; *Produktion:* Iduna; *Länge:* 97 Min.; Farbe.

*Paul Albert Krumm als Graf mit seinen hörigen Bräuten in ›Jonathan‹ von dem 1969 27jährigen Hans W. Geissendörfer.*

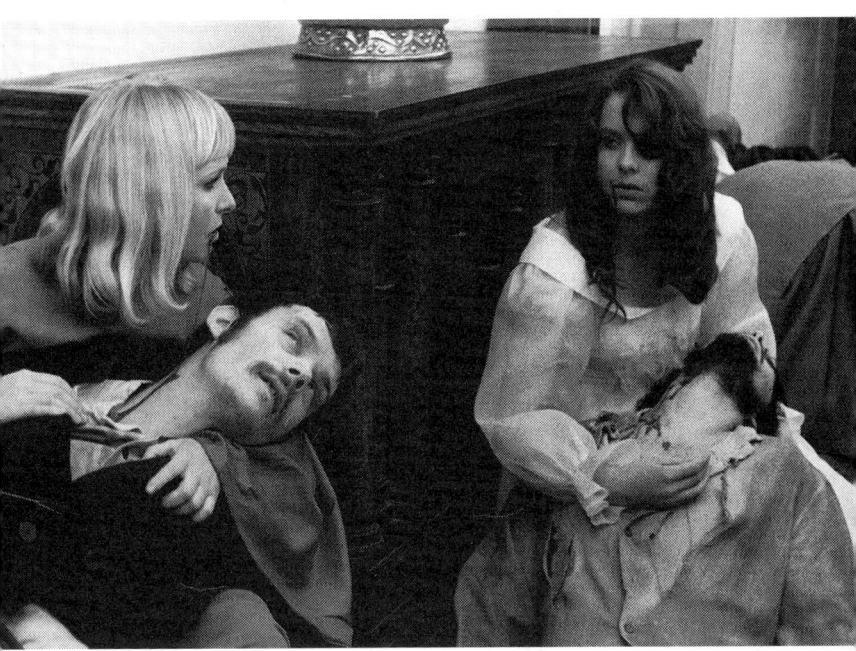

*Die Schülerinnen des unseligen Grafen töten ihre Freier. Pfarrerssohn Geissendörfer legte mit ›Jonathan‹ 1969 seinen Debütfilm vor.*

Erstlingsspielfilm von *Lindenstraße*-Produzent Hans W. Geissendörfer, der sich dafür das Vampirfilmgenre auswählte.

Jonathan, der Assistent eines Professors für Vampirologie, kommt nach mühseliger Reise zum Schloß eines blutsaugenden Grafen, der dort mit seiner Gefolgschaft residiert. Zwar gerät er in Gefangenschaft, doch Freunde kommen mit Waffen zu Hilfe, befreien ihn und andere Gefangene und treiben die Vampire ins Meer.

Als Parabel auf die Studentenunruhen der späten 60er Jahre interpretierbar, wurde der Film von der Produktionsfirma wesentlich beschnitten.

**Junges Blut für Dracula** *(Count Yorga, Vampire)*
USA 1970; *Regie:* Rob Kelljan; *Buch:* George Macready, *Kamera:* Arch Archambault; *Musik:* William Marx; *Darsteller:* Robert Quarry (Graf Yorga), Roger Perry, Michael Murphy, Donna

Anders, Judith Lang, Michael Macready, *Produktion:* Erica/American International Pictures/Michael Macready; *Länge:* 90 Min.; Farbe.

Wieder einmal taucht Dracula nur im deutschen Verleihtitel auf. Es gibt aber einen Vampirgrafen, der Yorga heißt und im heutigen Kalifornien ansässig ist, wo er Teenagermädchen zu spiritistischen Sitzungen auf sein Schloß lockt und sie zu Vampirinnen macht. Ein junger Arzt kann den Grafen und seine Gefolgschaft schließlich töten, doch seine gerettete Freundin führt als Vampirin das Werk des Meisters fort.

Der angeblich 20.000 Dollar teure Film wurde ein Jahr darauf mit *Die sieben Pranken des Satans/The Return of Count Yorga* fortgesetzt. Beide Filme zeichnen sich durch besondere Gewaltdarstellungen und Schockszenen aus.

**Die Nacht der offenen Särge** *(Dracula contre el Doctor Frankenstein /Dracula prisonnier du Docteur Frankenstein)* Portugal/Spanien/Liechtenstein 1972; *Regie:* Jess Franco; *Buch:* Jess Franco, Paul d'Ales; *Kamera:* José Climent, *Schnitt:* R. Aventer; *Musik:* Bruno Nicolai; *Make-up:* Elisa Villeneuve; *Darsteller:* Dennis Price (Dr. Exortio/Frankenstein), Howard Vernon (Graf Satana/Dracula), Alberto d'Albes (Dr. Seward), Fernando Bilbao (Diener Morphu), Genevieve Delor (Amina), Josiane Gilbert (Sängerin), Luis Barboo (Werwolf), Mary Francis, Britt Nickols, Eduarda Pimenta; *Produktion:* Interfilm, Lissabon/Fenix Films, Madrid/Prodif Ets., Vaduz. *Länge:* 84 Min.; Farbe.

In der deutschen Fassung dieses Films wurden die Namen Doktor Frankenstein und Graf Dracula durch Dr. Exortio und Graf Satana ersetzt, obgleich sie in dem englischen Vorspann, der Dr. Frankensteins Tagebuchaufzeichnungen wiedergibt, zu lesen sind.

Dr. Seward hat Graf Satana in seinem Schloß per Holzpflock und Arzthämmerchen zu einer toten Fledermaus umgewandelt. Aber Dr. Exortio strebt die Herrschaft über die Menschheit an und braucht die Hilfe von Graf Satana, der alle Menschen zu ihm hörigen Vampiren machen soll.

Mit dem Blut einer entführten Barsängerin und einigen Stromstößen ersteht Graf Satana erneut. Er vampirisiert Dr. Sewards

Freundin. Frankensteins Monster raubt die Freundin und tötet Dr. Seward, doch die Zigeunerin Amina weckt ihn wieder auf und prophezeit ihm, daß er mit Hilfe des Werwolfs Dr. Exortio besiegen wird. Kurz darauf stirbt sie, kann aber aus dem Grab heraus noch den Werwolf aktivieren. Der springt nur einige Male am Monster hoch, doch Dr. Exortio hat völlig unerwartet keine Lust mehr und sticht seine Vampire per Lanze tot und elektrisiert sein Monster. Dr. Seward kann nur noch ein Dankgebet sprechen.

Auch der Zuschauer wird das tun. Der ganze Film ist so unerträglich primitiv und billig gemacht, daß man sich nur wundern kann, daß so etwas überhaupt produziert wurde, daß es auf den deutschen Markt gerät und heutzutage auch noch als Videokassette in der Videothek erhältlich ist, während wirklich beachtenswerte *Dracula*-Filme dort fehlen.

Fast jede Kameraeinstellung beginnt oder endet mit einer Bewegung des Zoom-Objektivs, wilde Schwenks und rabiate Schnitte machen das Zuschauen zur Tortur. Hinzu kommen eine lächerliche Maske sowie aufdringliche, billigste Sound-Effekte.

Außerdem scheint der ganze Film ohne Ton gedreht worden zu sein. Es gibt zwar Text, doch der wird im Off von Dr. Exortio gesprochen. Da, wo zusätzliche Dialoge zu hören sind, kann man die Darsteller oder ihre Münder nicht im Bild sehen. Nur ab und zu wackelt mal einer mit der Unterlippe, gibt dann aber auf der Tonspur gleich lange Monologe mit vielen Mundverschlüssen von sich. Viele logische Fehler (alle fahren Kutschen, nur Dr. Exortio wird mit einem Mercedes-Benz kutschiert, etc.) disqualifizieren das Machwerk, von dem es auch noch eine englische Version gibt, endgültig ab.

**Nosferatu in Venedig** *(Nosferatu a Venezia)*
Italien 1987, *Regie:* Alan Cummings (= Augusto Caminito); *Buch:* Carlo Alberto Alfiere, Leandro Luchetti, Augusto Caminito; *Kamera:* Antonio Nardi; *Musik:* Luigi Ceccarelli, Vangelis; *Ausstattung:* Luco Antonucci, Joseph Teichner; *Darsteller:* Klaus Kinski (Nosferatu), Barbara de Rossi (Gräfin Helietta Canins), Christopher Plummer (Paris Catalano), Yorgo Voyagis (Giuseppe Barnabo), Clara Colosimo (Medium), Donald Pleasance (Don Alvisc), Maria C. Cumani, Elvire Audray, Anne Knecht;

*Produktion:* Scena, Reteitalia/Augusto Caminito; *Länge:* 93 Min.; Farbe.

Die Gräfin Canins lädt den Vampirforscher Catalano zum Maskenball nach Venedig ein. Eine Ahnin der Gräfin war vom Vampir Nosferatu vor 1000 Jahren ins Todesreich hinabgeholt worden. Doch dort findet der Untote keine Ruhe. Deshalb soll Catalano ihn von seiner Pein befreien. Während einer spiritistischen Sitzung wird Nosferatu wieder auferweckt. Die uneigennützige Liebe einer Jungfrau würde ihm den ewigen Frieden geben. Diese Jungfrau wird auch tatsächlich gefunden. Aber Jungfrauenblut schmeckt Vampiren bekanntlich am besten …
Acht Jahre nach seiner Verkörperung des Nosferatu in Werner Herzogs Film *Nosferatu – Phantom der Nacht* (vgl. Seite 99 f.) ließ sich Klaus Kinski erneut überreden, den blutsaugenden Untoten zu spielen. Angeblich soll dies der italienische Produzent Augusto Caminito dadurch geschafft haben, daß er dem Mimen

*»Nach 200 Jahren schon wieder aufsteh'n …« ›Nosferatu in Venedig‹ scheint es noch etwas zu früh zu sein. Klaus Kinski macht böse Miene.*

*Erstens ist es schwer, eine Jungfrau zu finden, und zweitens muß sie einen noch lieben, auch wenn man wie Klaus Kinski aussieht. Aber ›Nosferatu in Venedig‹ scheint Chancen zu haben. Anne Knecht (rechts) und Klaus Kinski.*

die Zusage zur Finanzierung seiner ersten Filmregie beim nächsten Film gegeben hat.

Dieser Film hingegen war das Regiedebüt Caminitos, wenngleich dieser sich hinter dem Namen Alan Cummings versteckte. Bei der Kritik fiel das Werk gnadenlos durch: »Totale Langeweile in der Lagunenstadt.«[14] *(Tip)* »Die Story um den nach tausend Jahren im Venedig des Jahres 1987 wieder auftauchenden Untoten mit den Hasenzähnchen ist dermaßen konfus zusammengeschustert, daß sich weder Spannung noch Grusel einstellen. Auch aus dem Drehbucheinfall, Nosferatu gegen Kreuze und Sonnenlicht resistent zu machen und ihm sein Spiegelbild zu lassen, weiß die Regie keinen Nutzen zu ziehen. Die Auftritte von Stars wie Christopher Plummer als ›moderner‹ van Helsing und Donald Pleasance als sabbernder Priester wirken genauso lächerlich wie Kinskis Lust auf frisches Fleisch.«[15] *(film-dienst)*

**The Return of Dracula / The Curse of Dracula** (US-TV-Titel)
**The Fantastic Disappearing Man** (GB-Titel)
USA 1958; *Regie:* Paul Landres; *Buch:* Pat Fielder; *Kamera:* Jack McKenzie; *Musik:* Gerald Fried; *Darsteller:* Francis (= Franz) Lederer (Graf Dracula/Walach Skordoff), Norma Eberhardt, Ray Stricklyn, Jimmy Baird, John Wengraf; *Produktion:* United Artists/Jules V. Levy, Arthur Gardner; *Länge:* 77 Min.; schwarzweiß. Der Film kam in Deutschland nicht heraus.

Der Graf kommt mit den gestohlenen Papieren eines osteuropäischen Malers als illegaler Einwanderer in eine Kleinstadt der USA. Er gibt sich als lang verschollener Cousin der Mayberrys aus, einer typischen amerikanischen Durchschnittsfamilie. In Wahrheit hat er es jedoch auf Rachel, die Tochter des Hauses, abgesehen. Am Schluß fällt er beim Ausweichen vor einem kleinen Kreuz in eine Grube, wo ein aufrechtstehender Balken ihn durchbohrt. Es bleibt nur sein Skelett übrig.
Ein Jahr nach dem Tod des Kommunistenjägers McCarthy entstand dieser Schwarzweißfilm, der im »kalten Krieg« auch als Parabel für die »Bedrohung« der amerikanischen Nation durch Kommunisten gesehen werden kann. Er kam zur selben Zeit in die Kinos wie die farbige Hammer-Produktion *Dracula,* die in den USA mit dem Titel *Horror of Dracula* gestartet wurde. Damit war diesem Film das Nachsehen beschieden, was ihn eigentlich zu Unrecht in der Versenkung verschwinden ließ. »Recht gut und mit geringem Budget gemachter Horrorfilm, der das Übernatürliche und das Alltägliche geschickt ausbalanciert.« *(Halliwells's Film Guide)*
Francis Lederer spielt den Grafen im unauffälligen schwarzen Anzug eines Geschäftsmannes und ohne übermäßige Gestik. Er kann einem als unverstandener Ausländer fast schon leid tun. Zu stabil sind die Strukturen des »American way of life«, als daß der Prinz der Dunkelheit daran rütteln könnte. Lederer, ein gebürtiger Tscheche, war nach Erfolgen im deutschen Theater und Film 1933 vor den Nazis nach Amerika geflohen und konnte erfolgreich in Hollywood Fuß fassen.

**Die sieben goldenen Vampire**
*(The Legend of the Seven Golden Vampires)*
Großbritannien/Hongkong 1974; *Regie:* Roy Ward Baker; *Buch:* Don Houghton; *Kamera:* John Wilcox, Roy Ford; *Musik:* James Benart; *Schnitt:* Chris Barnes; *Ausstattung:* Johnson Tsao: *Spezialeffekte:* Les Bowie; *Darsteller:* Peter Cushing (Professor van Helsing), John Forbes-Robertson (Dracula), David Chiang (Hsi Ching), Julie Edge (Vanessa Buren), Robin Stewart (Leyland van Helsing), Shih Szu (Mai Kwei), Robert Hanna (britischer Konsul), Chen Shen (Kah), James Ma (Hsi Ta), Liu Chia Young (Hsi Kwei), Ken Ko An (Hsi Sung), Chen Tien (Hsi San), Wong Han Chen (Leugn Hon); *Produktion:* Hammer Films, Don

*Graf Dracula in China. James Forbes-Robertson (rechts) löste Christopher Lee in der Rolle bei Hammer-Films letztem Dracula-Film ›Die sieben goldenen Vampire‹ ab.*

Houghton/Shaw Brothers, Vee King Shaw; *Länge:* 88 Min.; Farbe.

Im Zuge der rückläufigen Besucherzahlen sah sich die Firma Hammer genötigt, ein neues Konzept zu entwickeln. Was lag da näher, als das Horror-Genre mit dem 1974 überaus erfolgreichen Kung-Fu-Filmgenre zu verbinden? Daher trägt Vampirjäger van Helsing 1904 in China ein Referat über Vampire vor, das aber nur belächelt wird. Doch schon bald tauchen in Chungking unter der Anführung von Graf Dracula Vampire auf. Nun heißt es, mit den Mitteln des Kampfsports und van Helsings Kenntnissen gegen das Unheil vorzugehen.

*Van Helsing (Peter Cushing) und sein Sohn Leyland (Robin Stewart) überlegen, wie man in China gegen ›Die sieben goldenen Vampire‹ vorgehen kann.*

Was zunächst als genialer Coup des Hammer-Chefs Michael Carreras anmutete, wurde zu einem Flop. Der Cocktail von westlicher Schauerkost und fernöstlicher Massenkeilerei schmeckte dem Publikum gar nicht. Zwar führt er als Neuerung die »Kamikaze-Pfählung« ein, indem David Chiang eine lüsterne Vampirin und sich selbst mit ein und demselben Pfahl durchbohrt, doch die Hektik der Inszenierung und logische Fehler brachten dem Film nicht den erwünschten Erfolg. Dies wurde der letzte Horror-Film des einst so florierenden Unternehmens Hammer, das nach zwei weiteren Mißerfolgen unter neuer Leitung auf Fernsehserien umsattelte.

## Son of Dracula

USA 1943; *Regie:* Robert Siodmak; *Buch:* Eric Taylor, Curt Siodmak; *Kamera:* George Robinson; *Musik:* Hans J. Salter; *Spezialeffekte:* John P. Fulton; *Darsteller:* Lon Chaney jr. (Anthony Alucard/Graf Dracula), Louise Allbritton (seine Frau), Robert Paige (Verlobter), Frank Craven (Doktor), J. Edward Bromberg (Psychiater), Samuel S. Hinds, Evelyn Ankers, Adeline De Walt Reynolds, Patrick Moriaty; *Produktion:* Universal/Ford Beebe; *Länge:* 80 Min.; schwarzweiß. Der Film kam nie in Deutschland heraus.

Die Universal-Studios hatten Anfang der 40er Jahre Remakes und Varianten ihrer klassischen Horror-Filme aus den 30er Jahren produziert. Die Rollen wurden z. T. neu besetzt. So war Lon Chaney jr., Sohn des 1930 verstorbenen Horrorfilmstars Lon Chaney, diesmal an der Reihe, das nachzuholen, was seinem Vater wegen seines frühen Todes nicht mehr gegönnt war – den Dracula zu spielen. Zwar war er in Maske und Verkleidung als Wolfsmensch in *Der Wolfsmensch/The Wolf Man* 1941 noch ideal gewesen, doch zum verführerischen Blutsauger waren seine behäbige Gestalt und sein massiges Gesicht nicht gerade ideal. Doch mit einem Trick im Drehbuch wurde dieses Manko wieder ausgeglichen. Der Graf (nicht sein Sohn, wie es der Titel vermuten läßt) taucht in den Sümpfen der amerikanischen Südstaaten als Anthony Alucard (Dracula rückwärts) auf und macht sich an die Tochter eines Plantagenbesitzers heran, die eine Verehrerin des Okkulten ist.

Doch diese dreht den Spieß um und wünscht sich nichts sehnlicher, als durch den Biß des Vampirs die Unsterblichkeit zu er-

langen. Insofern blieb es Dracula diesmal erspart, Verführungs-
techniken anwenden zu müssen. Der aufgebrachte Verlobte des
Mädchens holt sich Rat bei den Kapazitäten des Dorfes, dem
Arzt und dem Psychologen, bevor er loszieht, den Vampir und
seine Braut zu töten.

Die Handlung spielt ansonsten hinter der kunstvoll gestalteten
Kameraarbeit von George Robinson die untergeordnete Rolle.
Robert Siodmaks Regie legte auf eine stimmungsvolle Atmosphäre wert, die dank zahlreicher optischer Einfälle diesen Film
trägt. Berühmt wurde vor allem der erste Auftritt Draculas, dessen Sarg langsam aus dem Sumpf emporkommt. Aus dem dichten Nebeldampf tritt schließlich der Graf hervor.

»Dieser Film zeigte ... zum ersten Mal die Verwandlung des
Vampirs in eine Fledermaus, ein Verwandlungstrick, für den
Trickspezialist John P. Fulton stop motion, Realaufnahmen, Zei-
chentrick und bewegliche Modelle kombinierte.«[16]

**Die Stunde, wenn Dracula kommt ...** *(La maschera del
demonio / Revenge of the Vampire / Black Sunday)*
Italien 1960; *Regie:* Mario Bava (= John M. Old); *Buch:* Mario
Serandrei, Ennio de Concini, Mario Bava, Marcello Coscia nach
der Novelle »Der Wij« von Nikolaj Gogol; *Kamera:* Mario Bava;
*Musik:* Roberto Nicolosi; *Schnitt:* Mario Serandrei; *Bauten:* G.
Giovannini; *Kostüme:* T. Loriedo Grani; *Darsteller:* Barbara
Steele (Asa Vaida/Prinzessin Katja Vaida), John Richardson
(Dr. Andrej Gorobec), Andrea Checchi (Prof. Chomar Churai-
an), Ivo Garrani (Fürst Vaida), Arturo Dominici (Javutic Dracula), Enrico Olivieri (Constantin), Antonio Pierfederici (Priester), Tino Bianchi (Diener Ivan), Clara Bindi (Wirtin), Mario
Passante (Nikita), Renato Terra, Germania Dominici (Wirtstochter Sonja); *Produktion:* Galatea Film/Jolly Film, Paolo Mer-
curi; *Länge:* 85 Min.; schwarzweiß.

Dieser Film zählt zu der großen Schar von *Dracula*-Filmen, die
eigentlich keine sind. Denn weder ist ein Bezug zum Stoker-Roman zu erkennen, noch läßt sich in der Figur des in der deutschen
Fassung als Dracula bezeichneten Vampirs Javutic Vaida eine
auch nur annähernde Übereinstimmung mit der Dracula-Figur
finden. Diese Figur ist der Vetter der eigentlichen Hauptfigur,
der Hexe Asa. Ihr zu dienen, ist seine Aufgabe.

*Barbara Steele als Asa, die als Hexe gefoltert und verbrannt wird, weil sie mit ihrem Vetter geschlafen hat. Aus ›Die Stunde, wenn Dracula kommt‹.*

Asa wird im Mittelalter von ihrem Bruder und dessen Gefolgschaft gemeinsam mit ihrem Vetter Javutic hingerichtet, weil sie sich »in verbrecherischer Liebe … vereint« haben. Dieser Vetter, »der verdächtig ist, ein Dämon, ja vielleicht Dracula selbst zu sein«, wird auf ungeweihtem Boden begraben, die Hexe in der Familiengruft.

Ein Professor, der über ihrem Grab von einer Fledermaus angegriffen wurde, erweckt die hingerichtete Hexe 200 Jahre später durch sein Blut zu neuem Leben. Selbst noch zu schwach, ruft sie ihren Vetter. Dieser delektiert sich an fürstlichem Blut genauso wie an Hundeblut und dient ihr zur Beschaffung des Körpers von

211

*Barbara Steele verkörpert auch Prinzessin Katja, die junge Nachfahrin der hingerichteten Asa Vaida in ›Die Stunde, wenn Dracula kommt‹.*

Prinzessin Katja, einer Nachfahrin, die ihr wie aus dem Gesicht geschnitten ist. Durch ihr Blut könnte sie wieder ihre volle Lebenskraft zurückgewinnen.

Zwar gelingt es Asa, Katjas Körpers habhaft zu werden, doch Assistenzarzt Andrej kommt noch zur rechten Zeit. Er vernichtet den Vater. Die Vampirin wird von der aufgebrachten Dorfgemeinschaft zur Strecke gebracht.

Die Vernichtung eines Vampirs durch das Durchstechen eines Auges ist zwar vom Effekt her mindestens genauso grauenhaft wie die Herzdurchbohrung, hat aber mit den althergebrachten Regeln nichts gemein.

»Ganz abgesehen davon, daß dieser Schinken schon im deutschen Titel lügt – da ist nämlich von Dracula weit und breit keine Spur zu entdecken –, gibt er auch noch vor, auf der Novelle *Der Wij* von Nikolai Gogol zu basieren, was der reinste Unsinn ist.«[17]

Seltsamerweise haftet dem Film das Etikett »Kultfilm« an, was wohl daran liegt, daß er eine lange Zeit als 16-mm-Film im nicht-gewerblichen Bereich verfügbar war und so eine Auswertung durch Filmclubs und Studentenkinos erfuhr. Es mag auch sein, daß Aufführungsverbote in vielen Ländern das Interesse für diesen z. T. ekelerregenden Film geschürt haben.

Was ihn aber über den Durchschnitt hebt, ist die ausgeklügelte Kameraarbeit, die der Regisseur, der wie sein Vater Kameramann ist, gleich selbst übernahm. Die einfallsreich ausgeleuchteten Schwarzweißbilder verleihen dem Film einen eigenen Stil und die typische Gruselatmosphäre.

**Die toten Augen des Doktor Dracula** (*Operazione paura*)
Italien 1966; *Regie:* Mario Bava; *Buch:* Romano Migliorini, Roberto Natale, Mario Bava; *Kamera:* Antonio Rinaldi; *Musik:* Carlo Rustichelli; *Darsteller:* Giacomo Rossi-Stuart, Erika Blanc, Fabienne Dali, Piero Lulli, Max Lawrence; *Produktion:* F. U. L.; *Länge:* 83 Min.; Farbe.

*Asa (Barbara Steele) ist wiedererweckt, aber noch nicht ganz regeneriert. Sie braucht das Blut von Katja. Asas Vetter Javutic (Arturo Dominici, rechts), selbst aus dem Totenreich zurückgekehrt, soll es beschaffen. Aus: ›Die Stunde, wenn Dracula kommt‹.*

In diesem Film taucht nie ein Dracula auf. Der Film heißt im Original *Operazione paura* (Unternehmen Angst). Der deutsche Verleih baute wohl wie so oft auf die Publikumswirksamkeit des Namens »Dracula« und auf die Tatsache, daß der Debütfilm des Regisseurs Mario Brava *Die Stunde, wenn Dracula kommt/La maschera del demonio* (Italien 1960) recht erfolgreich, aber auch kein richtiger *Dracula*-Film war.

**Die Vampire des Dr. Dracula** *(La marca del hombre lobo)*
Spanien 1967; *Regie:* Enrique L. Equiluz; *Buch:* Enrique L. Equiluz, Jacinto Molina Alvarez; *Kamera:* Emilio Foriscot; *Musik:* Angel Arteaga; *Darsteller:* Paul Naschy (Graf Waldemar Daninsky), Dianik Zurakowska (Hyacinth), Julian Ugarte (Professor Jonas Mikalhof), Manuel Manazaneque (Rudolf Weißmann), Rosanna Yanni (Nascha), Diane Kanopka; *Produktion:* Maxper P. C.; *Länge:* 95 Min.; Farbe.

Dr. Dracula aus dem deutschen Verleihtitel kommt in diesem Film überhaupt nicht vor. Vielmehr geht es um eine wirre Mixtur von Werwölfen und Vampiren, die sich hinter Klostergemäuern wilde Beißereien und Prügeleien liefern.
Der Film wurde im 70-mm-Breitwandverfahren und in Stereoscope (3-D) gedreht.

**Vlad Tepes** (US-Titel: *The True Life of Dracula*)
Rumänien 1978; *Regie:* Doru Nastase; *Darsteller:* Stefan Sileanu (Vlad Tepes »Dracula«); *Länge:* 150 Min.; Farbe.

Das kommunistische Regime Rumäniens unter der Führung des Diktators Ceausescu gab 1978 diesen zweieinhalbstündigen Mammutfilm in Auftrag, der den historischen Karpatenfürsten Vlad Tepes, genannt »Dracula«, als Volkshelden präsentiert. Er wird als Patriot und Feldherr dargestellt, der durch seine (aufwendig gefilmten) Schlachten die Bevölkerung vor den unsagbar grausamen Türken beschützt.

**Wie schmeckt das Blut von Dracula?**
*(Taste the Blood of Dracula)*
Großbritannien 1969; *Regie:* Peter Sasdy; *Buch:* John Elder (= Anthony Hinds); *Kamera:* Arthur Grant; *Musik:* James Bernard, Philip Martell; *Darsteller:* Christopher Lee (Dracula), Geoffrey

*Enrique L. Equiluz inszenierte 1967 den trivialen Vampirfilm ›Die Vampire des Dr. Dracula‹. Im Vordergrund Dianik Zurakowska als Hyacinth. Aber auch der Hintergrund dieses 3-D-Films darf nicht übersehen werden.*

Keen (William Hargood), Peter Sallis (Samuel Paxton), John Carson (Jonathan Hargood), Linda Hayden (Alice Hargood), Anthony Corlan (Paul Paxton), Isla Blair (Lucy Paxton), Martin Jarvis (Jeremy Secker), Ralph Bates (Lord Courtley), Roy Kinnear (Weller), Michael Ripper (Cobb), Russell Hunter (Felix),

Shirley Jaffe (Magd), Keith Marsh (Vater), Peter May (Sohn), Reginald Baraff (Vikar), Maddy Smith (Dolly), Lai Ling (Chinesin), Malaioka Martin (Schlangenmädchen); *Produktion:* Hammer/Aida Young; *Länge:* 95 Min.; Farbe; *deutsche Synchronschauspieler:* Gerd Martienzen (Christopher Lee), Klaus Miedel (Geoffrey Keen), Peter Schiff (Peter Sallis), Leo Bardischewski (John Carson), Lothar Blumhagen (Ralph Bates), Roy Kinnear (Hans-Dieter Zeidler), Almuth Eggert (Linda Hayden), Norbert Langer (Anthony Corlan), Hugo Schrader (Russell Hunter).

England. Drei ehrbare viktorianische Familienväter, die angeblich regelmäßig am letzten Sonntag im Monat zu einem Wohl-

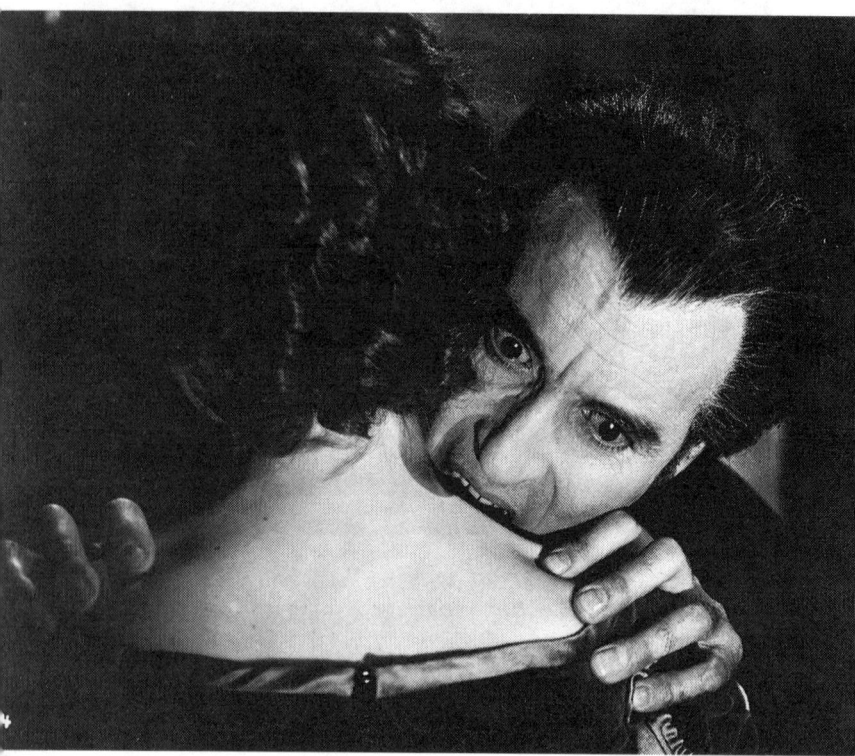

*Zuerst schlägt Dracula (Christopher Lee) seine Fangzähne in den Hals von Lucy (Isla Blair) ...*

tätigkeitsverein gehen, besuchen in Wahrheit ein Bordell. Dort begegnet ihnen Lord Courtley, der vom Teufel besessen sein soll. Er verspricht den drei Lüstlingen eine Erfahrung von noch nie dagewesener Dimension, wenn sie ihre Seelen verkaufen.

Von einem dubiosen Geschäftsmann kaufen die drei einen Koffer mit Draculas Umhang, seinem Siegelring, seiner Kette und seinem Blut in Pulverform. In einer stillgelegten Kirche vollzieht Courtley mit den dreien ein schaurig-perverses Abendmahl, indem er Draculas Blut in drei Kelche und eine Silberschale füllt und sein eigenes Blut daraufträufelt. Als die Männer sich weigern, das Blut zu trinken, macht er es ihnen vor. Er stirbt unter großen Qualen. Die drei Männer flüchten entsetzt.

... dann beißt Lucy (Isla Blair) ihren Verlobten Jeremy (Martin Jarvin) in ›Wie schmeckt das Blut von Dracula?‹ von Peter Sasdy.

Aus Courtleys Leiche entsteht Dracula. Er schwört Rache für den Tod seines treuen Dieners und bringt schließlich die erwachsenen und jeweils ineinander verliebten Kinder dazu, ihre Väter zu ermorden. Dracula gelingt es zwar, zwei von den jungen Leuten auch zu Vampiren zu machen, aber die »nur« hypnotisierte Alice kann durch den sie liebenden Paul im großen Finale gerettet werden.

Dann nämlich entpuppt sich Draculas Refugium, die Kirche, mit all ihren Kruzifixen und christlichen Symbolen und Darstellungen, als Gruselkabinett für Dracula, der, völlig überwältigt, schwindelnd vom Giebelfenster stürzt und auf dem Altar aufprallt. Dort löst er sich in seine Bestandteile auf wie auf einer heißen Herdplatte.

Die Rache einer Kirche für ihre Entweihung, die Dracula ohne fremde Hilfe den Garaus macht, das hat es noch nicht gegeben. Van Helsing wird also gar nicht mehr benötigt. Draculas Methode, sich mittels der Kinder an den Vätern zu rächen, obwohl er die Herren bequem selbst liquidieren könnte, bringt natürlich mehr Gelegenheit, junge, wohlgeformte Frauenhälse ins Bild zu rücken. Die Frage bleibt, warum er sich eigentlich rächen will. Denn letztendlich hat er seine eigene Wiederbelebung doch den drei Männern zu verdanken.

Christopher Lee hat fast gar keine Gelegenheit, sich schauspielerisch in Szene zu setzen. Böse Grimassen, rote Kontaktlinsen und sein Vampirgebiß reichten dem ungarischen Regisseur Sasdy scheinbar schon, der gleich im Anschluß für das Hammer-Studio *Comtesse des Grauens/Countess Dracula* drehte, wobei er aber zum Glück den Kameramann wechselte. Als Darsteller können nur Geoffrey Keen als gestrenger, dem Alkohol verfallener Vater von Alice und Roy Kinnear als schmieriger Geschäftsmann Profil entwickeln.

Mit viel Phantasie lassen sich die vätermordenden jungen Erwachsenen angesichts der Studentenunruhen Ende der 60er Jahre auch noch als Pendants zur aufbegehrenden Jugend jener Jahre interpretieren, die die fragwürdig gewordenen elterlichen Werte nicht mehr übernehmen. Da ihr Widerstand jedoch ohne ihren Willen vom diabolischen Dracula initiiert wird, wird dem scheinbar durchaus berechtigten Aufbegehren gleich wieder jeder Wind aus den Segeln genommen. Am Ende rückt die konservative Kraft der Kirche alle Werte wieder zurecht.

## Zoltan, Draculas Bluthund

*(Zoltan … Hound of Dracula / Dracula's Dog)*
USA 1977; *Regie:* Albert Band; *Buch:* Frank Rey Perilli, *Kamera:* Bruce Logan; *Musik:* Andrew Belling; *Make-up:* Stan Winston; *Schnitt:* Harry Keramidas; *Darsteller:* Michael Pataki (Michael Drake/Graf Dracula), José Ferrer (Inspector Branco), Jan Shutan (Marla Drake), Libbie Chase (Linda Drake), John Levin (Steve Drake), Reggie Nalder (Veidt Schmitt), Arlene Martell (Major Hessle), Simmy Bow (Fischer), Jojo d'Amore (Fischer), Roger Schumacher (Wanderer), Cleo Harrington (Mrs. Parks), Katherine Fitzpatrick (Draculas Opfer); *Produktion:* VIC Cinema Productions/Albert Band/Frank Ray Perilli, *Länge:* 84 Min.; Farbe.

In einem europäischen Land wird in heutiger Zeit von der Armee Draculas Gruft gesprengt. Erst im letzten Moment kann die endgültige Vernichtung verhindert werden. Draculas Hund wird von einem Soldaten in Unwissenheit wiederbelebt. Er zieht ihm den Pflock aus dem Herzen. Der Hund saugt den Soldaten aus und erweckt Draculas Faktotum Veit Schmitt zu neuem Leben. Gemeinsam reisen sie per Schiff in die USA, wo der letzte Nachfahre der Dracula-Sippe Michael Drake mit Familie und Hunden wohnt. Er ist ein normaler amerikanischer Familienvater, der als Psychologe tätig ist. Er fährt mit der Familie in einem Wohnmobil in Urlaub.
Inspector Branco, der mit dem Vampirismus vertraut ist, reist dem Hund und Schmitt in die USA nach, wo er den ahnungslosen Drake in die geheimnisvollen Zusammenhänge einweiht. Das gibt dem Film die Gelegenheit für den einzigen Gag. Drake sagt zu Branco: »Wenn das alles wahr ist, was Sie mir sagen, werd' ich 'ne Menge Geld machen. Ich werde all die verklagen, die ohne meine Zustimmung *Dracula*-Filme gedreht haben.«
Es gelingt den beiden Männern, sowohl Veit Schmitt als auch Zoltan unschädlich zu machen. Doch ein kleiner Welpe, der von Zoltan gebissen worden ist, schaut zum Schluß mit glühenden Augen in die Kamera und fletscht die kleinen Hauer.
Der mit einfachen Mitteln gestaltete Durchschnittsfilm zeigt in einer Szene auch Dracula selbst, der beim Beißen eines Opfers gestört wird, sich in eine Fledermaus verwandelt und sich an Zoltans Halsschlagader festbeißt. Die Szene ist eine Rückblende in

der Erinnerung des Hundes! Der lange Reggie Nalder, der als Attentäter in Hitchcocks *Der Mann, der zuviel wußte* von 1956 in Erscheinung trat, spielte hier noch den Diener des Vampirs. Zwei Jahre später trat er dann selbst als Vampir in *Brennen muß Salem/Salem's Lot* vor die Kamera.

Anmerkungen:

[1] Seeßlen, George und Claudius Weil: *Kino des Phantastischen. Geschichte und Mythologie des Horrorfilms,* Reinbek bei Hamburg 1980, S. 124.
[2] Pirie, David: *A Heritage of Horror – The English Gothic Cinema 1946–1972,* London 1973, S. 88 f.
[3] Cushing, Peter: *»Past Forgetting« – Memoirs of the Hammer Years,* London 1988, S. 32.
[4] King, Stephen: *Angst pur,* München 1990, S. 86.
[5] King, Stephen: *Danse Macabre,* München 1988, S. 100.
[6] Underwood, Tim und Chuck Miller (Hg.): *Stephen King – Angst pur, Gespräche mit dem »King des Horrors«,* München 1990, S. 233.
[7] Kocian, Erich: *Die James Bond Filme,* 5. Aufl., München 1989, S. 231.
[8] Eyles, Allen, Robert Adkinson und Nicolas Fry (Hg.): *The House of Horror – The Complete Story of Hammer Films,* London, 2. Aufl. 1981, S. 20.
[9] Setbon, Philippe: *Klaus Kinski. Seine Filme – sein Leben,* München 1979, S. 56.
[10] Pirie, David: *Vampir-Filmkult,* a.a.O., S. 130.
[11] Giesen, Rolf: *Lexikon des phantastischen Films,* Bd. 1, Frankfurt/M., Berlin, Wien 1984, S. 119 f., und ebenfalls: Giesen, Rolf: *Sagenhafte Welten,* München 1990, S. 122.
[12] Katholische Filmkommission für Deutschland (Hg.): *Filme 1965–70, Handbuch VIII der Katholischen Filmkritik,* Band 1, Köln 1971, S. 65.
[13] Hahn, Ronald M. und Volker Jansen: *Lexikon des Horror-Films,* Bergisch-Gladbach 1989, S. 111.
[14] *Tip,* zit. nach: Just, Lothar R.: *Filmjahrbuch 1989,* München 1990, S. 283.
[15] Hamacher, Rolf Rüdiger: *Nosferatu in Venedig* – Kurzbesprechung, in: *film-dienst* 19/1988, Nr. 27 093.
[16] Jung, Fernand, Claudius Weil und Georg Seeßlen: *Der Horror-Film, Regisseure, Stars, Autoren, Spezialisten, Themen und Filme von A–Z,* München 1977, S. 103.
[17] Hahn, Ronald M. und Volker Jansen: *Lexikon des Horror-Films,* a.a.O., S. 413.

# Dracula-Varianten:
# Weibliche Vampire

Weibliche Vampire sind bereits in den bisher behandelten Filmen zu sehen gewesen. Schließlich werden durch Draculas Biß bekanntlich seine Opfer auch zu Vampiren.
In diesem Kapitel werden aber einige Filme genannt, die weibliche Vampire als Hauptfiguren zeigen und die einen Bezug zu *Dracula* haben.

**Der Biß der Schlangenfrau** *(The Lair of the White Worm)*
Großbritannien 1988; *Regie:* Ken Russell; *Buch:* Ken Russell nach der gleichnamigen Erzählung von Bram Stoker; *Kamera;* Dick Bush; *Musik:* Stanislas Syrewicz; *Schnitt:* Peter Davies; *Darsteller:* Amanda Donohoe (Lady Silvia Marsh), Hugo Grant (Lord James D'Ampton), Catherine Oxenberg (Eve Trent), Sammi Davis (Mary Trent), Peter Capaldi (Angus Flint), Stratford Johns, Paul Brooke, Imogen Claire; *Produktion:* White Lair/Ken Russell; *Länge:* 93 Min.; Farbe.

Regisseur Ken Russell: »Vor einigen Jahren hatte ich das Skript für einen geplanten *Dracula*-Film verfaßt, doch zum damaligen Zeitpunkt gab es eine regelrechte Schwemme von Vampirfilmen. Ich befaßte mich gerade mit einem Fernsehprojekt ... als mir jemand riet, doch einmal Bram Stokers letzten Roman zu lesen. Ehrlich: ich wußte wirklich nicht, daß er außer seinem Meisterwerk auch noch etwas anderes geschrieben hatte. Nachdem ich *The Lair of the White Worm* gelesen hatte, hielt ich es für recht originell. In gewissem Sinne war es natürlich die alte *Dracula*-Geschichte: Statt Fledermäusen und Vampiren ging es diesmal nur um Drachen und attraktive Frauen ... Stoker machte eine ganze Menge Fehler, vor allem in der Dramaturgie. Also nahm ich einfach nur die besten Abschnitte und verließ mich ansonsten auf Folksongs wie *The D'Ampton Worm*. Außerdem habe ich die Ereignisse in die Gegenwart verlegt, weil ich dieser ganzen viktorianischen Gotik überdrüssig geworden bin.«[1]
Vier Personen entdecken ungewollt den religiösen Kult um einen riesigen, unterirdisch lebenden Wurm. »Russells Visionen sind surreal, pervers und meisterhaft wie immer.«[2]

**Comtesse des Grauens** *(Countess Dracula)*

Großbritannien 1970, *Regie:* Peter Sasdy; *Buch:* Jeremy Paul nach einer Geschichte von Alexander Paal und Peter Sasdy und einer Idee von Gabriel Ronay; *Kamera:* Ken Talbot; *Musik:* Harry Robinson; *Schnitt:* Henry Richardson; *Ausstattung:* Philip Harrison; *Darsteller:* Ingrid Pitt (Gräfin Elisabeth Nadasdy), Nigel Green (Captain Dobi), Sandot Elès (Imre Toth), Maurice Denham (Master Fabio), Patience Collier (Julia), Lesley-Anne Down (Ilona); *Produktion:* Hammer Films/Alexander Paal; *Länge:* 92 Min.; Farbe.

Entgegen den Erwartungen, die der Originaltitel schürt, handelt es sich hier nicht um einen weiteren Film der Hammer-Dracula-Reihe. Es ist in Anlehnung an die historische Figur der blutrünstigen Gräfin Elizabeth Bathory (vgl. Seite 50) die Geschichte einer alternden Gräfin, die feststellt, daß das Blut junger Mädchen sie verjüngt. So mordet sie in einem fort, um ihre neugewonnene Jugend zu erhalten und ihrem jungen Husarenfreund zu gefallen. Beim Heiratsschwur vor dem Altar kehren jedoch die alten Runzeln und Warzen wieder in ihr Gesicht zurück.

**Dracula's Daughter**

USA 1936; *Regie:* Lambert Hillyer; *Buch:* Garret Fort nach einer Geschichte von John Balderston und einer Idee von Oliver Jeffries nach Motiven von Bram Stokers *Dracula's Guest; Kamera:* George Robinson; *Musik:* Heinz Roemheld; *Darsteller:* Edward van Sloan (van Helsing), Gloria Holden (Draculas Tochter, Gräfin Marya Zaleska), Otto Kruger, Marguerite Churchill, Irving Pichel, Nan Grey, Hedda Hopper, Gilbert Emery, Claude Allister, E. E. Clive, Halliwell Hobbes, Billy Bevan; *Produktion:* Universal Pictures/E. M. Asher; *Länge:* 70 Min.; schwarzweiß.

Der alte Graf ist tot. (Eine Puppe mit der Physiognomie von Bela Lugosi als Dracula wurde als seine Leiche verwendet.) Die Tochter versucht verzweifelt, ein normales, gesundes Leben zu führen, doch ihre Erbanlagen brechen leider immer wieder durch. Derweil muß sich van Helsing, der den ungläubigen Engländern die Bedrohlichkeit der Vampire begreiflich machen will, wegen der Ermordung Draculas vor Gericht verantworten. Der Film ist der direkte Nachfolger von *Dracula* aus dem Jahre 1930. Erneut hat Garret Ford das Drehbuch verfaßt. Doch vom alten Ensemble ist nur noch Edward van Sloan dabei, der wieder den Vampirjäger van Helsing verkörpert, was er ja auch schon in der Theaterinszenierung des Stückes *Dracula* getan hat.

## Draculas Hexenjagd *(Twins of Evil)*

Großbritannien 1971; *Regie:* John Hough; *Buch:* Tudor Gates nach Motiven der Erzählung *Carmilla* von Sheridan Le Fanu; *Kamera:* Dick Bush; *Musik:* Harry Robinson, *Schnitt:* Spencer Reeve; *Darsteller:* Peter Cushing (Gustav Weil), Dennis Price (Dietrich), Madeleine Collinson (Frieda Gellhorn), Mary Collinson (Maria Gellhorn), Isobel Black (Ingrid Hoffer), Kathleen Byron (Katy Weil), Damien Thomas (Graf Karnstein), David Warbeck (Anton Hoffer), Harvey Hall (Franz), Alex Scott (Hermann), Katya Keith (Gräfin Mircalla Karnstein), Roy Stewart

*Rituale des Schreckens, eine Szene aus John Houghs ›Draculas Hexenjagd‹.*

*›Draculas Hexenjagd‹. Eine der rituellen Schreckensszenen.*

(Joachim), Inigo Jackson (Woodman), Judy Matheson (Woodmans Tochter), Luan Peters (Gerta); *Produktion:* Hammer Films/Harry Fine, Michael Style; *Länge:* 87 Min.; Farbe.

Einmal mehr taucht Dracula nur im deutschen Verleihtitel auf, der doppelt irreführend ist, denn es werden auch hier keine Hexen gejagt. Nach *Gruft der Vampire/The Vampire Lovers* (1970) und *Nur Vampire küssen blutig/Lust for a Vampire* (1970) war dies der dritte und letzte *Karnstein*-Film der Hammer-Studios nach den Figuren aus *Carmilla* von Bram Stokers Landsmann Sheridan Le Fanu.

Gräfin Mircalla kann nach ihrem fatalen Ende in *Nur Vampire küssen blutig* wiederbelebt werden und führt ihren Nachfahren Graf Karnstein in die Kunst des Beißens ein. Der macht eine Nichte des Vampirjägers Weil zur Vampirin. Irrtümlich wird fast deren unschuldige Schwester auf dem Scheiterhaufen verbrannt. Der Film kostet die sexuelle Komponente des weiblichem Vampirs noch drastischer und voyeuristischer aus als seine Vorgänger. So wird im Bild gezeigt, wie eine Vampirin durch Auflegen eines Kruzifixes auf die Schamhaare ausgelöscht wird. Natürlich sind die Gegenspieler solcher Sexgelüste auch puritanischer als je zuvor.

Da muß schon ein Mann vom Kaliber Peter Cushings her, der aber als Anführer einer »Bruderschaft« anders als in den *Dracula*-Filmen kaum Entfaltungsmöglichkeiten hat.

**Lady Dracula**

BRD 1975; *Regie:* F. J. Gottlieb; *Buch:* Redis Reda nach einem Originalmanuskript von Bradford Harris; *Kamera:* Ernst W. Kalinke, Fritz Baader; *Musik:* Horst Jankowski; *Bauten:* Peter Rothe, Herta Hareiter; *Darsteller:* Evelyne Kraft (Comtesse Fräulein Barbara von Weidenborn/Lady Dracula), Stephen Boyd (Dracula), Brad Harris (Kommissar), Theo Lingen (Theo Marmorstein, Bestattungsunternehmer), Eddie Arent (Kriminalassistent Eddie), Walter Giller (Herr Oskar, Sargträger), Klaus Höhne (Herr Hubert, Sargträger), Roberto Blanco (Baggerführer Karli), Rinaldo Talamonti (Bauarbeiter Ferdi), Marion Kracht (Comtesse Barbara von Weidenborn als Mädchen), Christine Buchegger (Irene Ruhesanft), Heinz Reincke (Besoffener), Ulrich Beiger (Partygast), Herbert Fux (Hotelgast), Georg Lehn (Polizeisachverständiger), Willy Harlander (Taxifahrer), Walter Ullrich; *Produktion:* IfV (Institut für Vermögensplanung); *Länge:* 75 Min.; Farbe; Wolfgang Heß synchronisiert Brad Harris, Stephen Boyd hat keinen Text.

1876 entführt Dracula in der Nacht das Mädchen Comtesse Barbara von Weidenborn aus einem Wiener »K.u.K. privilegierten Mädcheninternat« und saugt es auf seinem Schloß aus. Doch die Verfolger erreichen das Schloß kurz nach ihm und rammen ihm einen Schaufelstiel ins Herz, ziehen ihn aber auch wieder heraus, was üblicherweise ein Fehler wäre, hier aber keine Folgen hat. Der Vampir zerfällt.

1976 taucht das Mädchen in Wien wieder auf, wird durch einen Filmschnitt zur Frau und saugt sich durch Wien oder ernährt sich von Blutkonserven. Der Inspektor, der die Todesfälle untersuchen muß (die Opfer werden nicht zu Vampiren), verliebt sich ahnungslos in die angebliche Medizinstudentin, die in der Nacht als Leichenkosmetikerin arbeitet. Doch sein Assistent hat bald den Verdacht, daß die Dame eine Vampirin ist. In der letzten Szene treiben es der Inspektor und die Vampirin im Sarg, und der Film ist aus.

*Stephen Boyd in seiner kurzen Szene als Graf Dracula in ›Lady Dracula‹. Sein Opfer: Marion Kracht.*

*Aus Draculas jungem Opfer wurde ›Lady Dracula‹ in F. J. Gottliebs
gleichnamigem Film. In der Titelrolle: Evelyne Kraft.*

Der Film wurde 1975 vom »Institut für Vermögensplanung« produziert, kam aber erst 1978 in die Kinos. Vielfilmer Gottlieb hat
hier lieblos und ohne ernst zu nehmende Elemente von Horror
oder Komik eine flache, unlogische Geschichte abgekurbelt, die
vom Darsteller des Inspektors, Brad Harris, erdacht wurde.

(Vielleicht war seine Idee ursprünglich ja sogar interesssant.) Der Film ist nicht als Parodie einzustufen, auch wenn er eigentlich nur Karikaturen zeigt. Aber er spielt ja auch in Wien.

Es war der letzte Film des großen Film- und Theaterschauspielers Theo Lingen in der so unwürdigen Rolle des Bestattungsunternehmers Theo Marmorstein. Auch für den irischen Hollywood-Star Stephen Boyd, der sich in *Ben Hur* (1959) das packende Wagenrennen mit Charlton Heston lieferte, wurde die stumme und lächerliche Minirolle des Vampirs zu einem seiner letzten Auftritte. Doch auch andere namhafte Schauspieler wurden in Nebenrollen verheizt. Und das in einem Jahr, in dem *Lina Braake, Es herrscht Ruhe im Land, Die verlorene Ehre der Katharina Blum* etc. in der Bundesrepublik Deutschland entstanden. Opas Kino war scheinbar so wenig tot wie ein Vampir.

**Nur Vampire küssen blutig** *(Lust for a Vampire)*
Großbritannien 1970, *Regie:* Jimmy Sangster; *Buch:* Tudor Gates basierend auf den Figuren, die J. Sheridan Le Fanu erschuf; *Kamera:* David Muir; *Musik:* Harry Robinson; *Schnitt:* Spencer Reeve; *Ausstattung:* Don Mingaye; *Make-up:* George Blackler; *Kostüme:* Laura Nightingale; *Darsteller:* Ralph Bates (Giles Barton), Barbara Jefford (Gräfin Herritzen), Suzanna Leigh (Janet Playfair), Michael Johnson (Richard Lestrange), Yutte Stensgaard (Mircalla Herritzen/Gräfin Carmilla Karnstein), Mike Raven (Graf Karnstein), Helen Christie (Miß Simpson), David Healey (Raymond Pelley), Michael Brennan (Wirt), Pippa Steele (Susan Pelley), Luan Peters (Trudi), Christopher Cunningham (Kutscher), Judy Matheson (Amanda McBride), Caryl Little (Isabell Cortney), Jack Melford (Bischof), Eric Chitty (Prof. Hertz), Christopher Neame (Hans), Harvey Hall (Inspektor Heinrich), Kirsten Lindholm (Bauernmädchen), Christopher Lee (Blutunterlaufene Augen); *Produktion:* Hammer Films/Harry Fine, Michael Style; *Länge:* 94 Min.; Farbe.

Nachdem Jimmy Sangster 1958 Bram Stokers Roman in die Filmhandlung von *Dracula* umgearbeitet hatte, aber Terence Fisher die Regie führte, saß er diesmal selbst im Regiesessel, als es darum ging, J. Sheridan Le Fanus Roman *Carmilla, der weibliche Vampir* nach einem Drehbuch von Tudor Gates zu inszenieren. Der Roman des Iren Le Fanu hatte Bram Stoker nicht unerheblich bei der Konzeption seines *Dracula*-Romanes beeinflußt. Hier dient der zweite Aufguß der Hammer-Studios nach *Gruft der Vampire/The Vampire Lovers* (1970) allerdings in erster Linie der Zurschaustellung von wohlgeformten Körpern hübscher junger Frauen.

Die Geschichte spielt 1830 in Österreich. Hauptschauplatz ist ein Internat für »höhere Töchter«. Das liegt unmittelbar neben dem Schloß Karnstein, deren vampirische Bewohner alle 40 Jahre in Blutrausch geraten. Nun ist es wieder soweit. Die Gebeine der Gräfin Carmilla Karnstein werden mit dem Blut eines weiblichen Opfers getränkt.

Es erwacht die bildhübsche Carmilla, die sich als Mircalla, einem Anagramm aus Carmilla, in dem Internat anmeldet. Sie saugt ihre weiblichen Opfer nächtens aus und findet in ihrem Geschichtslehrer einen willigen Diener, dessen Blut sie allerdings auch nicht ausschlägt.

Die eigentliche Hauptfigur ist jedoch der Horror-Schriftsteller Richard Lestrange, der auf der Suche nach einem neuen Stoff einen Dozentenjob im Internat annimmt. So kann er auch der Schülerin Mircalla nahe sein, der er bald seine Liebe gesteht. Beide verbringen auch eine unbissige Liebesnacht.

Doch die Morde der Gräfin rufen bald die Polizei und den Vater eines Opfers auf den Plan. Als sich dann noch ein Bischof mit den Kenntnissen, wie Vampire zu vernichten sind, zufällig zu der aufgebrachten Dorfgemeinschaft hinzugesellt, zieht bald ein wütender Troß gegen Schloß Karnstein.

Der Bischof redet auf die tobende Menge, die das Schloß in Brand setzt, zwar ungehört ein, daß Feuer den Vampiren nichts anhaben kann, was er auch noch mehrfach lautstark betont. Aber er spricht völlig inkonsequent und jenseits aller filmischen und überhaupt jeder Logik ein Dankgebet für die Vernichtung der Vampire aus, als das Schloß tatsächlich in Flammen steht. Das Feuer hat zumindest verursacht, daß Mircalla durch einen herabstürzenden Dachbalken vernichtet wurde. Doch der Graf und seine Frau über»leben«, was natürlich auf Fortsetzungen der Karnstein-Legende schließen läßt, von denen es auch noch eine aus dem Hause Hammer gab.

Der Film ist von seiner ganzen Machart her ein typischer Hammer-Film, sogar ohne die Mitwirkung von Christopher Lee oder Peter Cushing. Allerdings wurden Nahaufnahmen von Christopher Lees unverwechselbaren Augen, die in den *Dracula*-Filmen der Hammer-Studios häufig gerötet gezeigt wurden, in die Szene der Wiederbelebung von Carmillas Skelett hineingeschnitten. Das ist zwar vom Handlungsablauf völlig unsinnig, haucht dem Film allerdings in dieser entscheidenden Szene eine Prise des Dracula-Mythos ein.

Ansonsten versucht Mike Raven in der Rolle des Grafen Karnstein auf Christopher Lees Spuren zu wandeln, was ihm aber wegen der Oberflächlichkeit des Drehbuchs gar nicht gelingen kann. Das legt mehr Gewicht auf die erotische Komponente der Geschichte, die auch sehr stark herausgearbeitet wird. »Der Film ist voll von heimlichen jugendlichen Vampiruntaten hinter verschlossenen Türen, von Stelldicheinen bei Mondschein am See sowie von kleinlichen Intrigen in Klassenzimmer und Schlafsaal. In einer kühnen Kamerafahrt läßt Sangster die Kamera selbst zur Mircalla werden, die sich an ihr Opfer heranschleicht, um ihm dann mit gespenstisch voyeurhaftem Narzißmus nachzuspionieren.«[3]

Die Hammer-Studios, denen es immer wieder gelang, die hübschesten Darstellerinnen zu entdecken und in ihren Filmen einzusetzen, präsentierten mit Utte Stensgaard eine besonders attraktive Blondine, die auch darstellerisches Talent bewies. Doch wie so viele Filmschönheiten ist auch sie wieder in der Versenkung verschwunden.


**Vampire's Kiss** *(Vampire's Kiss)*
USA 1988; *Regie:* Robert Bierman; *Buch:* Joe Minion; *Kamera:* Stefan Czapsky; *Musik:* Colin Towns; *Schnitt:* Angus Newton; *Ausstattung:* Christopher Nowak; *Darsteller:* Nicolas Cage (Peter Loew), Maria Conchita Alonso (Alva Restrepo), Jennifer Beals (Rachel), Elizabeth Ashley (Dr. Glazer), Kasi Lemmons (Jackie), Bob Lujon (Emilio), Jessica Lundi (Sharon), John Walk (Donald); *Produktion:* Hemdale Film Corporation/Magellan Pictures/Barry Shills, Barbara Zitwer; *Länge:* 96 Min.; Farbe.

Peter Loew ist ein typischer New Yorker »Yuppie«, ein junger, erfolgreicher Literaturagent, der auch sein Privatleben in vollen Zügen auslebt. In der Disco reißt er abends junge Mädchen auf. Als er jedoch eines Nachts an die bildhübsche Rachel gerät, verändert sich sein Leben. Rachel ist nicht nur beim Liebesakt wild und hemmungslos. Sie beißt ihm beim Höhepunkt in den Hals und will sein Blut trinken. Anschließend verschwindet sie spurlos.

Für Peter scheint nun klar zu sein, daß er selbst auch zum Vampir geworden ist. Durch den Film *Nosferatu – Eine Symphonie des Grauens* im Fernsehen ist er bestens darüber informiert, wie ein Vampir geht, wie er blickt und was ihm schadet. Fortan geht er wie Max Schreck, trägt eine Sonnenbrille, macht um Kreuze einen Bogen und schläft unter einer umgekippten Couch. Als eine Platzpatrone ihn nicht verletzt, glaubt er an seine Unsterblichkeit und fällt mit Plastik-Vampirzähnen ein Disco-Mädchen an. Dem Wahnsinn verfallen, rennt er durch die Straßen der Großstadt und sucht jemanden, der ihm den Holzpflock ins Herz treibt …

*»Vampirin« Jennifer Beals (rechts) und »Opfer« Nicolas Cage in ›Vampire's Kiss‹.*

*Vampire's Kiss* ist eine Mischung aus Hommage an die *Dracula*-Filme und Parabel für modernes Großstadtleben und das Agentenwesen. In seinem Beruf »saugt« der Agent im übertragenen Sinn das Talent und die Fähigkeiten seiner Klienten und Untergebenen aus. Allerdings nagen der Karrieredruck und die Ansprüche seiner Vorgesetzten auch an ihm.

Nicolas Cage, ein Neffe von Francis Ford Coppola, spielt die Rolle des Wahnsinnigen mit vollem Einsatz. »Das Drehbuch war derartig überzeugend, daß ich mich als Feigling betrachtet hätte,

*Nicolas Cage ahmt Max Schreck aus ›Nosferatu – Eine Symphonie des Grauens‹ nach, zumal er glaubt, selbst ein Vampir zu sein. Aus: ›Vampire's Kiss‹.*

wenn ich diese Rolle abgelehnt hätte.« Er ißt, in Anlehnung an die Figur des Renfield in Bram Stokers *Dracula*-Roman, vor laufender Kamera eine lebendige Küchenschabe.

Die Figur der Rachel, gespielt von *Flashdance*-Star Jennifer Beals, verkörpert die ungehemmte Sinnlichkeit und steht damit in der Tradition des weiblichen Vampirs, auch wenn nicht endgültig klar wird, ob sie ihr Opfer denn nun wirklich gebissen hat oder nicht.

**Vampyr – Der Traum des Allan Grey**
*(Vampyr, ou l'etrange aventure de David Grey)*
Deutschland/Frankreich 1931; *Regie:* Carl Theodor Dreyer; *Buch:* Carl Theodor Dreyer, Christen Jul nach der Erzählung *Carmilla, der weibliche Vampir* von Sheridan Le Fanu; *Kamera:* Rudolf Maté, Louis Née; *Musik:* Wolfgang Zeller; *Darsteller:* Julian West (Allan Grey), Henriette Gérard (Marguerite Chopin), Maurice Schutz (Burgherr), Sybille Schmitz (Léone), Renée Mandel (Gisèle), Jan Hieromenko (Arzt), Jane Mora (Krankenschwester); *Produktion:* Tobis Klangfilm/Carl Theodor Dreyer/Baron Nicholas von Gunzburg; *Länge:* 65 Min.; schwarzweiß.

Dieser klassische Horrorfilm ist natürlich kein *Dracula*-Film. Es ist die erste Verfilmung von *Carmilla, der weibliche Vampir,* der Erzählung des irischen Schriftstellers Sheridan Le Fanu. Der Ire hatte mit dieser Erzählung nicht unerheblichen Einfluß auf seinen Landsmann Bram Stoker.

Weitere Verfilmungen: *... und vor Lust zu sterben/... et mourir de plaisir* (Frankreich/Italien 1960); *Regie:* Roger Vadim: *Gruft der Vampire/The Vampire Lovers* (Großbritannien 1970); *Regie:* Roy Ward Baker

**Vampyros Lesbos – Erbin des Dracula** *(Vampiros Lesbos)*
BRD/Spanien 1970; *Regie und Buch:* Jesus Franco Manera (= Jess Franco); *Kamera:* Manuel Merino; *Musik:* Manfred Hübler; *Darsteller:* Susann Korda; Ewa Stroemberg, Heidrun Kussin, Paul Müller, Dennis Price; *Produktion:* Telecine/Fenix; *Länge:* 89 Min.; Farbe.

Eine amerikanische Nachtclubtänzerin stellt einer schönen Anwältin nach, weil sie als Nachfahrin Draculas Vampirismus betreibt.

*Ewa Stroemberg (rechts) und Susan Korda in Jesus Franco Maneras*
*›Vampyros Lesbos – Erbin des Dracula‹.*

Schnell heruntergedrehtes, spekulatives Filmchen, von dem Regisseur und Autor Franco »behauptet, *Vampyros Lesbos* beruhe
auf der Kurzgeschichte *Draculas Gast* von Bram Stoker, aber
dafür sind kaum irgendwelche Anzeichen zu finden«.[4]

*Weitere Filme mit weiblichen Vampiren:*

*Begierde/The Hunger;* Großbritannien 1982; *Regie:* Tony Scott.
*Der Biß;* BRD 1984; *Regie:* Marianna Enzensberger.
*Blut an den Lippen/Le rouge aux lèvres;* BRD/Belgien/Frank-
   reich 1970; *Regie:* Harry Kümel.
*Carmilla;* USA 1990; *Regie:* Gabrielle Beaumont.
*Children of the Night;* USA 1991; *Regie:* Tony Randell.
*Einmal beißen bitte/Once Bitten;* USA 1986; *Regie:* Howard
   Storm.

*Fright Night – Die rabenschwarze Nacht/Fright Night;* USA 1985; *Regie:* Tom Holland.
*Innocent Blood;* USA 1992; *Regie:* John Landis.
*Liebe mit Biß/I Was a Teenage Vampire;* USA 1986; *Regie:* Jimmy Huston.

*Grace Jones in Richard Wenks Film ›Vamp‹ (1986).*

*Christopher Sarandon als Jerry Dandridge, ein Vampir in heutiger Zeit, in ›Fright Night – Die rabenschwarze Nacht‹.*

*The Malibu Beach Vampires;* USA 1991; *Regie:* Francis Creighton.

*Near Dark – Die Nacht hat ihren Preis/Near Dark;* USA 1987, *Regie:* Kathryn Bigelow.

*Teen Vamp;* USA 1988; *Regie:* Samuel Bradford.

*Vamp/Vamp;* USA 1986; *Regie:* Richard Wenk.

*Vengeful Vampire Girl;* Hongkong 1980, *Regie:* Kim In Soo.

*Wampyre;* USA 1991; *Regie:* Bruce G. Hallenbeck.

Anmerkungen:

[1] Giesen, Rolf: *Sagenhafte Welten,* München 1990, S. 417 f.

[2] Scheuer, Steven H.: *Movies on TV and Videocassette,* 15. Aufl., New York, Toronto, London, Sydney, Auckland 1990, S. 585.

[3] Pirie, David: *Vampir-Filmkult,* a.a.O., S. 123.

[4] Pirie, David: *Vampir-Filmkult,* a.a.O., S. 153.

# Parodien / Komödien

**Draculin** *(El Pobrecito Draculin)*
Spanien 1976; *Regie:* Juan Fortuny; *Kamera:* J. F. Marine; *Darsteller:* Joe Rigoli (Draculin), Josele Roman (Ludgarda), Victor Israel (Vladimir), Ricardo Palmerola (Laurenz), Juan Borras (Zacharias), Fernando Rubino (Petronio); *Produktion:* Mezquiriz, *Länge:* 87 Min.; Farbe.

Draculin ist Draculas Sohn, der nach Jahrhunderten plötzlich vom Disco-Beat geweckt wird, da über seiner Gruft ein Tanzlokal eröffnet wird. Er schafft es jedoch nicht, eines der Mädchen zu beißen. Der ungewohnte Großstadtmief macht ihm arg zu

*Verrückte Horror-Komödie aus Spanien: ›Draculin‹ von Juan Fortuny mit Joe Rigoli als Draculin.*

schaffen, und erst eine Bluttransfusion im Krankenhaus hilft ihm wieder auf die Beine. Er begibt sich nach Transsylvanien auf das Schloß seines Vaters, wo inzwischen jedoch ein Schmugglerring sein Unwesen treibt. Da es ihm nicht gelingt, weitere Opfer zu beißen, müssen zunächst die zum Schmuggeln abgerichteten Tauben herhalten. Schließlich gerät er an eine betrunkene Frau, deren Blut ihn wieder in Tiefschlaf versetzt.

»Eine ganz und gar drittklassige Produktion.« *(Lexikon des Internationalen Films)*

**Frankensteins Monster-Party** *(Mad Monster Party)*
USA 1966; *Regie:* Jules Bass; *Buch:* Len Korobkin, Harvey Kurtzman nach einer Idee von Arthur Rankin jr.; *Kamera:* Tad Mochinaga; *Musik:* Maury Laws, Jules Bass; *Figuren:* Dr. Frankenstein, Graf Dracula, Frankensteins Monster, der Werwolf,

*Diese Tischgesellschaft ist einzigartig. Dracula ist der zweite von rechts. Aus: ›Frankensteins Monster Party‹.*

238

*Graf Dracula als liebevoll gestaltete Puppe in ›Frankensteins Monster Party‹.*

die Mumie, Dr. Jekyll und Mr. Hyde, das Ungeheuer vom Amazonas, der Glöckner von Notre Dame, der Golem, der Unsichtbare, King Kong; *Original-Synchronschauspieler:* Boris Karloff (Dr. Frankenstein), Phyllis Diller, Gale Garnett, Ethel Ennis; *Produktion:* Videocraft International/Rankin-Bass/Embassy Pictures Corporation (Joseph E. Levine); *Länge:* 94 Min., deutsche Fassung: 80 Min.; Farbe.

Puppentrickfilm. Dr. Frankenstein, amtierender Präsident der Monsterzunft, lädt alle berühmten Monster auf sein Schloß auf ciner kleinen Insel ein, um ihnen seinen Rücktritt zu unterbreiten und seinen Nachfolger vorzustellen. Es ist sein harmloser Neffe Felix.

Graf Dracula ist mit dieser Wahl nicht einverstanden. Er verbündet sich mit Dr. Frankensteins Meisterwerk, der Kreatur Francesca. Doch was er nicht ahnen konnte, passiert. Francesca verliebt sich in Felix. Beide können von der Insel entkommen, bevor diese mitsamt den Monstern durch ein zerstörendes Elixier ausgelöscht wird.

Liebevoll gemacht und mit einer Fülle von genretypischen Einfällen, persifliert dieser Film ein Jahr vor Roman Polanskis *Tanz der Vampire* die Horror-Filmwelt und ihre literarischen Vorlagen.

In der Bundesrepublik war er erstmals 1976 im ZDF zu sehen und fristet seither leider ein Schattendasein. Die Dracula-Figur wurde ein wenig Bela Lugosis Erscheinung nachempfunden, wenngleich die spitzen langen Eckzähne überdimensional groß sind. Neben dem üblichen Cape mit Stehkragen gehört erstmals auch ein Monokel zu seinen Accessoirs.

### Gebissen wird nur nachts – Happening der Vampire

BRD 1970; *Regie:* Freddie Francis; *Buch:* August Rieger nach einer Geschichte von K. H. Hummel; *Kamera:* Gerhard Vandenberg; *Musik:* Jerry van Rooyen; *Darsteller:* Pia Degermark (Betty Williams/Clarimonde), Thomas Hunter (Jens Larsen), Ingrid van Bergen (Miß Niessen), Joachim Kemmer (Martin), Ferdy Mayne (Graf Dracula), Lydia Bauer (Gabrielle), Ivor Murillo (Josef), Daria Damar (Kirsten); *Produktion:* Aquila/Pier A. Caminneci; *Länge:* 102 Min.; Farbe.

Betty Williams, Star des US-Kinos, erbt in Deutschland Schloß Ochsenstein. Aber ihre angeblich verblichene Oma Clarimonde ist als junge Vampirin noch schwer aktiv und läßt eine Vampir-Fête nach der anderen steigen. Auch Graf Dracula kommt als Gast. Nach übermäßiger Feierei verpassen die Vampire den Sonnenaufgang. Lediglich Dracula kann sich per Helikopter retten, und Clarimonde versucht ihr Glück in Hollywood.

Mißglückter Versuch, Polanskis Kinoerfolg *Tanz der Vampire/Dance of the Vampires* von 1966 noch einmal aufzubrühen, mit Sex und Klamauk garniert und mit Graf-Krolock-Darsteller Ferdy Mayne in der Dracula-Rolle. Hauptdarstellerin Pia Deger-

*Ferdy Mayne, Darsteller des Grafen Krolock in Polanskis ›Tanz der Vampire‹, ließ sich für die Rolle des Grafen Dracula in ›Gebissen wird nur nachts‹ engagieren.*

mark, die 1967 in Cannes für ihre Leistung in *Das Ende einer großen Liebe/Elvira Madigan* mit dem Darstellerpreis  geehrt worden war, heiratete nach den Dreharbeiten dieses Films den Produzenten. Bei *Tanz der Vampire* war es noch der Regisseur, der die Hauptdarstellerin bekam …

*Pia Degermark hat Lust auf das Blut von Thomas Hunter. Die Ober-vampirin in Freddie Francis' ›Gebissen wird nur nachts‹.*

### Graf Dracula (beißt jetzt) in Oberbayern

BRD 1979; *Regie:* Carlo Ombra; *Buch:* Grünbach und Rosenthal; *Kamera:* Heinz Hölscher; *Musik:* Gerhard Heinz; *Darsteller:* Gianni Garko (Graf Stanislaus Dracula); Betty Vergès (Lady Dracula), Bea Fiedler (Mausi), Ralf Wolter (Kastellan), Rosly Mayr (Dörflerin), Christiane Gianna (Hotelgast), Margit Geissler (Hotelgast), Ellen Umlauf (Lehrerin), Werner Röglin (Dörfler), Anita Reissstetter (Disco-Mädchen), Tobias Meister (Sohn des Burgherren); *Produktion:* Lisa/Barthonia; *Länge:* 93 Min.; Farbe

Ein Ahne des Grafen Stanislaus Dracula macht aus der Burg seiner Vorfahren eine Nackt-Disco, deren Lärm den Grafen und seine Frau aus dem Schlaf schrecken läßt. Beide machen sich über die Besucher her. Der geschäftstüchtige Ahne funktioniert die Burg dann auch noch zum Hotel »Dracula« mit Garantie auf einen Vampirbiß um, was noch mehr Touristen nach Oberbayern lockt. Doch soviel Blut haut auch den stärksten Vampir um. Dracula und seine Frau kündigen.

»Dümmlich-spekulative Klamotte von schludriger Machart.« *(Lexikon des Internationalen Films)* »Das ist der schlechteste Film, den ich je gesehen habe.« (Hans Meurer, Vampirologe)

### Die Herren Dracula *(Dracula père et fils)*

Frankreich 1976; *Regie:* Edouard Molinaro; *Buch:* Alain Godard, Jean Marie Poiré, Edouard Molinaro nach dem Roman *Der Vampir von Paris/Paris Vampire* von Claude Klotz; *Kamera:* Alain Levent; *Musik:* Vladimir Cosma; *Schnitt:* Robert und Monique Isnardon; *Darsteller:* Christopher Lee (Graf Dracula), Bernard Menez (Ferdinand Dracula), Marie-Hélène Breillat (Nicole Clement), Cathérine Breillat (Herminie), Jean-Claude Dauphin (Christian Polanski), Robert Dalban (Hotelportier), Gérard Jugnot (Personalchef Jovet), Raymond Bussières (Leichenpräparator), Dominique Zardi (Polizist), Anna Gael, Anna Prucnal, Edouard Molinaro; *Produktion:* Gaumont International Production 2000/Robert Sussfeld, Jacques Bourdon; *Länge:* 94 Min., Farbe; *deutsche Synchronschauspieler:* Klaus Miedel (Christopher Lee), Uwe Paulsen (Bernard Menez), Heidrun Kussin (Marie-Hélène u. Cathérine Breillat), Claus Jurichs (Jean-Claude Dauphin).

»Christopher Lee als Dracula, der in der heutigen Zeit lebt und engagiert wird, in einem neuen *Dracula*-Film den Dracula zu spielen.« Konnte Lee, der die Rolle des Dracula häufiger gespielt hat als irgend jemand sonst, ihr aber drei Jahre zuvor endgültig abgeschworen hatte, solch ein Angebot ablehnen?

Christopher Lee konnte es nicht. Und wieder zog er den schwarzen Umhang an, und wieder steckte er sich lange, spitze Eckzähne in den Mund, und wieder spielte er die Figur, die er nicht mehr spielen wollte. Aber diesmal wurde es eine Abrechnung mit der Figur, der Rolle, dem Mythos. Es wurde auch ein Abschied von einem Image, der geistreich und konsequent innerhalb des Films vollzogen wird.

Dabei fängt alles wie gewohnt an. Die Kutsche, der Wald, der Radbruch, die Nacht, eine zweite Kutsche, die Damen, das Schloß, der Graf, die Ohnmacht. Doch das Stöhnen einer Frau, das wir hören und dabei auf Draculas Sargdeckel schauen, täuscht. Der Graf saugt nicht, sondern sein vermeintliches Opfer treibt es mit ihm im Sarg, und der Graf liegt unten. Wir sind in Transsylvanien im Jahre 1784. Und Dracula sagt nach seligen Liebesfreuden: »Ich möchte ein Kind von Ihnen. Erst, wenn mein Sohn geboren ist, möchte ich Sie beißen.«

Schnitt. Das Baby kreischt. Es liegt in einem winzigen Sarg, der als Wiege hin- und herschwingt. Doch Herminie, die Braut, weiß, was sie jetzt erwartet. »Ich bin ganz sanft gewesen«, beteuert anschließend der Graf der Mutter, die über den Verlust ihres Spiegelbildes trauert. Jetzt muß auch sie losziehen, um Blut zu trinken. Sie stößt auf die beiden Männer, die mit ihr zusammen in der Kutsche gesessen hatten. Der eine, Christian Polanski (der bezugreiche Name ist eine christlich-jüdische Allianz), sitzt gerade an einem Werk über »Die lebenden Toten in Transsylvanien«, der andere gibt ihm Tips bezüglich der Vernichtung von Vampiren. Beide Fachleute werden durch Herminies Biß selbst zu Vampiren, aber aufgrund des hereinbrechenden Sonnenaufgangs gemeinsam mit ihr vernichtet.

Fünf Jahre später betrachtet Dracula sehnsüchtig Herminies Asche in einer Eieruhr und stellt sie zurück in die Urne, mit der der kleine Ferdinand Dracula Kegeln übt. »Man kegelt nicht mit der Urne seiner Mutter!« belehrt ihn der Graf.

Die Haushälterin, ebenfalls Vampirin, ermahnt den Kleinen: »Du hast dein Blut wieder nicht getrunken.« Der Bengel sperrt die Dame aus, und im Sonnenlicht verbrennt auch sie.

116 Jahre später. Dracula und Junior fahren mit dem Automobil in den Wald. »Ich kann dich nicht dein Leben lang mit der Flasche ernähren«, schimpft der Vater und setzt seinen Sohn auf eine alte Bäuerin an, die einen Karren Holz zieht. Doch statt zuzubeißen, hilft er ihr, die Karre zu ziehen.

Rumänien in unseren Tagen. Der Graf ist enteignet. Die Kommunisten feiern auf seinem Schloß ein Fest. Dracula und sein Sohn flüchten in den Westen. In den Särgen von zwei gefallenen Soldaten gelangen sie an Bord eines Marineschiffs, doch bei der

*Ferdinand hat zwar Respekt vor seinem Vater Graf Dracula, doch er schafft es einfach nicht, in seine Fußstapfen zu treten. Christopher Lee (links) und Bernard Menez in ›Die Herren Dracula‹.*

feierlichen Meeresbestattung landen ihre Särge im Wasser. Ferdinand wird in Frankreich an Land gespült und nimmt einen Job als Nachtwächter an. Der Graf wird von einem Fischkutter aufgefischt und nach England gebracht. Dort beißt er versehentlich in eine Beate-Uhse-Puppe, rennt gegen Glastüren und kann erst wieder standesgemäß existieren, als er für die Rolle des Grafen Dracula in einem Spielfilm entdeckt wird.

Der arme Ferdinand verliert seinen Job, bricht in einem Krankenhaus in die Blutbank ein. Er wird dort erwischt, noch ehe er seinen Durst stillen kann, zerbricht eine Flasche und muß zur Strafe sogar Blut spenden. »Wenn mich mein Vater so sehen würde. Welch eine Schande!«

Der Graf kommt zu Dreharbeiten nach Frankreich. Das Fernsehen berichtet über seine Ankunft. Ferdinand, der den Bericht sieht, holt ihn vom Flughafen ab. Die Freude ist groß. Dracula verliebt sich bei den Dreharbeiten in Nicole, die den Grafen gerne für einen Werbefilm für Zahncreme engagieren würde. Ferdinand, der weiß, daß Nicole eine Affäre mit dem Grafen nicht überleben würde, versucht mit allen Mitteln, deren Beziehung zu unterbinden.

Nicole, die seiner Mutter gleicht, fühlt sich auch immer mehr zu Ferdinand hingezogen. Schließlich ist sie es, die Ferdinand zu einem normalen Menschen werden läßt, der dem Sonnenlicht nicht mehr entfliehen muß und sich im Spiegel sieht.

Dracula aber wird durch sie vernichtet, denn ihr platzt einfach der Geduldsfaden, weil der Graf sie immer aus fadenscheinigen Gründen kurz vor Sonnenaufgang irgendwo zurückgelassen hatte. Sie reißt tagsüber in Anwesenheit des Grafen einen verdunkelnden Vorhang auf, und alles, was von ihm übrig bleibt, ist sein eingebrannter Umriß auf dem Teppich.

Der Film ist noch nicht zu Ende. Sechs Jahre später. Die Familie Dracula junior wohnt in einer normalen Wohnung mit Einbauküche. Ihre beiden Kinder balgen sich im Wohnzimmer. Das Töchterlein schlägt sich das Knie auf. Es blutet. Der Sohn sieht sich das völlig fasziniert an. Er lächelt. Seine Milchvampireckzähne kommen zum Vorschein …

Wenn der Film auch insgesamt in der zweiten Hälfte an Tempo und Einfallsreichtum verliert und völlig abfällt, so ist er doch immer noch ein sehr witziger und wohlüberlegter Beitrag zum Dracula-Mythos. Er verknüpft den von sexuellen Obsessionen durchtränkten Stoff nicht nur mit dem Ödipus-Komplex, sondern auch mit der Ödipus-Sage, in der Ödipus seinen (ihm allerdings unbekannten) Vater tötet und zur Belohnung seine ihm unbekannte Mutter ehelicht.

Die Tatsache, daß Graf Dracula zum natürlichen Kinderzeugen imstande ist, gibt ihm eine bisher unbekannte Dimension, denn üblicherweise pflanzte er sich ja nur auf »metaphorische« Art fort. Aber die Tatsache, daß er es kann, hat trotz aller Bedrohlichkeit auch etwas Beruhigendes. Er ist halt auch »nur« ein Mann.

Wenn man jedoch nach all den *Dracula*-Filmen Christopher Lee zuunterst im Sarg liegen sieht, während seine Kopulationspartnerin lustvoll über ihm stöhnt, dann ist das schon ein Schock. Die Szene ist dezent inszeniert. Es ist durchaus keine unwürdige Darstellung. Im Gegenteil, es ist eine romantische Liebesszene.

*Ferdinand Dracula (Bernard Menez) gehen alle Vampirtugenden ab. Was ihn betrübt, mag Nicole (Marie-Hélène Breillat) besonders an ihm. Aus: ›Die Herren Dracula‹.*

Edouard Molinaro ist ein französischer Regisseur, der auch das »Anrüchige« geschmackvoll und unspekulativ zu inszenieren weiß. Man gönnt dem Grafen ja auch nach all den fatalen Affären einmal eine aufrichtige Liebesbeziehung. Christopher Lee hat hier in der Dracula-Rolle mehr Facetten als je zuvor darzustellen. Wahrscheinlich war das auch der Grund, doch noch einmal den Grafen zu spielen. Man merkt seiner Darstellung richtig an, wie er es genießt, den bisher so eng gesetzten Rollenrahmen zu sprengen. Er lächelt auch verschiedentlich, allerdings, seiner Rolle gemäß, völlig verlogen, aber wirkungsvoll.

Christopher Lee war vielleicht nur in einem Film noch provokanter, nämlich in Bill Perskys *Crazy Family/Serial* (USA 1979), der in der Bundesrepublik Deutschland nur auf Video herauskam. Dort spielt er den schwulen Anführer einer Rockerbande.

*Graf Dracula visiert sein Ziel an. Marie-Hélène Breillat und Christopher Lee in ›Die Herren Dracula‹.*

**Liebe auf den ersten Biß** *(Love at the First Bite)*
USA 1979; *Regie:* Stan Dragoti; *Buch:* Robert Kaufman nach einer Story von Robert Kaufman und Mark Gindes; *Kamera:* Edward Rosson; *Musik:* Charles Bernstein; *Schnitt:* Allan Jacobs, Mort Fallick; *Ausstattung:* Serge Krizman; *Bauten:* Ethel Richards; *Make-up:* William Tuttle; *Spezialeffekte:* Allen Hall; *Darsteller:* George Hamilton (Graf Vladimir Dracula), Susan Saint James (Cindy Sondheim), Richard Benjamin (Dr. Jeffrey Rosenberg), Dick Shawn (Ltd. Ferguson), Arte Johnson (Renfield), Sherman Hemsley (Reverend Mike), Isabel Sanford (Richter), Barry Gordon (Taschenlampenverkäufer), Ronnie Schell (Schwuler im Aufzug), Denny Dayton (Billy), Bob Basso (Fernsehmechaniker), Bryan O'Byrne (Priester), Michael Pataki (Dieb), Hazel Shermet (Frau im Aufzug), Stanley Brock (Taxifahrer), Danny Dayton (Billy), David Ketchum (Zollbeamter), Susan Tolsky (Agenturchefin), Ed Marshall (Fernsehreporter), John Dennis (Motorradpolizist), Robin Dee Adler (Frau im Nachthemd); *Produktion:* Melvin Simon/Joel Freeman; *Länge:* deutsche Fassung 92 Min., Originalfassung 96 Min.; Farbe; *deutsche Synchronschauspieler:* Claus Wilcke (George Hamilton), Viktoria Brams (Susan Saint James), Harry Wüstenhagen (Richard Benjamin), Michael Chevalier (Dick Shawn), Wolfgang Spier (Arte Johnson).

Transsylvanien, 712 Jahre nach Draculas Geburt. Graf Dracula steigt wie eh und je aus seinem Sarg, die Personifikation von Eleganz und Würde. Er setzt sich an einen großen schwarzen Flügel und spielt eine traurige Weise. Die Wölfe vor dem Schloß heben zu einem immer lauter werdenden Geheul an, so daß der Graf sein eigenes Spiel nicht mehr hören kann.
Wütend schreit er: »Hört ihr mich – Kinder der Nacht? Hört auf!« (Im Roman sagt er zu Harker: »Hören Sie – die Kinder der Nacht? Wie sie Musik machen!«) Er trinkt aus einem Kelch eine rote Flüssigkeit und wendet sich angewidert ab.
Er ruft »Renfield!«, und sein gnomenhafter Diener kommt. »Wie oft muß ich Ihnen das noch sagen – Körpertemperatur!« beschwert er sich. Der Untergebene kann ihn mit der Modezeitschrift *PIZAZ* wieder versöhnlich stimmen, denn auf dem Titelbild ist Cindy Sondheim, das von ihm angehimmelte Fotomodell, abgebildet.

Die Herrenmagazine, die Renfield ihm reicht, schmeißt er verächtlich ins Kaminfeuer, wo sie mit einem großen Knall und einer Stichflamme explodieren.

Renfield erinnert Dracula daran, daß er ihm zum 615. Geburtstag ein Zigarettenetui geschenkt hat, das Dr. van Helsings Versuch vereitelte, dem Grafen einen Pfahl ins Herz zu stoßen. Plötzlich ruft er: »Passen Sie bitte auf, mein Adligster! Sie hätten beinahe meine Abendspeise zermalmt!« Und Graf Dracula sieht, daß er fast auf einen dicken, schwarzen Käfer getreten wäre.

Unerwartet tauchen drei Abgesandte des Zentralkomitees im Schloß auf und verkünden dem »Genossen Graf«, daß das Schloß zum Trainingslager für rumänische Turnerinnen umgerüstet werden soll. Ihm, dem »Imperialisten«, wird eine »Arbeitsbehausung zusammen mit sieben Dissidenten und einem Wasserklosett« angeboten. Der verstörte Graf fragt Renfield: »Was ist eine Arbeitsbehausung?« »Das weiß ich nicht, o Gesalbter«, antwortet der Gefragte und fragt seinerseits: »Was ist ein Wasserklosett?«

Dem aufgebrachten Pöbel, der auf seinem Weg zur Kutsche Spalier steht, gibt der abreisende Graf zu bedenken: »Ihr dürft niemals vergessen: Ohne mich wird Transsylvanien so aufregend sein wie eine politische Diskussion im Fernsehen!«

Im Düsenjet bietet die Stewardeß Renfield Huhn Kiew, Chateaubriand oder Kalbsschnitzel Florentin zum Lunch, doch der Kostverächter bestellt eine lebendige Maus. Im Bordkino läuft derweil der Horror-Film *Willard* mit ganzen Rattenscharen. Dracula liegt im Gepäckraum im Sarg und liest mit Hilfe der inneren Notbeleuchtung.

Auf dem New Yorker Flughafen wird sein Sarg verwechselt und landet statt im Plaza-Hotel in einer Totenfeier von Schwarzen. In der Suite im Plaza muß ein entsetzter Renfield einen Werbespot für ein neues Insektenvernichtungsmittel mit ansehen. Der Graf muß zu Fuß durch Harlem, wo er sich mit seinen übernatürlichen Kräften gegen vier Halbstarke zur Wehr setzt. Im Hotel angekommen, beauftragt er Renfield, den Aufenthaltsort von Cindy Sondheim zu ermitteln.

Bei seinem nächtlichen Flug als Fledermaus wird er auf seiner Nahrungssuche zuerst von einem geschiedenen Mann vertrieben, der in dem Blutsauger seine erste Frau sieht, die Unter-

*Plakat zu ›Liebe auf den ersten Biß‹.*

haltszahlungen fordert. Sein zweiter Versuch bei einer armen Schwarzenfamilie endet fast im Kochtopf, weil er für ein schwarzes Huhn gehalten wird. So bleibt ihm nur noch ein besoffener Penner, der resümiert: »Gestern war's ein Dinosaurier, vorgestern 'n Elefant und 'ne Fledermaus heute.«

Am nächsten Morgen hat der Graf einen schweren Kater und den Geschmack von »ausgekochten Proletariersocken« im Mund. Frustriert, daß er in einer Stadt wie New York niemanden mehr erschrecken kann, schüttet er Renfield sein Herz aus: »Wie würde es Ihnen gefallen, die letzten 700 Jahre wie ein schlafwandelnder Oberkellner ausgesehen zu haben? Oh, wie gerne würde ich einmal zu einem Abendessen gehen in einem Rollkragenpullover und einer Sportjacke. Möchten Sie sich gerne ewig ernähren von einer warmen, flüssigen Proteindiät, während alle Menschen um Sie herum in Lammchops schwelgen, Bratkartoffeln, Marmelade, Chivas Regal auf Eis und klarem Quellwasser? Glauben Sie denn, ich würde mich nicht über Weihnachtsgeschenke freuen, Ostereier suchen, Knoblauchtoast essen?«

Renfield hat bekanntlich einen anderen Geschmack und erklärt dem Grafen das Rezept für seinen »Horror-Burger«: »Sechs schwarzbehaarte Spinnen, zwölf fette Regenwürmer, zwei grausige Tausendfüßler auf Schwarzbrot mit Erdnußbutter.« Da muß sich selbst Graf Dracula übergeben.

Bis hierhin funktioniert der Film nach dem Muster des ungleichen Paares. Die Gags resultieren aus der Verulkung der Dracula-Figur und der Renfield-Figur, aber nicht, indem die beiden lächerlich gemacht werden, sondern durch den eingespielten Umgang der beiden miteinander und den Kontrast des Paares mit der tatsächlichen Welt im heutigen New York. Dadurch, daß nun die von Dracula angebetete Frau ins Spiel kommt, verändert sich die Konstellation völlig. Der Witz geht verloren. Zwar ist Dracula in der Disco noch ein schöner Gag, insbesondere, wenn er zur Disco-Musik mit Cindy Sondheim komplizierte Tanzschritte aufs Parkett legt. Doch wenn sich Cindy kurz danach in ihrem Appartement als drogenkonsumierende Schlampe, die auch noch falsche Haare trägt, entpuppt, ist auch die Glaubwürdigkeit Draculas, der Cindy noch immer wie eine Lady verehrt, in Frage gestellt. Er beißt sie natürlich in den Hals.

»Es war die unglaublichste sexuelle Befriedigung, die ich jemals erlebt habe«, teilt sie am nächsten Tag ihrem hysterischen Psychiater Dr. Jeffrey Rosenberg mit, der vorher auch ihr Bett geteilt hatte. Er ist ein Enkel von Dr. Fritz van Helsing, dem Vampirforscher, der in London praktizierte und herausfand, daß man selbst zum Vampir wird, wenn man dreimal von einem gebissen wurde.

Den »Knutschfleck« identifiziert Rosenberg sofort als Biß von Dracula. Er macht es sich zur Aufgabe, Cindy zu retten. Bei einem abendlichen Treffen im Restaurant konfrontiert er Dracula mit einem Spiegel, den der Graf zerschlägt, mit einer Knob-

*Vampire tanzen gut. Graf Dracula mit dem Objekt seiner Begierde in einer New Yorker Disco. George Hamilton und Susan Saint James in Stan Dragotis ›Liebe auf den ersten Biß‹.*

lauchkette, die im Salat landet, und mit einem Davidstern, der überhaupt keine Wirkung zeigt. Cindy hält von den Ansichten des Psychiaters gar nichts. In der Nacht schlägt sie Dracula, der wegen der bevorstehenden Dämmerung weg muß, einen »Quicky« vor. »Nein, mit Ihnen nur einen Langy!« verabschiedet sich der Graf würdevoll.

Rosenberg wendet sich an die Polizei. Doch mit seiner Geschichte wird er nicht ernst genommen. Also quartiert er sich selbst im Hotel ein und setzt Draculas Sarg in Brand. Renfield kann gerade noch Hilfe alarmieren. Der Psychiater landet im Irrenhaus und nach einem weiteren Attentatsversuch in der Gummizelle. Renfield und Dracula rauben nachts eine Blutbank aus. Dracula beißt Cindy ein zweites Mal, und sie möchte seine Frau werden. Doch ein Polizist holt Rosenberg wieder aus der Anstalt.

Der Rest des Films ist schließlich eine wilde Verfolgungsjagd durch New York bis zum Flughafen, wo Cindy und Dracula allerdings ihre Maschine verpassen. In letzter Sekunde entschließt sich Cindy, Vampirin zu werden. Der dritte Biß. Den Verfolgern bleibt nur noch der schwarze Umhang des Grafen. Am Nachthimmel fliegen zwei Fledermäuse ins Weite.

Es ist seltsam, daß der Film, der so rasant und originell beginnt, seinem überzeugenden Konzept nicht treu bleibt, sondern mit konventionellen Mitteln versucht, eine romantische Liebesgeschichte zu entwickeln, die schließlich auch noch mit hinlänglich bekannten Action-Szenen aufgepeppt werden soll. Entweder sind den Autoren die Ideen ausgegangen, oder es sollte, wie so oft, ein breites Publikum angesprochen werden, das sich amüsieren kann, ohne auf die üblichen Sehgewohnheiten verzichten zu müssen.

Dennoch ist es ein Genuß, George Hamilton in seiner wohl besten Rolle zu sehen. Er spielt den Grafen mit einer würdevollen aristokratischen Souveränität, mit großen Gesten und mächtigen Emotionen. George Hamilton wurde von französischen Vampir-Fan-Clubs mit dem »Goldenen Vampirzahn« ausgezeichnet, da auf der Kinoleinwand nie zuvor ein Vampir seine Zunft witziger und liebenswerter vertreten habe.

Die Regierung Rumäniens war anderer Meinung und sprach dem Schauspieler ein Einreiseverbot aus, da er den »Freiheitskämpfer gegen die Türken« verunglimpft habe.

*Diener Renfield (Arte Johnson) und sein »Allerwertester«, sein Gebieter Graf Dracula (George Hamilton) in ›Liebe auf den ersten Biß‹.*

Der damals 40jährige Hamilton hatte den Ruf eines Frauenhelden. In Filmen wie im Privatleben war und ist der stets elegant gekleidete Schönling meist in hübscher Frauenbegleitung zu sehen. Besondere Furore machte seine Romanze mit der Präsidententochter Linda Bird Johnson Mitte der 60er Jahre. Schon zu Beginn der Dreharbeiten dieses Films verkündete er stolz: »Das ist die Rolle meines Lebens.« Während einer Sargszene bekam er es allerdings mit der Todesangst zu tun, da sich ein komplizierter Öffnungsriegel verklemmt hatte. Fortan hatte Hamilton bei jeder weiteren Sargszene Angst vor Erstickung.

Als Co-Produzent des Films war er natürlich auch an der gebührenden Vermarktung interessiert und kam zur westdeutschen Premiere am 8.11.1979 auch für mehrere Tage in die Bundesrepublik. »Ich glaube, es gibt kein Land mit schöneren Mädchen als Deutschland«, ließ er damals wissen. »Ich werde mich im Sarg auf die Bühne tragen lassen. Wenn den Leuten mein Film nicht gefallen sollte, kann ich ja gleich drinbleiben.« Doch Hamilton durfte sich einem begeisterten Publikum zeigen. Der 2,9 Millionen Dollar teure Film spielte über 50 Millionen Dollar ein und ermunterte den Beau zu einer weiteren Genre-Parodie: *Zorro mit der heißen Klinge/Zorro and the Gay Blade* (1980).

Wie in John Badhams ernsthaftem *Dracula*-Film, der anderthalb Monate vorher in die bundesdeutschen Kinos kam, wird Graf Dracula nicht als schreckenerregendes Ungeheuer gezeigt, sondern als eleganter Charmeur, der als verführerischer Mann von Welt auf Frauen wirkt. Auch hier trägt Dracula keine Fangzähne. Er schenkt sogar Rosen und eine Halskette mit Blutrubin.

William Tuttle, der Maskenbildner dieses Films, hatte 45 Jahre zuvor bereits Bela Lugosi für dessen Dracula-Rolle geschminkt. George Hamilton hat Dracula in diesem Film auch Lugosis ungarischen Akzent zurückgegeben.

Eine feine Besonderheit dieses Films ist, daß Renfield seinen Gebieter, den Grafen, in fast jedem Satz mit einem neuen Titel anredet, abhängig davon, in welcher Lage dieser sich befindet oder worüber gerade gesprochen wurde. So nennt er ihn »Eure Knausrigkeit«, als über sein Gehalt gesprochen wird, oder »Liebreisender«, als er zur Abreise aus Transsylvanien aufbricht, aber auch »Allerwertester«.


**Nocturna** (*Dracula auf Abwegen / Dracula: Nocturna / Draculas erotische Abenteuer / Unsichtbare Dämonen / Nocturna, Granddaughter of Dracula*)
USA 1979; *Regie und Buch:* Harry Tampa (= Harry Hurwitz);

*Kamera:* Mac Ahlberg; *Musik:* Reid Whitelaw; *Darsteller:* Nai Bonet (Nocturna), John Carradine (Graf Dracula), Yvonne De Carlo (Jugulia), Tony Hamilton (Jimmy), Bruder Theodore (Theodore), Sy Richardson (R. H. Factor); *Produktion:* Nai Bonet Enterprises; *Länge:* deutsche Fassung 78 Min., US-Fassung 83 Min.; Farbe.

Graf Draculas Schloß ist aus Geldmangel zum Hotel umfunktioniert worden. Nocturna, die Enkelin von Graf Dracula, verliebt sich in den Musiker einer Band, die im Hotel auftritt, und wird dadurch immer menschlicher. Sie reist mit ihm nach New York, wohin sie der Graf verfolgt, jedoch wieder verjagt werden kann. Nocturna wird zur Sterblichen.

»Parodieversuch, der Elemente aus Softsexfilmchen, Discomusiknummern und Schauerfilm verbindet, Ein dümmliches, eilig heruntergekurbeltes Produkt.« *(Lexikon des Internationalen Films)* »Bonets schauspielerische Leistung ist armselig, aber Carradine und De Carlo sind als altes Liebespaar stark, und Theodore ist ein Brüller als ihr übereifriger Diener.[1] *(Movies on TV 1984–1985)*

Der 73jährige John Carradine, der Dracula in nicht sehr ernst zu nehmenden Filmen in den 40er Jahren und nicht ernst zu nehmenden Filmen in den 60er Jahren verkörpert hatte, ist in der Rolle des Grafen kaum im Bild sichtbar. Aber eine bemerkenswerte Szene zeigt ihn im Sarg, während sein berühmtes Gebiß in einem Wasserglas daneben steht.


**Tanz der Vampire** *(Dance of the Vampires)*
Großbritannien/USA 1967; *Regie:* Roman Polanski; *Buch:* Gérard Brach, Roman Polanski; *Kamera:* Douglas Slocombe; *Musik:* Christopher (= Krzystof) Komeda; *Schnitt:* Alastair McIntyre; Ausstattung: Wilfred Shingleton; *Bauten:* Fred Carter; *Kostüme:* Sophie Devine; *Make-up:* Tom Smith; *Darsteller:* Jack MacGowran (Professor Abronsius), Roman Polanski (Alfred, sein Assistent), Ferdy Mayne (Graf von Krolock), Iain Quarrier (Herbert, sein Sohn), Alfie Bass (Gastwirt Yoine Shagall), Sharon Tate (Sarah, Wirtstochter), Jessie Robins (Rebecca, Wirtsfrau), Terry Downes (Koukol, Diener Krolocks), Fiona Lewis (Magda, die Magd), Ronald Lacey (Dorftrottel), Sydney Bromley (Schlittenkutscher); *Produktion:* Cadre Films (Gene Gutow-

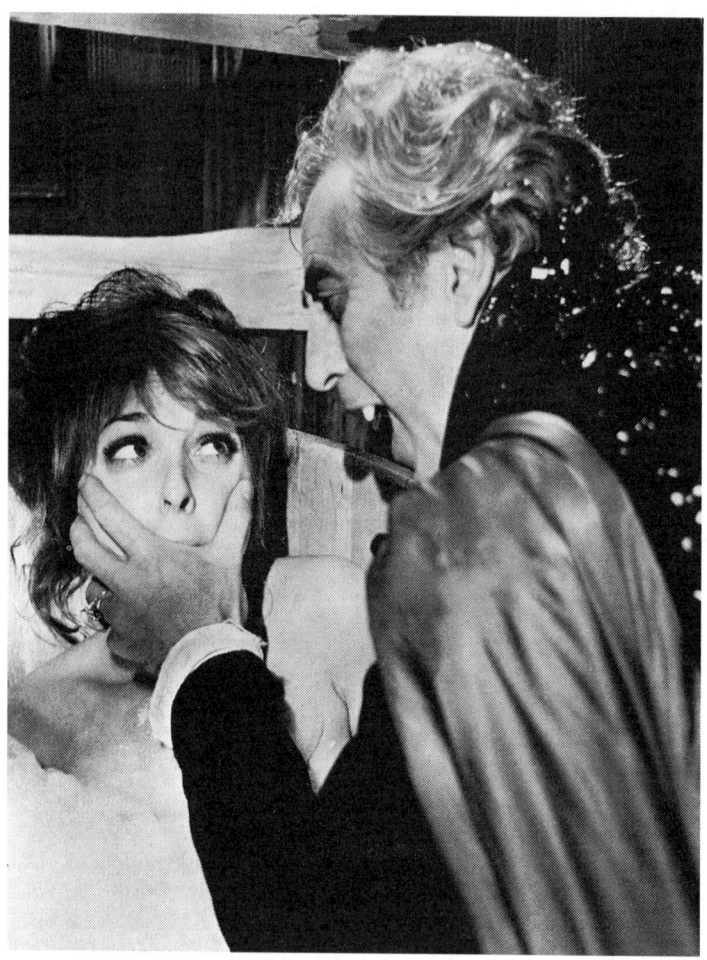

*Graf Krolock (Ferdy Mayne) überrascht Sarah (Sharon Tate) bei ihrer Lieblingsbeschäftigung. Aus: ›Tanz der Vampire‹.*

ski, Roman Polanski)/Filmways (Martin Ransohoff); *Länge:* deutsche Fassung 108 Min., US-Fassung 98 Min.; Farbe; *deutsche Synchronschauspieler:* Alfred Balthoff (Jack MacGowran), Horst Gentzen (Roman Polanski), Erich Fiedler (Ferdy Mayne), Michael Chevalier (Iain Quarrier), Hans W. Hamacher (Alfie Bass), Inge Wellmann (Sharon Tate).

Professor Abronsius, von seinen Kollegen an der Universität Königsberg als »alter Spinner« tituliert, und sein Assistent Alfred sind nach Transsylvanien gekommen, um Beweise für die Vampirtheorie des Professors zu suchen. Im Gasthof der jüdischen Wirtsleute Shagall finden sie Knoblauch in Hülle und Fül-

*Der Weg zu Graf Krolocks Ruhestätte erfordert Geschick und starke Nerven. Jack McGowran (links) und Roman Polanski in ›Tanz der Vampire‹.*

le, doch der Wirt und die Gäste wollen von einem angeblich nahegelegenen Schloß nichts wissen. Aber die Entführung von Sarah, der Tochter des Hauses, die ungeschützt im Waschzuber saß, bestätigt die Theorie des Professors.

Alfred, der sich in die hübsche Sarah verliebt hat, wurde Zeuge ihrer Entführung durch einen Vampir, der sie zuvor auch noch in den Hals biß und durch die Dachluke mit ihr verschwand. Shagall macht sich auf, seine Tochter zu retten, doch völlig ausgesaugt und steifgefroren wird er zurückgebracht. Bevor der Professor und Alfred dem zum Vampir gewordenen Wirt jedoch einen Holzpfahl in den Leib hämmern können, gelingt es Shagall, der schon zu Lebzeiten der Magd nachstellte, sich in ihrem Zimmer zu verstecken und sie auszusaugen. Als er flieht, folgen die zwei ihm auf Skiern zum Schloß des Grafen.

Dort werden sie vom buckligen und pickligen Diener Koukol zunächst eingesperrt, bevor er die beiden in der Nacht zum Schloßherrn führt. Dieser stellt sich als Graf von Krolock vor und ist recht zuvorkommend, als er erfährt, wer die Eindringlinge sind. Er besitzt sogar ein Buch, das der Professor geschrieben hat *(Die Fledermaus und ihre Geheimnisse)*.

Um ihre Anwesenheit zu erklären, erfindet der Professor eine absurde Geschichte von einer im Schlaf fliegenden Fledermaus, der sie aus wissenschaftlichem Interesse gefolgt wären. Der Graf führt die beiden Gäste in ihre Zimmer. Dabei werden sie auch von Herbert, dem Sohn des Grafen, begrüßt.

Am nächsten Tag klettern sie über Dächer und Zinnen zu dem Raum, in dem die beiden Särge des Grafen und seines Sohnes stehen. Alfred kann durch das Fenster eindringen, während der Professor im Rahmen steckenbleibt. Alfred öffnet zwar die Särge, wobei er feststellt, daß Shagall sich heimlich mit in Herberts Sarg gelegt hat. Aber er bringt es vor lauter Angst nicht fertig, den Grafen zu pfählen.

Auf dem Weg durch das Schloß entdeckt er die badende Sarah, die ihm vom bevorstehenden Ball im Schloß erzählt. Danach befreit er den Professor aus seiner mißlichen Lage, wobei dessen Tasche mit den Kruzifixen und Holzpfählen verlorengeht.

Wieder im Schloß, begegnet Alfred dem Grafensohn Herbert, der offensichtlich homosexuell ist und versucht, ihn zu verführen und zu beißen, was Alfred im letzten Moment verhindern kann. Er flieht zum Professor, und die beiden verschanzen sich in ei-

*Der schöne, schwule Herbert will Alfred an den Kragen. Im letzten Moment kann sein Biß mit einem Buch abgewehrt werden. Ian Quarrier (links) und Roman Polanski in ›Tanz der Vampire‹.*

nem Turm. Von oben können sie sehen, wie sich im Schloßhof die Gräber öffnen, denen die Vampire entsteigen.

Der Graf überrascht die Vampirjäger auf dem Turm. Er spricht davon, daß man sich in den kommenden Jahrhunderten gewiß näherkommen wird. Dann versperrt er ihnen den Rückweg. Im Ballsaal kündigt er seinen barock gekleideten Vampirgästen die zu erwartenden Delikatessen an. Der Professor und Alfred können sich befreien und mischen sich in »geborgten« Kostümen unter die Gäste. Doch als sie sich und Sarah im großen Wandspiegel plötzlich ganz alleine in dem vollen Ballsaal sehen, sind sie entlarvt. Durch zwei zu einem Kreuz übereinandergelegte Schwerter können sie die Vampire an der Verfolgung hindern. Mit einem Pferdeschlitten entkommen sie den Vampiren und

261

auch Koukol, der in einem Sarg auf dem Schnee hinter ihnen herschliddert. Im Bewußtsein der Sicherheit schmiegt sich Alfred an seine geliebte Sarah, die ihm – zur Vampirin geworden – in den Hals beißt, während der nichtsahnende Professor auf dem Kutschbock die Peitsche schwingt.

Eine bedeutungsschwere Stimme erklärt im Off: »In jener Nacht auf der Flucht aus den Südkarpaten wußte Professor Abronsius noch nicht, daß er das Böse, das er für immer zu vernichten hoffte, mit sich schleppte. Mit seiner Hilfe konnte es sich endlich über die ganze Welt ausbreiten.«

Regisseur Roman Polanski, der hier in der Rolle des Alfred auch vor der Kamera agierte, hat in einem Interview zugegeben, daß er diesen Film besonders mag. Er gehört eigentlich auch nicht unbedingt in die Kategorie »Parodien«, da er keinen vorgegebenen Stoff in parodistischer Weise überspitzt, sondern er kann als eigenständige Komödie mit einer ausgeklügelten neuen Geschichte angesehen werden, die dem Genre des Vampirfilms zuzuordnen ist.

Polanski-Biograph Paul Werner hat den Film nicht nur auf seinen Unterhaltungswert hin untersucht, sondern auch auf Interpretationsmöglichkeiten im Hinblick auf »Polanskis gewohnt pessimistisch-kritische Weltsicht«.[2] Wissenschaftskritik sieht Werner in der Erfolglosigkeit des Professors, der das Übel schließlich sogar selbst hinaus in die Welt trägt.

Er zieht Parallelen zur Handhabung von Atomkraft und Genmanipulation, die von der Wissenschaft trotz der damit verbundenen Gefahren betrieben werden. Der Professor repräsentiert einen Intellektuellen, der nur an seiner Forschung, deren Ergebnisse er in Büchern verklausuliert, aber nicht an der Veränderung der Mißstände interessiert ist. Die blinde Unterwerfung unter die Feudalherrschaft des Grafen, die Bauern, die den Unterdrücker totschweigen, werden vom Professor zwar kritisiert, aber insgeheim freut er sich über jedes Opfer, da es seine Theorien bestärkt.

Die von Paul Werner herausgearbeitete »verkehrte Welt« spielt Polanski konsequent durch. (Die beiden Vampirjäger versuchen oft auf ganz komplizierte Weise, sich Einlaß zu verschaffen, dabei ginge es ganz einfach. Albert wehrt den verliebten, schwulen Vampir Herbert mit einem Büchlein über die Verhaltensregeln für Verliebte ab, er schützt sich nach der Verfolgungsjagd, die wieder in Herberts Armen endet, vor dessen Biß mit seinem Biß in dessen Ohr. Der zum blutdurstigen Vampir gewordene Shagall ertrinkt fast in seinem Versteck, einem Rotweinfaß. Sarah, deren Tür zum Bad vernagelt wird, geht einfach durch das Gästezimmer ins Bad. Sie spricht vom Baden, aber es klingt so, als würde sie über Sex reden.)

Diese Verkehrungen von Dingen passieren ständig. Ein Sarg wird zum Bob, ein Kruzifix wehrt nicht ab, eine Salami dient als Keule, die auch noch den Falschen trifft. Ein Wolf wird von einem Menschen gebissen. Dazu gehört auch die taktische Wand-

*Wenn man Vampire beim Tanzen stört, kann das böse Folgen haben. Sicherlich hat sich John Landis für sein Michael-Jackson-Video »Thriller« von Polanskis ›Tanz der Vampire‹ inspirieren lassen.*

263

lungsfähigkeit des Professors, der dem Grafen einen Verfechter einer hirnrissigen Theorie über Fledermäuse, die schlafend fliegen, vorspielt, dem Diener Koukol, er sei an der Architektur des Schlosses interessiert, Shagall durch Rufen in den Schornstein vorgaukelt, er selbst wäre der Graf, und schließlich in Verkleidung auf dem Ball auftaucht.

Besonders erwähnenswert ist die Rolle des jüdischen Wirtes Shagall. Allein sein Name ist schon ein Hinweis auf die gezeigten Elemente des dörflichen Lebens, die in Anlehnung an die Gemälde mit bäuerlichen Motiven des Malers Chagall gezeigt werden. Shagall bricht aus dem Rahmen der Konventionen aus wie Chagall in seinen Bildern. Er betrügt seine dicke Frau mit der hübschen Magd, auch noch als Vampir, wird aber nicht entdeckt,

*Sarah kann gar nicht oft genug – baden. Alfred läßt sie herein. Sharon Tate und Roman Polanski in ›Tanz der Vampire‹.*

*Vor der Kamera kommen sich Sarah und Alfred nahe (›Tanz der Vampire‹) ...*

da sein einfacher Trick, sich hinter der Türe zu verstecken, immer funktioniert.

Er untergräbt die Hierarchie im Schloß, indem er sich in seinem Brettersarg zwar in den Stall schleppen läßt, dann aber doch im Sarg des Grafensohnes »übernachtet«. Und schließlich kann er sich auch nicht zurückhalten mit dem Aussaugen der Magd, die eigentlich für die feudalen Festgäste gedacht war.

Daß er als Vampir von der Magd nicht mit dem Kruzifix zurückgehalten werden kann, erklärt er in der deutschen Synchronfassung mit: »Das hilft doch nur bei den *alten* Vampiren.« Tatsächlich aber sagt er im Original: »Das hilft doch nicht bei *jüdischen* Vampiren.« Dieser Gag und auch die jiddischen und deutschen Elemente der Originalversion gingen leider durch die Synchronisation verloren. Warum eigentlich, bleibt fraglich.

Den Grafen spielt mit aristokratischem Charme der in Mainz als Ferdinand Mayer-Boerckel geborene internationale Filmschauspieler Ferdy Mayne, den Polanski 1986 für *Piraten/Pirates* erneut engagierte.

Die Drehzeit war auf drei Monate festgelegt worden, dauerte dann aber doch sieben. Der ursprünglich geplante Drehort konnte wegen Schneeschmelze nicht genutzt werden, an einem neuen gab es kein Schloß. Nach den Außenaufnahmen mußte man notgedrungen auf vier verschiedene Studios in Großbritannien ausweichen.

Der amerikanische Produzent des Films, Martin Ransohoff, hatte zuvor für Polanskis Film *Wenn Katelbach kommt/Cul de Sac* (Großbritannien 1966) die amerikanischen Verleihrechte erworben. Polanski überließ ihm leichtsinnigerweise für *Tanz der Vampire* das Recht auf den endgültigen Schnitt des Films für Nordamerika. Das nutzte der erfahrene und zu jener Zeit äußerst erfolgreiche Fernseh- und Filmproduzent (TV-Serie *The Addams Family* 1964–65; ... *die alles begehren/The Sandpipers,* 1964; *Cincinnati Kid und der Pokerkönig/The Cincinnati Kid,* 1965; etc.) weidlich aus, indem er den Film umschnitt, ihn um 20 Minuten (laut Polanski) kürzte, die Musik veränderte, die Stimmen von Jack MacGowran und Roman Polanski von anderen Schauspielern nachsynchronisieren ließ, den Vorspann durch einen Zeichentrickfilm ersetzte und den Titel von *Dance of the Vampires* in *The Fearless Vampire Killers or: Pardon Me, But Your Teeth Are In My Neck* umwandelte. Polanski distanzierte sich von dem Werk, das im nordamerikanischen Kino ein Flop wurde. Seine eigene Fassung wurde in Europa ein Kinoerfolg.

Es mutet wirklich seltsam an, daß ein Produzent, der solch einen eigenwilligen Film wie *Wenn Katelbach kommt/Cul de Sac* erwirbt, dessen Regisseur unbesehen einen Fünf-Filme-Vertrag anbietet, ihm aber bei dessen nächstem Film dermaßen illoyal ins Handwerk pfuscht. Der Vertrag über fünf Filme wurde von dem Polen sofort annulliert.

Sharon Tate, die hübsche Darstellerin der Wirtstochter Sarah, wurde Polanskis neue Ehefrau. Für den Film wollte er ursprünglich Jill St. John verpflichten, da er in der vollendeten Schönheit von Sharon Tate nicht die Tochter bodenständiger, karpatischer Juden sah. Doch nach Probeaufnahmen von ihr mit roter Perücke wichen seine Zweifel.

»Sharon Tate wurde die erste Frau in meinem Leben, die mich wirklich glücklich machte. Ich weiß, daß ich dachte: ›Ich bin ein glücklicher Mann.‹ Das war ein Gefühl, das ich vorher nie gekannt hatte, weil meinem Glück bisher immer etwas fehlte, eine Kleinigkeit, die hätte zurechtgerückt werden müssen. Und ich dachte auch – vielleicht kam dies von meinem mitteleuropäischen Hintergrund: Das kann doch nicht andauern, es ist unmöglich, daß dies dauern kann ... Da bekam ich plötzlich Angst ... Ich hatte keine Vorstellung von etwas Tragischem, aber ich

*... und auch privat wurden Sharon Tate und Roman Polanski zu Lebensgefährten (Tanz der Vampire)*

fürchtete, da ich Realist bin, daß ein solcher Glückszustand nicht ewig dauern könne.«[3]

Und genau dieses Tragische passierte. Sharon Tate wurde am 9.8.1969 zusammen mit Freunden in Polanskis Haus von Mitgliedern der Sekte des Drogengurus Charles Manson, der sich selbst »Jesus Christus« nannte, bestialisch abgeschlachtet. Sie war kurz vor der Niederkunft ihres gemeinsamen Kindes. Polanski, der sich noch in London aufhielt, wurde benachrichtigt.

»Bevor sie starb, segelte ich gleichsam auf einem ruhigen, großen Meer aus Erwartungen und Optimismus ... Nach Sharons Tod begann ich meinem Vater nicht nur äußerlich immer mehr zu gleichen, auch innerlich wurde ich ihm in so manchem ähnlicher: im festgewurzelten Pessimismus, in seiner ewigen Unzufriedenheit mit dem Leben, in seinem tiefen jüdischen Schuldempfinden und in seiner Überzeugung, daß alle Freude ihren Preis hat.«[4]

**Vampira** *(Vampira / Old Dracula)*
Großbritannien 1974; *Regie:* Clive Donner; *Buch:* Jeremy Lloyd; *Kamera:* Tony Richmond; *Musik:* David Whitaker; *Schnitt:* Bill Butler; *Ausstattung:* Philip Harrison; *Titelsong:* The Majestics; *Spezialeffekte:* Camera Effects; *Make-up:* Philip Leakey; *Darsteller:* David Niven (Graf Dracula), Teresa Graves (Gräfin Vampira), Peter Bayliss (Mal Travers), Jennie Linden (Angela), Linda Hayden (Helga), Nicky Henson (Marc), Bernard Bresslaw (Pottinger), Cathie Shiriff (Nancy), Andrea Allan (Eve), Veronica Carlson (Ritva), Minah Bird (Rose), Christopher Sandford (Milton), Freddie Jones (Gilmore), Frank Thornton (Mr. King), Aimi MacDonald (Frau im Hotelzimmer), Patrick Newell (Mann im Hotelzimmer); *Produktion:* Columbia/World Film Services/Jack H. Wiener; *Länge:* 88 Min.; Farbe.

Graf Dracula (David Niven) langweilt sich auf seinem Schloß in Transsylvanien. Die ewigen Touristenführungen mit Hilfe seines Dieners Mal Travers und einer Studentin bringen zwar mitunter schmackhafte Blutkonserven ein, aber nie ist die Blutgruppe dabei, die seine seit 50 Jahren eingefrorene Gattin Vampira wiederbeleben könnte. Die Studentin streikt schließlich noch, so daß Dracula sie kurzerhand aussaugt und per »Der Goldene Schuß«-Technik (»Etwas mehr nach rechts ...«) pfählt.

Als vier Playmates aus den USA zusammen mit dem Autor einer

neuen Dracula-Story auf seinem Schloß Fotos machen wollen, gibt es neue Hoffnung. Und richtig: die nächtlich entnommenen Blutproben ergeben, daß eine davon Vampiras blassen Leichnam zu neuem Leben erweckt und – völlig unerwartet – zu einer neuen Hautfarbe verhilft: Sie wird dunkelhäutig.

Um dies rückgängig zu machen, muß noch einmal das fragliche Blut her, doch die Proben werden verwechselt. Also begeben sich Dracula, Vampira und Diener Travers nach London, wo die Models auf einer Party zu Gast sind oder mit dem jungen Gruselautor flirten. Dieser, von Dracula hypnotisiert, soll die Mädchen mit einem speziell zur Aufbewahrung von Blut präparierten Dracula-Gebiß nacheinander beißen. Als das gesuchte Blut schließlich keine Rückverwandlung Vampiras bewirkt, beißt Vampira kurzerhand den Grafen Dracula, der daraufhin auch schwarz wird, und die drei Transsylvanier machen Urlaub beim Karneval in Rio.

Graf Dracula hat sich weitgehend mit der modernen Welt arrangiert, wenn er allerdings den *Playboy* liest, interessieren ihn nur die Sehnen und Hälse der Models. Auch die Ausstattung seines hochtechnisierten Schlosses ist den Erfordernissen des modernen Tourismus gewachsen. Gewitter und Wolfsgeheul ertönen auf Knopfdruck. Seine Fangzähne bleckt er für die Kameras, ansonsten aber gilt seine Sorge nur der Wiederbelebung seiner durch vergiftetes Blut dahingerafften Vampira.

Die Reise nach London findet diesmal per Linienjet statt. Die Besatzung bleibt zwar verschont, aber ein neugieriger Passagier (»Fliegen Sie das erste Mal?« – Nein, ich bin schon oft geflogen, aber noch nie mit dem Flugzeug.«) verliert während einer Unwetterperiode sein eben noch bei einer Zellkur aufgefrischtes Blut an Vampira.

Vom Londoner Hotelzimmer aus (»Sie können schon zu Bett gehen, aber lassen Sie das Fenster auf!«) unternimmt der Graf einen nächtlichen Spaziergang, um alte Erinnerungen an die Metropole aufzufrischen, doch er stößt nur auf Penner, Striptease-Bars, Schwulen-Kneipen, Porno-Kinos, Müllberge und Chop-Suey-Grills voller Knoblauchzehen. In einer Tiefgarage kann er gerade noch verhindern, daß eine Frau vergewaltigt wird. Hier schwingt einmal so etwas wie eine Aussage mit, nämlich die, daß ein Vampir im modernen London eigentlich nichts mehr schlimmer machen kann, als es ohnehin schon ist.

Der Rest des Films plätschert allerdings nur noch im Boulevard-Theater-Stil daher und verpaßt es, der Grundkonstellation weitere witzige oder satirische Momente abzuverlangen. David Niven spielt den Grafen in seiner gewohnten, britisch unterkühlten Art, d. h. jenseits aller überzogenen Gestikuliererei und bewußt selbstironisch.

Den typischen »Dracula« mimt er nur kurz in einer Szene, als er durch das Fenster seiner Hotelzimmernachbarn hereinkommt. Die Frau erwartet ihren Geliebten, der sich noch die Zähne putzt. Sie ruft: »Jetzt zeig's mir, Tigerchen!« Daraufhin läßt Dracula kurz seine Zähne blicken und faucht, worauf die Frau sich voller Wollust windet und stöhnt. Sehr geistreich ist das allerdings nicht.

Anmerkungen:

[1] Scheuer, Steven H.: *Movies on TV 1984–1985*, 10. Aufl., Toronto, New York, London, Sydney 1983, S. 505. – In der 15. Aufl. 1990 ist diese Einschätzung gestrichen.

[2] Werner, Paul: *Roman Polanski*, Frankfurt/M. 1981, S. 98.

[3] Kiernan, Thomas: *Roman Polanski. Sein Leben, seine Filme, seine Affären*, München 1980, S. 201.

[4] Polanski, Roman: *Roman Polanski – Autobiographie*, München 1985, S. 284.

# Graf Dracula heute

Der Vampir im Film ist wieder in. Neue Vampirfilme stehen an. Da liegt die Überlegung nahe, ob wir nicht schon alles gesehen haben. Kann es noch neue Facetten geben, die insbesondere auch der Dracula-Figur abgewonnen werden können?

Dracula im Wilden Westen, Dracula in Hollywood, Dracula in den neuen Bundesländern, Dracula im heutigen Rumänien, Dracula im Weltall ... Es ließen sich auch Kombinationen mit verschiedenen Film-Serien-Helden denken. Rambo trifft Dracula, Batman gegen Dracula (beide haben ohnehin gewisse Übereinstimmungen), Dracula und der Weiße Hai (wer beißt schlimmer?), Dracula allein zu Haus und Kevin kommt ... Schließlich könnte man ihn auch mit markanten anderen Filmhelden und Filmheldinnen konfrontieren, etwa mit Edward mit den Scherenhänden, Freddie Krüger, Thelma & Louise, den Ghostbusters, Indiana Jones oder Emmanuelle.

Der Vampir ist schon längst zu einer Figur geworden, die uns in verschiedenen Varianten immer wieder begegnet, sei es in der Werbung, in Kinderliteratur und -fernsehserien oder in Groschenheften.

So wurde ein in Studentenkreisen vielgekaufter Staubsauger – der Graf wird im Sarg rotieren – »Vampirette« getauft. Ein Kräuterlikör (Fernet Branca) wird damit beworben, daß er vor Vampiren schütze, was den Verdacht auf hohen Knoblauchgehalt nahelegt. Und selbst die AOK setzte den bedrohlichen Blutsauger als Werbeträger ein.

Für Kinder ist der Vampir inzwischen so vertraut wie Micky Mouse und Ernie aus der *Sesamstraße*. Dazu hat vor allem Angela Sommer-Bodenburg beigetragen, deren Kinderbücher um Rüdiger von Schlotterstein, den *kleinen Vampir*, zum Renner wurden. Erfolgreich wurde *Der kleine Vampir* auch als Fernsehserie verfilmt und als Hörspielkassette auf den Markt gebracht. Natürlich liest Rüdiger am liebsten *Dracula*.

Aber auch Graf Duckula, der als blutdurstiger Enterich die Kinderherzen in Zeichentrickfilmen und Malbüchern eroberte, hat seine Zunft nachhaltig vertreten. *Die Ketchup-Vampire* sind die jüngste Kreation der Autoren Bettina Matthaei und Grimmepreisträger Alexander Zapletal. In der ZDF-Zeichentrickserie

satteln die blutsaugenden Vampire dank Edgar von Rabensteins Bemühungen um auf Tomatenketchup, obwohl Dracula in seinem hinterlassenen Buch warnte: »Meidet den Tomatensaft, denn er macht friedfertig und bißlos.«

Im Bastei-Verlag erscheint wöchentlich neu die Groschenheftreihe *Geisterjäger John Sinclair* von Jason Dark. Darin hat der Autor mit Will Mallmann einen Vampir erschaffen, der Dracula II genannt wird. Zudem hat er ganz dicht am Puls der Zeit Stasi-Vampire erdacht, die im heutigen Sachsen ihr Unwesen treiben. *New Kids on the Pflock* ist eine Verulkung der aktuellen Politiker mit den altbekannten Mitteln des Vampirismus.

Auch in die Rockmusik hat der Vampir Einzug gehalten. Udo Lindenberg schildert in seinem Song *Rhesus negativ* den Alltag eines Vampirs: »Und er erzählt mir von seinem Vampirleben, und daß es ihm gut gefällt. / Er sagt: »Ich brauche nicht mehr zu malochen, jeden Tag ins Büro zu laufen. / Am Tag schlaf’ ich in meinem Sarg, und nachts geh’ ich mich besaufen.«

Woody Allen hat in seinem Buch *Wie du dir, so ich mir* die parodistische Kurzgeschichte *Graf Dracula* veröffentlicht, in der der Graf aus Versehen wegen einer kurzen Sonnenfinsternis sein Grab verläßt und zu spät merkt, daß es eigentlich noch Tag ist.

Dies sind nur wenige Beispiele dafür, daß sich die Figur des Vampirs und speziell Graf Dracula nach wie vor größter Beliebtheit und Aktualität erfreuen – in diversen Bereichen – und daß Dracula knapp 100 Jahre nach seiner Erschaffung durch Bram Stoker anscheinend tatsächlich Unsterblichkeit erlangt hat.

PS: Dracula hat nach wie vor seinen eigenen Fan-Club:
»The Count Dracula Society Club«
334 W. 54th Street
Los Angeles
USA

## Danksagung

Karin Thielmann, Ingeborg und Edgar Thielmann, Karla und Kurt Prüßmann, Meinolf Zurhorst, Heiko R. Blum und Sigrid Schmitt, Hans und Monika Meurer, Bärbel und Bernd J. Schulz, Isabelle Hoeher-De Rochette.
Vergessen möchte ich auch nicht Susanne George und Sara Heger.
Außerdem: Schauinsland Video Herne, British Council Köln, Jugendfilmclub Köln.
Mein besonderer Dank gilt noch einmal Hans Meurer, der mir nicht nur Einsichtnahme in sein Material gewährte, sondern mir durch seinen Beitrag in diesem Buch und durch aufschlußreiche Gespräche wichtige Perspektiven eröffnete.
Zum Schluß möchte ich jemandem danken, der mich zum Schreiben über Filme animiert hat und der als Autor ein Vorbild war und bleibt: Norbert Stresau, ein freundlicher Mensch, der dieses Buch mit Sicherheit geschrieben hätte, wenn er nicht völlig unerwartet und zur Erschütterung derer, die ihn kannten, in der Blüte seines Schaffens gestorben wäre.

# Literatur

Balász, Béla: Rezension zu *Nosferatu,* in: *DER TAG,* zit. nach: Diederichs, Helmut H., Wolfgang Gersch und Magda Nagy (Hg.): *Balász, Béla: Schriften zum Film:,* Bd. I, Budapest 1982.

Bergan, Ronald: *A–Z of Movie Directors,* New York, London 1982.

Bertelsmann Lexikon-Redaktion (Hg.): *Bertelsmann Volkslexikon,* 6. Aufl., Gütersloh 1957.

Biodrowski, Steve: *Blut für Blut: Dracula,* in: *Le Cinephage. Le Magazine des Mordus de l'image,* Nr. 8, 1992.

Brennicke, Ilona und Joe Hembus: *Klassiker des deutschen Stummfilms 1910–1930,* München 1983.

Cremer, Robert: *Lugosi. The Man Behind the Cape,* Chicago 1976.

Cushing, Peter: *An Autobiography,* London 1987

Cushing, Peter: *»Past Forgetting« – Memoirs of the Hammer Years,* London 1988.

Diederichs, Helmut H., Wolfgang Gersch und Magda Nagy (Hg.): *Balász, Béla: Schriften zum Film,* Bd. I, Budapest 1982.

Eisner, Lotte H.: *Die dämonische Leinwand,* Frankfurt/M. 1975.

Eyles, Allen, Robert Adkinson und Nicolas Fry (Hg.): *The House of Horror – The Complete Story of Hammer Films,* London, 2. Aufl. 1981.

*Famous Monsters of Filmland,* No. 116, 1975.

Farson, Daniel: *The Man Who Wrote Dracula – a Biography of Bram Stoker,* London 1975.

Farson, Daniel: *Vampire und andere Monster,* Frankfurt/M. 1978, *Film,* 11/67.

Freud, Sigmund: *Totem und Tabu,* Frankfurt/M. 1981.

Geyrhofer, Friedrich: *Horror und Herrschaft,* in: Witte, Karsten (Hg.): *Theorie des Kinos,* Frankfurt/M. 1972.

Giesen, Rolf: *Lexikon des phantastischen Films, Band 1,* Frankfurt/M., Berlin, Wien 1984.

Giesen, Rolf: *Lexikon des phantastischen Films, Band 2,* Frankfurt/M., Berlin, Wien 1984.

Giesen, Rolf: *Sagenhafte Welten – Der phantastische Film,* München 1990.

Haining, Peter (Hg.): *Bram Stoker: Midnight Tales –* Einleitung zu *The Dream in the Dead House,* London 1990.

Hahn, Ronald M. und Volker Jansen: *Lexikon des Horrorfilms,* Bergisch Gladbach 1989.

Hall, Gladys: *Memoes of a Madman,* Juli 1941, zit. nach: *Famous Monsters of Filmland,* No. 116, 1975.

Halliwell, Leslie: *Halliwell's Filmgoer's Companion,* 8. Aufl., London, Glasgow, Toronto, Sydney, Auckland 1985.

Halliwell, Leslie: *Halliwell's Film Guide*, 7. Aufl., London, Glasgow, Toronto, Sydney, Auckland 1990.

Helman, Cecil: *Körpermythen*, München 1991.

Hembus, Benjamin: *Nosferatu,* in: Brennicke, Ilona und Joe Hembus: *Klassiker des deutschen Stummfilms 1910–1930*, München 1983.

Hengesbach, Susanne: *Leute in Köln* (über Christopher Lee), in: *Kölner Stadt-Anzeiger* v. 12.11.1987.

Hirschhorn, Clive: *The Universal Story*, 2. Aufl., London 1985.

Jansen, Peter W. und Wolfram Schütte (Hg.) in Zusammenarbeit mit der Stiftung Deutsche Kinemathek: *Francis Ford Coppola*, München, Wien 1985.

Jansen, Peter W. u. Wolfram Schütte (Hg.) in Zusammenarbeit mit der Stiftung Deutsche Kinemathek: *Werner Herzog*, München 1979.

Jones, Ernest, zit. nach: Farson, Daniel: *Vampire und andere Monster*, Frankfurt/M. 1978.

Jung, Ferdinand, Claudius Weil und Georg Seeßlen: *Der Horror-Film – Regisseure, Stars, Autoren, Spezialisten, Themen und Filme von A–Z*, München 1977.

Just, Lothar R.: *Filmjahrbuch 1989*, München 1990.

Kamper, Dietmar (Hg.): *Über die Wünsche – Ein Versuch der Archäologie der Subjektivität*, München 1977.

Katholische Filmkommission für Deutschland (Hg.): *6000 Filme – Kritische Notizen aus den Kinojahren 1945–58*, 4. Auflage Köln 1980.

Katholische Filmkommission für Deutschland (Hg.): *Filme 1965–70, Handbuch VIII der Katholischen Filmkritik*, Band 1, Köln 1971.

Katholisches Institut für Medieninformation e. V. und Katholische Filmkommission für Deutschland (Hg.): *Lexikon des Internationalen Films*, Reinbek bei Hamburg 1987.

Kiernan, Thomas: *Roman Polanski. Sein Leben, seine Filme, seine Affären*, München 1980.

King, Stephen: *Angst pur*, München 1990.

King, Stephen: *Danse Macabre*, München 1988.

Kocian, Erich: *Die James Bond Filme«*, 5. Aufl., München 1989.

Körber, Joachim (Hg.): *Bibliographisches Lexikon der utopischen Literatur*, Bd. 6, 8. Erg.-Lfg., Meitingen, Dezember 1986.

Leatherdale, Clive: *Dracula – The Novel & the Legend*, Wellingborough 1985.

Lenne, Gérard: *Der erotische Film*, München 1990.

Limmer, Wolfgang: *Nosferatu – Phantom der Nacht*, in: »*Der Spiegel«*, 3/1979.

Lyon, Christopher (Hg.): *The International Dictionary of Films and Filmmakers: Volume 2 – Directors/Filmmakers*, London 1986.

Maltin, Leonard: *TV Movies and Video Guide*, 9. Aufl., New York 1988.

Manthey, Dirk und Jörg Altendorf: *Der Horrorfilm II*, Hamburg 1991.

Obalil, Linda J.: *Terence Fisher* in: Lyon, Christopher (Hg.): *The International Dictionary of Films and Filmmakers: Volume 2 – Directors/Filmmakers*, London 1986.

Pirie, David: *A Heritage of Horror – The English Gothic Cinema 1946–1972*, London 1973.

Pirie, David: *Vampir-Filmkult*, Gütersloh 1977.

Pohl, Helga: *Die Gruselgeschichte – Ein Beitrag zur Psychoanalyse von Horrorliteratur*, in:»*Zeitschrift für psychosomatische Medizin*, Nr. 31/1985.

Polanski, Roman: *Roman Polanski – Autobiographie*, München 1985.

Richardson, Maurice: *Psychoanalysis of Ghost Stories*, 1959, zit. nach: Rottensteiner, Franz: *Bram Stoker,* in: Körber, Joachim (Hg.): *Bibliographisches Lexikon der utopischen Literatur*, Bd. 6, 8. Erg.-Lfg.

Riess, Curt: *Das gab's nur einmal – Die große Zeit des deutschen Films*, Bd. 1, Wien, München 1977.

Robertson, Patrick: *The Guinness Book of Movie Facts & Feats*, 3. Aufl., Enfield, Middlesex/New York 1988.

Roll, Evelyn: *Nosferatu – Ein Stummfilm wird getönt*, in: »*Kultur Chronik*«, 2/87.

Rottensteiner, Franz: *Bram Stoker,* in: Körber, Joachim (Hg.): *Bibliographisches Lexikon der utopischen Literatur*, Bd. 6, 8. Erg.-Lfg., Meitingen, Dezember 1986.

Scheuer, Steven H.: *Movies on TV 1984–1985*, 10. Aufl., Toronto, New York, London, Sydney 1983, 15. Aufl. 1990.

Seeßlen, Georg und Claudius Weil: *Kino des Phantastischen*, Reinbek bei Hamburg, 1980.

Setbon, Philippe: *Klaus Kinski – Seine Filme – sein Leben*, München 1983.

Stoker, Bram: *Dracula*, London, New York, Toronto, Victoria, Auckland 1979.

Stoker, Bram: *Dracula*, München, 16. Aufl. 1979.

Stoker, Bram: *Midnight Tales*, London 1990.

Stresau, Norbert: *Der Horror-Film. Von Dracula zum Zombie-Schocker*, München 1987.

Summers, Montague: *The Vampire. His Kith and Kin*, New York 1960.

Toullec, Marc: *Vampirama,* in: *Ciné Fantastique – Mad Movies*, Nr. 79, S. 14.

Twitchell, James B.: *Dreadful Pleasures*, New York, Oxford 1985.

Underwood, Tim und Chuck Miller (Hg.): *Stephen King – Angst pur. Gespräche mit dem »King des Horrors«*, München 1990.

Werner, Paul: *Roman Polanski*, Frankfurt/M. 1981.

Witte, Karsten (Hg.): *Theorie des Kinos*, Frankfurt/M. 1972.

ZDF-Programminformationen, 32/81, zum 7.8.1981 (anläßlich der Ausstrahlung von *Dracula jagt Mini-Mädchen/Dracula A. D. 1972*).

Zurhorst, Meinolf: *Isabelle Adjani – Ihre Filme – ihr Leben*, München
1992.

### Zeitschriften/Zeitungen:

»Ciné Fantastique«, »Cinema«, »Le Cinephage. Le Magazine des Mor-
dus de l'Image«, »Expreß«, »Film«, »filmbeobachter«, »film-dienst«,
»Gong«, »Kölner Stadtanzeiger«, »New York Times«, »Première«
(Frankreich), »Premiere« (USA), »Der Spiegel«, »Stern«, »Time«,
»Tip«, »Videoplay«, »Zeitschrift für psychosomatische Medizin«.

# Register

(**Fett gedruckte** Seitenzahlen verweisen auf ausführlich behandelte Filme)

## A

*A Song for Tomorrow* [1948] 95
*Abbott und Costello treffen Frankenstein* [1948] 82
Ackerman, Forrest J. 186
*Adams kesse Rippe* [1988] 129
Adamson, Al 186
*The Addams Family* (TV-Serie) 266
Adjani, Isabelle 105f, 108
*Aguirre, der Zorn Gottes* [1972] 112, 114
Albers, Hans 76
*Alien – Das unheimliche Wesen aus einer fremden Welt* [1979] 122
*Am Rande der Welt* [1927] 66
*American Graffiti* [1974] 138
Andrews, Barry 191
*Andy Warhols Dracula* [1974] **155–158**
*Andy Warhols Frankenstein* [1973] 157f
*Angst* [1954] 113
*Apocalypse Now* [1976–79] 139
Apted, Michael 131
Asher, Jack 92
*Assault – Anschlag bei Nacht* [1979] 122
*Attila, der Hunnenkönig* [1954] 154
*Auf die harte Tour* [1991] 127

## B

Badham, Henry 126
Badham, John 21, 34f, 122, 124, 126ff, 256
Badham, Mary 126
Baker, Carrie 189
Baker, Roy Ward 50, 181, 233
Balász, Béla 63
Balderston, John L. 74, 81, 123, 126, 128
Banderas, Antonio 141

*Barfly* [1987] 138
Baring-Gould, Sabine 30
Barlog, Boleslaw 112
Bass, Alfie 25
Bataille, George 17
Bathory, Elizabeth 30, 222
*Batman* [1989] 154
Bava, Mario 20
Beals, Jennifer 231, 233
Beatty, Warren 106
*Begierde* [1982] 234
*Ben Hur* [1959] 228
Berger, Ludwig 63
Bernhardt, Sarah 52
*Big Boy, jetzt wirst du ein Mann* [1966] 137
*Bingo Long* [1976] 126
*Der Biß* [1984] 234
*Der Biß der Schlangenfrau* [1988] **221**
*Black Dracula* [1972] **158f**
Blair, Isla 216f
*Blood of Dracula* [1957] **159**
*Blut an den Lippen* [1970] 234
*Blut für Dracula* [1965] 98, **159–166,** 188, 190
*Die blutig ernste Geschichte des Grafen Dracula, erzählt von Vincent Price* [1984] **166f**
Blyth, David 7
Bonet, Nai 257
Boyd, Stephen 226, 228
*Bram Stoker's Dracula* [1992] 7, 12, **130–141**
Braunsberg, Andrew 157
Brausewetter, Hans 66
Brava, Mario 214
Breillat, Marie-Hélène 247f
*Brennen muß Salem* [1979] 108, **167–170,** 220
*Brennt Paris* [1967] 138
Bresson, Robert 110
Brooks, Mel 127

Browning, Charles Albert (Tod) 71, 73, 76, 78, 123, 125
*Buffy, the Vampire Slayer* 7
Byrne, Gabriel 141
Byron, George Gordon Noel, Lord 48

# C

*Das Cabinet des Dr. Caligari* [1919] 63, 66
Cage, Nicolas 231f
Calderón de la Barca, Pedro 65
Caminito, Augusto 204f
Campbell, Bill 130
Carlson, Veronica 188
*Carmilla* [1990] 234
Carpenter, John 131
Carradine, John 76, 83, 198, 257
Carrera, Michael 209
Casini, Stefania 155f
Ceausescu, Nicolaie 29
Chandler, Helen 71
Chaney, Lon 76, 79, 209
Chaney, Lon jr. 83, 186, 209
Chiang, David 209
*Children of the Night* [1991] 234
Christians, Mady 66
*Cincinnati Kid und der Pokerkönig* [1965] 266
Clarc, Brian 126
Coates, Alan 129
*Cobra Verde* [1987] 112, 114
Cocteau, Jean 134
Cohen, Larry 170
Coles, Michael 171
Collins, Wilkie 46
*Comtesse des Grauens* [1970] 218, **222**
*Confessions of a Vampire* 7
Connery, Sean 106
Coppola, Francis Ford 7, 12, 126, 130ff, 134–139, 153, 232
Coppola, Roman 134
Corman, Roger 7, 137, 150
Costner, Kevin 126
*Cotton Club* [1984] 139
Courtenay, William 76
Cox, Alex 139

*Crazy Family* [1979] 248
Curtis, Dan 137, 150f, 154
Cushing, Peter 23, 89, 93, 98, 125, 161, 166, 171, 173, 177f, 194, 197, 208, 225, 229

# D

Dagover, Lil 65
Dallesandro, Joe 155
Damala, Jacques 52
Dante, Joe 99
*Dark Shadows* (TV-Serie) 150
*Dave* [1992] 129
Dawson, Anthony M. 174
Deane, Hamilton 74, 80, 123, 126, 128
De Carlo, Yvonne 257
Degermark, Pia 241f
*Dementia 13* [1963] 137
Demichelis, Tulio 175
*... die alles begehren* [1964] 266
*Dieses Mädchen ist für alle* [1965] 126
Dieterle, William 66
*Doktor Schiwago* [1965] 114
Dominici, Arturo 213
Dor, Karin 175
*Dracula* [1930] **66–84,** 123, 180, 222
*Dracula* [1957] 23, **84–99,** 160f, 164, 167, 194, 206, 228
*Dracula* [1972] 137, **150–154**
*Dracula* [1979] 21, 34f, **115–129,** 180, 256
*Dracula – Nächte des Entsetzens* [1970] 17f, 176, **180–185**
*Dracula braucht frisches Blut* [1973] **170–173**
*Dracula im Schloß des Schreckens* [1971] 113f, **173f**
*Dracula jagt Frankenstein* [1970] **174f**
*Dracula jagt Mini-Mädchen* [1972] 33, 171, **176–180**
*Dracula Rising* 7
*Dracula und seine Bräute* [1960] 15, 31, 166, 180, **194–197**
*Dracula und seine Opfer* [1969] 186, **197f**

*Draculas Bluthochzeit mit Frankenstein* [1971] **185f**
*Dracula's Daughter* [1936] 82, **222f**
*Draculas Hexenjagd* [1971] **223–225**
*Draculas lüsterne Vampire* [1970] **168f**, 186
*Draculas Rückkehr* [1968] 32, 180f, **187–193**
*Draculas Tochter und Professor Satanas* [1969] **193**
*Draculas Todesrennen* [1976] **193f**
*Draculin* [1976] **237f**
Dragoti, Stan 253
*Drakula Istanbula* [Türkei/1953] 198
*Drakula* [Ungarn/1921] 198
*Dreizehn Stühle* [1938] 127
Dreyer, Carl 50
*Dynastie Dracula* [Mexiko/1981] 198

## E

Eastwood, Clint 106
*Ein mörderischer Sommer* [1982] 47
*Ein Vogel auf dem Drahtseil* [1990] 127
*Einer mit Herz* [1981] 139
*Einmal beißen bitte* [1986] 234
Eisner, Lotte H. 63
*Der Elefantenmensch* [1980] 187
Elwes, Cary 130
*Das Ende einer großen Liebe* [1967] 241
*Entscheidung vor Morgengrauen* [1950] 113
Equiluz, Enrique L. 215
Erdmann, Hans 64
*Es herrscht Ruhe im Land* 228
Eve, Trevor 117

## F

Farmer, Suzan 165
Farson, Daniel 37
*Faust – Eine deutsche Volkssage* [1926] 65
Fellini, Federico 110
Felner, Peter Paul 65
Ferdinand I. von Habsburg 30

*Die Finanzen des Großherzogs* [1924] 66
Fisher, Terence 23, 31, 86, 89, 92–95, 97, 161, 165, 177, 187, 196, 228
*Fitzcarraldo* [1979] 112, 114
Flaherty, Robert 65
*Das fliegende Auge* [1983] 126
Flynn, Peter 7
Forbes-Robertson, James 207
Ford, Garret 74, 222
Fortuny, Juan 237
Francis, Freddie 187, 242
Francis, Jan 21, 34
*Frankenstein* [1931] 74, 76, 83
*Frankensteins Braut* [1935] 76
*Frankensteins Fluch* [1956] 95f
*Frankensteins Monster-Party* [1966] **238–240**
*Frankensteins Rache* [1958] 95
*Die Frau aus Chicago* [1929] 65
*Freaks* [1932] 79
Frears, Stephen 7, 132, 139
Freud, Sigmund 12, 16, 30f
Freund, Karl 66, 74
*Fright Night – Die rabenschwarze Nacht* [1985] 235f
Frost, Sadie 130
*Früchte des Zorns* [1940] 198
Fründt, Bodo 122
Frye, Dwight 75, 78f
Fulton, John P. 210

## G

Gallo, Fred 7
Ganz, Bruno 101, 105f
Gates, Tudor 228
Gaunt, Valerie 86
*Gebissen wird nur nachts – Happening der Vampire* [1970] 16, **240–242**
Geissendörfer, Hans W. 200f
*Die Geliebte des französischen Leutnants* [1981] 187
Geyrhofer, Friedrich 10
Gibson, Alan 176
Giesen, Rolf 105, 110, 186
*Glory* [1990] 187

Gogol, Nikolai 20, 212
*Der goldene Regenbogen* [1967] 137
*Der Golem, wie er in die Welt kam*
    [1920] 74
Gottlieb, F.J. 227
Gough, Michael 89
*Graf Dracula (beißt jetzt) in*
    *Oberbayern* [1979] 122, **242f**
*Grampire* 7
Granach, Alexander 106
Grant, Richard E. 130
*Gremlins 2 – Die Rückkehr der*
    *kleinen Monster* [1990] 99
Griffith, David Wark 78f
*Der große Gatsby* [1979] 138
*Gruft der Vampire* [1970] 50, 224,
    229, 233
Grune, Karl 66
Gwynn, Michael 184

**H**

Haining, Peter 52
Halliwell, Leslie 197
*Halloween – Die Nacht des Grauens*
    [1979] 122
Hamilton, George 253–256
*Hammett* [1982] 138
Harbou, Thea von 66
Harris, Brad 227
Hart, Jim V. 131f
Heller, Berndt 64
Heller, Frank 66
Helm, Brigitte 66
Helman, Cecil 22
Hempel, Anouska 18
*Herakles* [1962] 112
*Die Herren Dracula* [1976] **243–248**
Herzog, Werner 105–112, 114f, 134,
    137, 204
Heston, Charlton 228
Hewitt, Mary 126
Hill, Terence 106
Hinds, Anthony 166, 187
Hinton, S. E. 139
Hitchcock, Alfred 220
Hoffman, Dustin 106
*Hook* [1991] 132

Hooper, Ewan 191
Hopkins, Anthony 139
Houghs, John 223
*House of Dracula* [1945] 83, 198,
    **199**
*House of Frankenstein* [1944] 83, 186,
    198, **199f**
*Hügel der blutigen Augen* [1979]
    122
*The Hunchback of Notre Dame*
    [1923] 76
*Der Hund von Baskerville* [1959] 95,
    99
Hunter, Thomas 26, 242
Huston, John 95, 151

**I**

Im Banne der Vergangenheit [1947]
    95
*Innocent Blood* [1992] 7, 235
*Intolerance* [1916] 78
Irons, Jeremy 141
Irving, Henry 37, 39, 50, 52
Ishioka, Eiko 137
*Ist das nicht mein Leben* [1979] 126

**J**

*James Bond – Der Mann mit dem*
    *goldenen Colt* [1974] 173
Janson, Viktor 66
*Der Januskopf – Eine Tragödie am*
    *Rande der Wirklichkeit* [1920] 59,
    80
Jarvin, Martin 217
*Jeder für sich und Gott gegen alle*
    [1974] 112
*JFK – Tatort Dallas* [1991] 141
*Jim Bludso* [1917] 79
Johnson, Arte 255
Johnson, Linda Bird 256
*Jonathan* [1969] **200f**
Jones, Ernest 16
Jones, Grace 235
Jong, Erica 36
*Junges Blut für Dracula* [1970]
    **201f**

**K**

Karloff, Boris (William Henry Pratt) 83, 200
Kaufman, Sue 127
*Der Kaufmann von Venedig* [1923] 65
Käutner, Helmut 113
Keen, Geoffrey 218
Keith, Ian 76
Kier, Udo 156
King, Stephen 35f, 47, 168ff
Kinnear, Roy 218
Kinski, Klaus 101, 105–108, 110, 112–115, 145, 147, 174, 204ff
Klimt, Gustav 137
Kline, Kevin 129
Klöpfer, Eugen 66
*Der Knabe in Blau* [1919] 65
Knecht, Anne 205
Korda, Susan 234
Kracht, Marion 226
Kraft, Evelyne 227
Krauß, Werner 65f
Krumm, Paul Albert 200
*Kung Fu* (TV-Serie) 126
Kuzuis, Fran Rubel 7

**L**

*Lady Dracula* [1975] **225–228**
Laemmle, Carl 76
Landis, John 7, 263
Lang, Fritz 63, 107
Langella, Frank 35, 121, 123f, 127ff
Lean, David 114
*Lebenszeichen* [1967] 112
Lederer, Francis 206
Lee, Christopher (Christopher Frank Carandini Lee) 17, 32f, 47, 53, 83, 86, 91ff, 95–99, 129, 145ff, 154, 161ff, 165f, 172f, 177ff, 183f, 188, 191f, 197, 207, 216, 218, 229f, 243, 245, 247f
Le Fanu, Joseph Sheridan 49f, 225, 228, 233
*Der Leichendieb* [1945] 83
Lessing, Gotthold Ephraim 65

Lester, Richard 99
*Let's Kill Uncle* 126
*Das letzte Einhorn* [1982] 99
*Der letzte Mann* [1924] 65, 74
*Liebe auf den ersten Biß* [1979] 122, **249–256**
*Liebe mit Biß* [1986] 235
*Liebe niemals einen Fremden* [1968] 137
Liedtke, Harry 66
*Lina Braake* 228
Lingen, Theo 228
Lom, Herbert 145
Lubitsch, Ernst 63
Lucas, George 15
Ludlum, Harry 37
*Ludwig II. – Glanz und Ende eines Königs* [1954] 113
Lugosi, Bela (Béla Ferenc Dezsö Lugosi Blasko) 23, 68f, 71, 73–82, 84f, 92, 98, 123f, 128f, 186, 222, 240, 256
Lumley, Joanna 171

**M**

*The Malibu Beach Vampires* [1991] 236
Malleson, Miles 194
Manera, Jesus Franco 114, 144, 146, 150, 154, 234
*Der Mann, der zuviel wußte* [1956] 220
Manson, Charles 268
*The Mark of Zorro* [1974] (Fernsehfilm) 128
*Marquis de Sade: Justine* [1968] 154
Marsh, Carol 23, 93, 97
Marsh, Mae 66
Marshall, William 158
*Maskierte Herzen* [1952] 154
Mason, James 168f
*Masters of the Universe* [1987] 129
Matheson, Richard 150f
Mattews, Christopher 18
Matthew, Francis 163
Mayne, Ferdy 240f, 258, 266
McGee, Vonetta 158

McGowran, Jack 25, 259, 266
*Mein großer Freund Shane* [1953] 154
Melford, George 77
Menez, Bernard 245, 247
Meurer, Hans 11, 53, 243
*Mishima* [1985] 138
*Moby Dick* [1955] 95
Molinaro, Edouard 248
Monlaur, Yvonne 15, 31, 196
*Monte Walsh* [1970] 154
Moore, Roger 106, 172
Morgan, Paul 65
*Morituri* [1948] 113
Morris, Oswald 151
*Moulin Rouge* [1953] 95
*Der müde Tod* [1921] 107
*Die Mumie* [1932] 76
Muni, Paul 76
Munro, Caroline 33, 179
Murillo, Ivor 26
Murnau, Friedrich Wilhelm 40, 59, 62–67, 80, 91, 108, 110f, 115
*Musketier*-Verfilmungen [1973, 1974, 1989] 99

**N**

*Die Nacht der offenen Särge* [1972] **202f**
*Die Nacht hat viele Augen* [1986] 127
*Nachts, wenn Dracula erwacht* [1970] 114, **144–150,** 154
Naish, J. Carroll 186
Nalder, Reggie 108, 220
*Nathan der Weise* [1922] 65
*Near Dark – Die Nacht hat ihren Preis* [1987] 236
Nelligan, Kate 117, 121
*1941 – Wo, bitte, geht's nach Hollywood?* [1979] 99
Nicholas, Denise 157
Niven, David 268, 270
*Nocturna* [1979] **256f**
*Nosferatu – Eine Symphonie des Grauens* [1921] 40, **55–66,** 80, 91, 106, 166f, 231f

*Nosferatu – Phantom der Nacht* [1979] **99–115,** 122, 134, 137, 167, 204
*Nosferatu in Venedig* [1987] 114, **203–206**
*Nummer 5 lebt* [1985] 127
*Nur Samstag nacht* [1977] 124, 126
*Nur Vampire küssen blutig* [1970] 224f, **228–230**

**O**

Oldman, Gary 12, 133, 135f, 139ff,
Olivier, Laurence 117, 125f
*Out of Rosenheim* [1987] 154
*Die Outsider* [1982] 139

**P**

Palance, Jack 154
Patalas, Enno 64
*Der Pate* [1971] 138
*Der Pate II* [1974] 138
*Der Pate III* [1991] 132
*Patton* [1971] 138
Peck, Gregory 126
Peel, David 15, 197
*Peggy Sue hat geheiratet* [1986] 139
Perkins, Anthony 83
Perry, Frank 127
Persky, Bill 248
*The Phantom of the Opera* [1925] 76
*Piraten* [1986] 266
Pirie, David 8, 10, 59
Pius XII., Papst 92
Planer, Franz 66
Pleasance, Donald 21, 117, 125, 206
Plummer, Christopher 206
Poe, Edgar Allen 114
Pohl, Helga 20
Polanski, Roman 22, 25, 157, 240, 259, 261–264, 266ff
Polidoro, William 48
Porten, Henny 66
Posegga, Hans 64
*Prick up Your Ears* [1987] 140
*Project Vampire* 7
*Psycho* [1960] 83

# Q

Quarrier, Ian 261

# R

*Die Rache der Pharaonen* [1959] 95, 99
Raday, Imre 66
Ransohoff, Martin 266
Raven, Mike 230
Redford, Robert 126
Reeve, Christopher 106
Reeves, Keanu 135
Reitman, Ivan 129
Rennie, Michael 175
*Return of Dracula* [1958] **206**
Reynolds, Burt 106
Rice, Anne 132
Richardson, Maurice 37
*Der Richter von Zalamea* [1920] 65
Richter, W. D. 124
Riess, Curt 63
Rigoli, Joe 237
Rimbaud, Arthur 113
Robbins, Jessie 25
Robertson, Patrick 7
Robinson, Bernard 92
Robinson, George 210
Roeg, Nicolas 140
Roger, Waldemar 64
Roosevelt, Theodore 37
*Rosenkranz und Güldenstern* [1990] 141
Rossellini, Roberto 113
*Der rote Rausch* [1962] 114
Rottensteiner, Franz 7
Rühmann, Heinz 127
*Rumble Fish* [1983] 139
Russell, Ken 221
Ryder, Wynona 131ff, 136

# S

Sachs, Ann 129
Sade, Donatien Alphonse François, Marquis de 17
Saint James, Susan 253

*Salem II – Die Rückkehr* [1987] 170
Sangster, Jimmy 92, 228, 230
Saradon, Christopher 236
Sasdy, Peter 217f
Sato, Shimako 7
Schiller, Friedrich 113
Schirrmann, Peter 64
*Schlag 12 in London* [1960] 99
*Die Schöne und das Biest* [1946] 134
Schreck, Max 58, 60, 65f, 110, 231f
*Scream, Blacula, Scream!* [1973] 159
Seeßlen, Georg 49
*Der seltsame Fall des Dr. Jekyll and Mr. Hyde* [1920] 80
Shakespeare, William 65
Shelley, Barbara 164
Shelley, Mary 48
*Sid & Nancy* [1986] 139
*Die sieben goldenen Vampire* [1974] **207–209**
*Die sieben Pranken des Satans* [1971] 202
*Die Sieger – American Flyers* [1985] 126
Silliphant, Sterling 170
Siodmak, Robert 95, 210
Sirk, Douglas 154
Sloan, Edward von 73, 223
*Söhne und Liebhaber* [1960] 187
*Son of Dracula* [1943] 76, 83, 186, **209f**
*Sonnenaufgang* [1926] 65
Soul, David 168
Spencer, Bud 106
Spielberg, Steven 99, 132
*Starsky und Hutch* (TV-Serie) 168
Steele, Barbara 211ff
*Der steinerne Garten* [1987] 139
Steinrück, Albert 65f
Stensgaard, Utte 230
Stevenson, Robert Louis 59, 80
Stewart, Robin 208
Stoker, Abraham (Bram) 7, 27, 29, 31, 35–40, 45, 47–50, 52ff, 59f, 65, 74, 76, 78, 80, 90ff, 94, 98, 110f, 122, 125, 132ff, 149, 153, 168f, 177, 179, 182, 210, 221, 225, 228, 233, 273

285

Stoker, Florence, geb. Balcombe 37, 40, 59
Stone, Oliver 141
Stoppard, Tom 141
*Die Straße* [1923] 66
*Die Straßen von San Francisco* (TV-Serie) 126
Stresau, Norbert 31, 46
Stribling, Melissa 89, 92
Stroemberg, Ewa 234
*Stroszek* [1976/77] 112
*Die Stunde, wenn Dracula kommt...* [1960] 20, **210–213**, 214
Summers, Montague 14

**T**

*Tabu* [1929–31] 65
*Tagebuch eines Ehebruchs* [1970] 127
*Tales of a Vampire* 7
*Tanz der Vampire* [1967] 22, 25, 240f, **257–268**
*Tartüff* [1925] 65
Tate, Sharon 258, 264, 266ff
*Teen Vamp* [1988] 236
*Terminator 2* 134
*Das Testament des Orpheus* [1960] 134
Thalberg, Irving 79
*The Thirteenth Chair* [1929] 76
*Thriller* 263
*THX 1138* [1969] 138
Tiedtke, Jakob 66
*To Sleep with a Vampire* 7
Topor, Roland 106f
*Die toten Augen des Doktor Dracula* [1966] **213f**
*Die toten Augen von London* [1960/61] 114
*Track 29 – Ein gefährliches Spiel* [1988] 140
Travolta, John 106, 124, 126
Troughton, Patrick 183
*Tucker* [1988] 139
Tuttle, William 256
Twitchell, James B. 31

**U**

Ullmann, Gerhard 64
*... und vor Lust zu sterben* [1960] 13, 49ff, 233
*Unser täglich Brot* [1929] 65

**V**

Vadim, Annette 13
Vadim, Roger 49f, 233
*Vamp* [1986] 235f
*Vampira* [1974] **268–270**
*Die Vampire des Dr. Dracula* [1967] 19, **214**, 215
*Vampire's Kiss* [1988] **230–233**
*Vampyr – Der Traum des Allen Grey* [1931] 50, 167, **233**
*Vampyre* [1991] 236
*Vampyros Lesbos – Erbin des Dracula* [1970] **233f**
Vanbéry, Arminius 50ff
Veidt, Conrad 76
*Vengeful Vampire Girl* [1980] 236
*Die verlorene Ehre der Katharina Blum* 228
*1492: Die Eroberung des Paradieses* [1992] 129
*Die vier Teufel* [1928] 65
Villairas, Carlos 77
Villon, François 113
Vlad Tepes II., Fürst *genannt* »Dracula« 27f, 50, 53, 125, 153, 166
*Vlad Tepes* [Rumänien/1978] 167, **214**

**W**

*Walhalla* [1986] 99
Walker, Alice 47
Wangenheim, Gustav von 57f
*Wargames – Kriegsspiele* [1983] 126
Warhol, Andy 157
*Warum hab' ich ja gesagt* [1957] 47
*Was?* [1972] 157
Weaver, Sigourney 129
Weil, Claudius 49
Wenk, Richard 235

*Wenn Katelbach kommt* [1966] 266
*Wer die Nachtigall stört* [1962] 126
Werner, Paul 262
*Der Werwolf von London* [1935] 76
*The Wicked Darling* [1919] 79
*Wie schmeckt das Blut von Dracula?* [1969] 96, 181, **214–218**
Wilde, Oscar 37
*Willard* 250
Williams, Fred 146
*Wo die grünen Ameisen träumen* [1983] 112
Wolfe, Leonard 132
*Der Wolfsmensch* [1941] 209
Wood, Natalie 126
*Woodoo – Die Schreckensinsel der Zombies* [1979] 122
*Woyzeck* [1978] 112, 114

**Y**

York, Eugen 113
Young, Terence 95

**Z**

*Das Zeichen des Vampirs* [1935] 82, 167
*Zoltan, Draculas Bluthund* [1977] **219f**
*Zombie – Die Rückkehr der Toten* [1979] 122
*Zorro mit der heißen Klinge* [1980] 256
Zurakowska, Dianik 19, 215
Zurhorst, Meinolf 108
*Zwölf Stühle* [1970] 127
*Die zwölfte Stunde – Eine Nacht des Grauens* [1930] 64

# HEYNE FILMBIBLIOTHEK

**DIE GROSSEN REGISSEURE**

Reinhold Rauh
**WOODY ALLEN**
Seine Filme – sein Leben

32/154

Willi Winkler
**DIE FILME VON FRANÇOIS TRUFFAUT**

32/80

BILLY
**WILDER**
Seine Filme - sein Leben

32/116

Alfred
**HITCHCOCK**
und seine Filme
von BODO FRÜNDT

32/91

**WIM WENDERS**
und seine Filme
von REINHOLD RAUH

32/144

**WILHELM HEYNE VERLAG MÜNCHEN**